歌利亚的复仇

老牌企业逆袭数字颠覆者的六大新规则

[美] 托德·休林（Todd Hewlin） [美] 斯科特·斯奈德（Scott Snyder）/ 著
慎博 / 译　彭相珍 / 校译

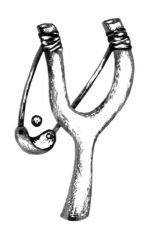

中国出版集团
中译出版社

图书在版编目（CIP）数据

歌利亚的复仇：老牌企业逆袭数字颠覆者的六大新规则 /（美）托德·休林（Todd Hewlin），（美）斯科特·斯奈德（Scott Snyder）著；慎博译；彭相珍校译. --北京：中译出版社，2024.4
书名原文：Goliath's Revenge : How Established Companies Turn the Tables on Digital Disruptors
ISBN 978-7-5001-7687-9

Ⅰ.①歌… Ⅱ.①托… ②斯… ③慎… ④彭… Ⅲ.①企业管理－数字化－研究 Ⅳ.① F272.7

中国版本图书馆 CIP 数据核字（2024）第 023021 号

著作权合同登记号：图字 01-2023-5363 号

Copyright © 2019 by John Wiley & Sons, Inc.
All Rights Reserved. This translation published under license. Authorized translation from the English language edition, published by John Wiley & Sons.No part of this book may be reproduced in any form without the written permission of the original copyrights holder.
Copies of this book sold without a Wiley sticker on the cover are unauthorized and illegal.The simplified Chinese translation copyright © 2024 by China Translation and Publishing House.

歌利亚的复仇：老牌企业逆袭数字颠覆者的六大新规则
GELIYA DE FUCHOU: LAOPAI QIYE NIXI SHUZI DIANFUZHE DE LIUDA XINGUIZE

著　　者：［美］托德·休林（Todd Hewlin）［美］斯科特·斯奈德（Scott Snyder）
译　　者：慎　博
校　　译：彭相珍
策划编辑：于　宇　李梦琳
责任编辑：于　宇
文字编辑：李梦琳
营销编辑：马　萱　钟筱童
出版发行：中译出版社
地　　址：北京市西城区新街口外大街 28 号普天德胜大厦主楼 4 层
电　　话：（010）68002494（编辑部）
邮　　编：100088
电子邮箱：book@ctph.com.cn
网　　址：http://www.ctph.com.cn

印　　刷：固安华明印业有限公司
经　　销：新华书店
规　　格：710 mm×1000 mm　1/16
印　　张：22
字　　数：227 千字
版　　次：2024 年 4 月第 1 版
印　　次：2024 年 4 月第 1 次印刷

ISBN 978-7-5001-7687-9　　　　定价：89.00 元

版权所有　侵权必究
中　译　出　版　社

此书献给我们的孩子

——扎克瑞、艾玛、摩根、林德赛、埃文和卡尔森。

我们每天都从你们原生态的数字原住民观点和乐观向上、

改变世界的活力中受益颇多。

数字颠覆者永远无法为你们这一代人

创造足够有趣的工作。

此书也献给我们的朋友们,

你们正在将"巨人歌利亚"变成未来的颠覆者。

你们的勇敢精神和创新思维方式

才是让大象跳舞的真正动力。

你们的故事启发我们创作了此书。

序　言

众所周知，数字化的颠覆性正从根本上改变各个经济部门的面貌，无论是公共部门还是私人部门，都无一例外。几乎所有企业的董事会或管理委员会，都在拍着桌子强调数字化转型的重要性。所有人都知道，企业应该立刻开始数字化转型，但问题是，转型的方向在哪儿？

搞不清企业转型的方向，抑或不能确定企业的发展目标，转型就无从谈起。不幸的是，如今老牌企业唯一可以效仿的对象，却是那些威胁到其特许经营权的数字颠覆者。然而，对老牌企业而言，颠覆者并不是好的效仿对象，照搬它们的做法，无异于在颠覆者发明的游戏中，采取一种跟随的策略。如此行事，才是愚不可及。

你我之辈皆需一个可以预知未来的"水晶球"。看看如果利用我们的独特传统和资源，进一步发挥重要而强有力的作用，会是一番怎样的光景。换言之，我们不应过度关注他人的威胁，而应聚焦自身未来的潜能。

这正是《歌利亚的复仇》要助你实现的。十多年来，本书的两位作者托德·休林（Todd Hewlin）和斯科特·斯奈德（Scott Snyder）一直置身于数字化革命的最前沿，并与老牌企业开展合作。我曾有幸与两位作者合作过多个项目，两位经验丰富，精明

歌利亚的复仇

强干,我个人亲历可证。两位作者皆具超乎寻常的能力,可超脱当前的环境进行推断,预测未来可能出现的各种状态,指导其客户审视各种可能出现的场景,帮助他们选定最有希望的前进路径。

《歌利亚的复仇》正是利用了这些能力,阐述了各个行业当前面临的一系列挑战。这些行业都有自己的歌利亚(《圣经》故事中的巨人),且都需要面对危险而敏捷的大卫(《圣经》故事中名不见经传的普通人,他挑战巨人歌利亚,并用弹弓投石,最终打败歌利亚)所发出的令人生畏的攻击。在一些行业,二者的"战争"已经打响,且产生了深刻的经验教训。这本书目的是告诉不同企业在反击数字化颠覆时,如何有所为和有所不为。在其他行业,颠覆初现端倪,已向老牌企业发出了值得警惕的早期信号。

换言之,无论你的行业处于数字化转型的哪个阶段,《歌利亚的复仇》将为你提供宝贵的案例研究,以供参考。在每一个案例中,托德和斯科特提出的洞见和原则,不仅引人入胜,还能直接为你所用,解决贵公司当前或即将面临的挑战。

作为私人或公共部门的领军企业,我们必须督促老牌机构——那些已经实现大规模运作的机构,那些已经赢得数亿人信任的机构——在缓冲自身遭受的数字化转型冲击的同时,发挥它们塑造未来社会的积极作用。

面对数字颠覆,我们没有足够的时间或资金从零开始重建一切。因此,我们应革新前辈留下的宝贵遗产,以确保它们得以代代相传。这不仅需要勇气和智慧,还需要创造力和想象力。为此,得以拜读《歌利亚的复仇》,帮助我们预见种种可能性,实乃人生一大幸事。

杰弗里·A. 摩尔
《跨越鸿沟》和《梯次增长》作者

目 录

第一章　数字化颠覆

改写大卫与歌利亚的传奇　/ 004

歌利亚复仇的六大规则　/ 011

数字颠覆竞赛　/ 019

重新定义公司　/ 023

第二章　在位者优势

"拳头"业务或独家优势　/ 030

第一张王牌：自筹资金创新能力　/ 032

第二张王牌：品牌影响力　/ 034

第三张王牌：现有客户关系　/ 036

衍生优势：用户基数　/ 038

最有价值优势：数据集 / 039

潜在优势 1：封锁性专利 / 041

潜在优势 2：标准方面的影响力 / 043

你的"拳头"业务或独家优势是什么 / 045

第三章 赢家近乎"通吃"

告别平均值的时代 / 049

持球与投球 / 052

客户期望棘轮 / 054

特斯拉：重新定义汽车 / 056

数字孪生或数字化身 / 058

抛物线式客户采用率与长期算法优势 / 061

第四章 规则1：交付变革性的客户成果

最终目标：以客户为中心 / 077

规划过程：价值阶梯 / 083

旅程开启：逐级实现整体产品 / 089

"规则 1"公司和职业准备情况 / 094

目 录

第五章 规则 2：追求颠覆式创新和改进式创新

区分颠覆式创新和改进式创新 / 104

培养公司的创新文化 / 107

迅速落实改进式创新 / 109

释放并行处事的力量 / 112

成立风险投资委员会 / 114

开展颠覆式创新接力赛 / 117

万事达卡：追求颠覆式创新和改进式创新 / 123

测试创新计划的抗压能力 / 124

"规则 2"公司和职业准备情况 / 125

第六章 规则 3：数据即货币

从农业时代到数字时代 / 131

建立数据资产负债表 / 134

重视数据的期权性 / 141

数据的最大回报 / 143

天气频道：如何将数据转化为货币 / 150

"规则 3"公司和职业准备情况 / 153

第七章　规则 4：通过创新网络加速创新

克服"我们无所不知"的诅咒　/ 160

开拓创新渠道　/ 163

创造创新合作的便利性　/ 165

扩展企业发展工具包　/ 170

美国国家航空航天局：开放式创新转型组织　/ 176

"规则 4"公司和职业准备情况　/ 178

第八章　规则 5：人才胜于技术

尊重制度性知识　/ 191

超越"3D"数字岗位　/ 192

投资先发制人的技能培养　/ 197

重视创业型领导者　/ 201

优化人工智能－人脑智能的平衡配比　/ 205

提高数字敏捷度　/ 210

发展数字敏捷度　/ 211

"规则 5"公司和职业准备情况　/ 213

目　录

第九章　规则 6：重新定义宗旨

提高眼界　/ 222

回答五个为什么　/ 225

拥抱竞食策略　/ 228

吸引下一代　/ 233

上下同欲　/ 235

以身作则　/ 240

Discovery 保险：重新定义宗旨　/ 242

"规则 6"公司和职业准备情况　/ 245

第十章　颠覆者行动手册

为时未晚　/ 254

颠覆者行动手册　/ 262

确定行动的顺序与重点　/ 270

进行中期调整　/ 277

第十一章　自我颠覆

如何实现自我颠覆　/ 288

三重底线：收入、成就与影响力　/ 295

穿越波涛汹涌的水域 / 303

使命和未来 / 306

个人行动计划 / 308

只争朝夕 / 310

附 录

附录1 歌利亚的复仇规则：定义 / 314

附录2 歌利亚的复仇规则：评估记分卡 / 315

附录3 "规则1"行动计划模板 / 316

附录4 "规则2"行动计划模板 / 317

附录5 "规则3"行动计划模板 / 318

附录6 "规则4"行动计划模板 / 319

附录7 "规则5"行动计划模板 / 320

附录8 "规则6"行动计划模板 / 321

索 引

第一章

数字化颠覆

你是怎么破产的？

两种方式：一种是温水煮青蛙；另一种是一夜之间。

——欧内斯特·海明威

你能猜出它是哪家公司吗？它是最早投资于共享出行领域主要领军企业的私人投资者之一；它被获准在美国加利福利亚州的道路上以远超其他公司的超大规模测试全自动驾驶汽车；其构建的商业模式，在许多人有车不开或根本不买车的未来，依然有望实现蓬勃发展；它是首家得到公认的，提供普通人可以负担得起的远程、运动型电动车的公司；它是愿意付出超高溢价招揽硅谷人才，以赢得汽车行业数字化颠覆这场漫长博弈的公司；并且，它刚获得软银集团（SoftBank）创始人孙正义22.5亿美元投资的公司。

谷歌（Google）？苹果公司（Apple）？特斯拉（Tesla）？亚马逊（Amazon）？优步（Uber）？看起来都很符合，而谜底却是通用汽车公司（General Motors Company）。大跌眼镜？毕竟，10年前通用公司还需要美国政府纾困，才熬过了全球金融危机。如今，在数字化创新的三大效应（电气化、自动驾驶和共享）颠覆全球汽车业从而逼迫车企迅速转型的大背景下，通用汽车公司实现了逆势蓬勃发展。

改写大卫与歌利亚的传奇

如果企业界的新老对决，真的像《圣经》中大卫与歌利亚的对战，那么历经数代人心血建立起来的老牌企业将如歌利亚般英勇地与数字新贵们"硬碰硬"，但由于战略眼光有限、想象力缺乏，他们很难看到即将到来的危机。来自旧金山、上海、柏林和特拉维夫的独角兽公司，将颠覆一个又一个行业的现状，冲击老牌企业，并掀起破产和大规模失业的浪潮。在数字化背景下，大卫手中的"武器"，将从弹弓变为人工智能机器人。我们都已经知道《圣经》故事的结局，但这些老牌企业，在最终消亡之前进行的英勇斗争，仍然谱写了感人肺腑的故事。

对一些老牌企业来说，它们的确成为惜败的歌利亚。前文列出的数字化颠覆者，不仅资金充沛、人员充足，而且火力全开，是不可轻视的对手。扮演了歌利亚角色的老牌企业，无论是一家拥有10万名员工的全球性行业巨头，还是一家只有10名员工、以家族企业模式运营的本土公司，都不可掉以轻心。我们已看到百视达（Blockbuster）被奈飞（Netflix）摧毁；昔日手机巨头诺基亚公司（Nokia）被苹果公司打败；随着亚马逊逐渐夺走消费者，成千上万的零售企业家被迫"提前退休"。如果新闻报道属实，这些也不过是意料之中的结局。

但我们认为更有趣的事情正在酝酿之中，我们将此称之为"歌利亚的复仇"。在目睹一些老对手惜败于正在重设行业规则的数字颠覆者后，老牌企业对大卫们的战略、战术和工具越发了解。老牌企业心想，"打不过就加入"，与其坐视自家业务被那些硅谷天才颠覆，不如使用与大卫们相同的战略、战术和工具。另一些老牌企业更加野心勃勃，在保护自身核心业务免受数字化颠覆的同时，还试图照抄颠覆者的行动战略，向高增长的邻近市场扩张。

"歌利亚的复仇"不仅在这些老牌企业内部上演，这些企业的员工也在努力改写注定落败的命运。身处令人不安的高速变化时代，老牌企业的高管、经理和一线员工都在积极重塑自我，以确保获得终身就业的能力。他们将琐碎的日常工作交给电脑，而不是沉浸其中、分身乏术。这种思维方式的转变，使得他们最终能够腾出手来，从事一些之前没时间去做的高附加值工作。此外，这些顿悟的员工还在努力掌握新的技能，他们的公司在未来数字化的发展中需要这些技能，这些员工已经先于公司意识到了这种需求。

在探讨这些老牌企业及其员工是如何通过制定新规则实现"歌利亚的复仇"之前，我们先深入了解一下，通用汽车公司是如何完美地实现了上文所述的东山再起。

企业若想获得保持长期市场领导地位所需的制度性知识[①]，并

---

① 制度性知识：指在一个组织或机构内部积累的知识和经验，这些知识和经验通常是通过员工之间的互动和传承得以保存和传播的。——译者注

达到一定的广度和深度，除了尽早试错并改正外，别无他选。想想由苹果电脑公司（Apple Computer，后更名为苹果公司）设计并于1993年高调推出的"牛顿个人数字助理"，虽然这是一次彻头彻尾的失败，但也是后来苹果公司最重要的产品——iPhone的诞生源头。目前，iPhone的销量已经超过10亿台，这项业务现在几乎贡献了苹果公司收入的2/3。因此，尝试只做到第二次，便已经大获成功[①]。史蒂夫·乔布斯（Steve Jobs）坚定相信iPhone会大受欢迎，他直接在2007年首款iPhone发布的当天，把公司名称中的"电脑"两个字去掉了。

在苹果公司研发"牛顿个人数字助理"时，通用汽车公司也在研发EV1电动汽车，这是全球首款由大型老牌燃油汽车制造商生产的现代电动汽车。这是一次大胆的尝试，EV1于1996年上市，比特斯拉公司的成立早了7年、比特斯拉第一款自主研发的汽车Model S问世早了16年。事实证明，EV1就是通用汽车公司的"牛顿个人数字助理"——短期来看，它在问世后没有成功且很快停产了；但长期来说，EV1对通用汽车公司的成功至关重要。

美国汽车之城底特律的电动汽车研发历史，可以追溯到20世纪初。塞缪尔·克列门斯（Samuel Clemens），他的笔名马克·吐温（Mark Twain）或许更广为人知，他曾说过："历史不会重演，但总会惊人地相似。"这句话放到今天依然适用：图1.1展示了一则汽车广告，该广告利用汽油价格飞涨和相对便宜的电力价格为卖点，来

[①] 原文借鉴了一个美国谚语：事情做到第三次更容易成功。——译者注

推广1917年一款名为底特律电动车（Detroit Electric）的电动汽车。

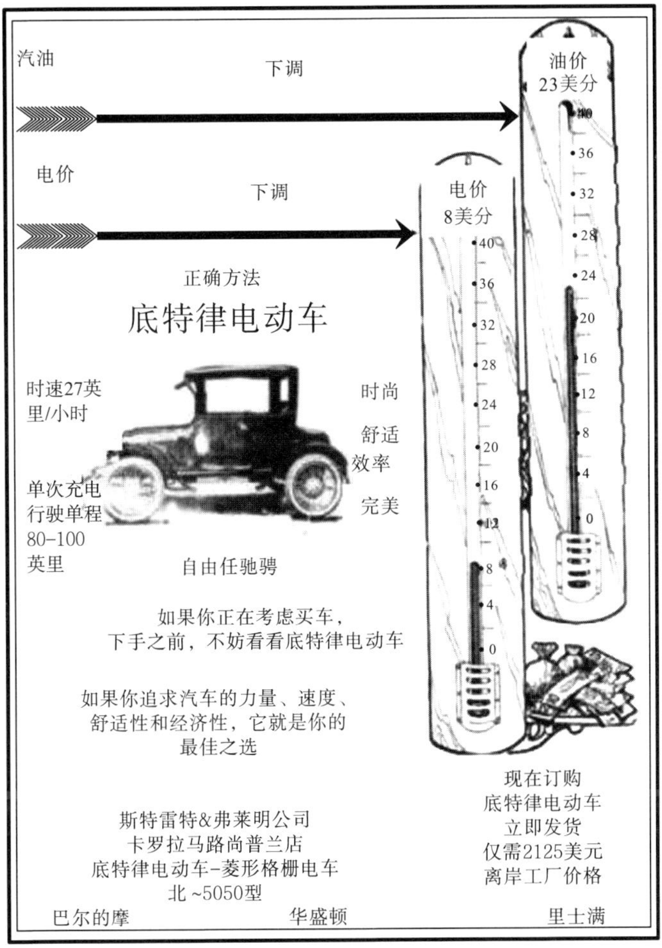

[图示：1917年底特律电动汽车广告]

汽油　下调　油价23美分

电价　下调　电价8美分

正确方法
底特律电动车

时速27英里/小时

时尚
舒适
效率
完美

单次充电行驶单程80-100英里

自由任驰骋

如果你正在考虑买车，下手之前，不妨看看底特律电动车

如果你追求汽车的力量、速度、舒适性和经济性，它就是你的最佳之选

斯特雷特&弗莱明公司
卡罗拉马路尚普兰店
底特律电动车-菱形格栅电车
北~5050型

巴尔的摩　华盛顿　里士满

现在订购
底特律电动车
立即发货
仅需2125美元
离岸工厂价格

图1.1　1917年底特律电动汽车广告

当时，通用汽车公司并没有意识到，EV1是实现其"歌利亚的复仇"过程中必不可少的一次尝试。汽车行业充斥着各种各样的"数字大卫"——特斯拉、谷歌、优步、来福车（Lyft）、

苹果公司、Zipcar 和比亚迪汽车等，以及许多名气没那么大的汽车公司——它们都在试图借助数字创新的三大效应——电气化、自动驾驶和共享化的浪潮——塑造汽车行业的未来。看到此处，你或许能想到自己所在行业和国家出现的类似数字颠覆者都有谁。

EV1 电动汽车激发了通用汽车公司对如何通过电动汽车重塑汽车行业的兴趣，这也促使通用汽车公司在 2010 年底和 2016 年底，分别推出了油电混合动力的雪佛兰沃蓝达（Volt）和纯电动力的雪佛兰博尔特（Bolt）汽车。博尔特在 2017 年被《汽车趋向》（*Motor Trend*）杂志评为年度最佳车型，其上市时间比特斯拉的 Model 3 早了近一年。简言之，基于悠久的研发历史，通用汽车公司在电动汽车方面的尝试，充分赢得了终端客户、经销商和股东的信任。

但在自动驾驶汽车方面，通用汽车公司缺乏长期积淀的制度性知识，因此不得不大胆尝试。在 2016 年初，通用汽车公司收购了克鲁斯自动化公司（Cruise Automation），这家总部设在旧金山的自动化公司在被收购时刚成立 3 年，更令人震惊的是通用汽车公司开出的收购价——据报道为 10 亿美元，使得这家初创公司约 40 名员工个人的身价，接近 2 500 万美元，而通用汽车公司本身的估值，仅为每名员工 30 万美元。比这更大胆的决定怕是不多见了。通用汽车公司之所以有信心进行如此高价的收购——我们将其称为"顶层"押注——因为其客户调研表明，自动驾驶汽车的研发能力，已经跨越了科研项目到商业应用的鸿沟，逐渐成为汽车行业的决胜关键点。通用汽车公司认为，掌握自动驾驶研发技术将是一场必须打赢的战役，也是决定通用汽车公司长期成败的一个关键技能。

数字化三大效应中的最后一个转型——共享化浪潮——也最具挑战性。每一家传统汽车制造商，都希望消费者始终看重拥有和驾驶自家品牌的汽车。拥有汽车仿佛成为了"美国梦"的核心内容[①]，也是通用汽车公司品牌、文化和价值观的基础。

在共享领域，通用汽车公司也同样可以借用历史积淀。早在1926年，为了进军汽车租赁市场，通用汽车公司收购了赫兹自动驾驶系统公司（Hertz Drive-Ur-Self System），这一举动比优步的成立早了83年。汽车租赁业务给通用汽车公司提供了重要的经验，使其了解到客户希望汽车具备什么功能，以及在用车方面哪些客户需要购买汽车，哪些客户则只需要临时租用。

这段历史为通用汽车公司提供了信心和经验，促使其又做了两个大胆的"顶层"决策，其中一个是共享汽车，另一个是共享出行。就共享汽车而言，通用汽车公司在2016年1月收购了已经停止运营的美国首家共享出行公司Sidecar的资产和骨干员工，并很快重新启动了汽车共享业务，推出了一个名为Maven的新型共享出行平台。通过移动应用，客户能以小时计费的方式，使用通用汽车公司的全部车型，客户只需简单考虑每小时的租车费用

---

① "美国梦"的核心内容：只要足够努力，你就能取得成功，过上理想的生活。——译者注

和距离，这是通用汽车公司版本的Zipcar[①]。对于那些想要自驾，却只需用车几个小时的人来说，该应用程序简直是完美之选。此外，对于在优步、Instacart（一小时送货上门服务）和DoorDash（美版饿了么）等公司轮班驾驶的日益壮大的零工经济从业者队伍而言，Maven也是理想之选。

两个月后（2016年3月），通用汽车公司又迈出了大胆的一步，向共享出行公司来福车投资了5亿美元，该公司当时在私募市场的估值达到了55亿美元。此次交易使通用汽车公司在千禧一代推动的出行转型中（从买车转向购买出行服务），处于了前排有利位置。对通用汽车公司的股东来说，这笔投资在当时看起来的确很高昂，但后来谷歌向来福车追加了10亿美元投资，这家公司的估值在通用汽车公司投资的短短21个月后，就攀升到了110亿美元，翻了一倍。理论上讲，这笔投资让通用汽车公司在不到两年的时间里赚了一倍。

Maven和来福车这两笔投资对通用汽车公司产生了明显的相辅相成效应。推动来福车业务增长的一个关键因素，是其合约司机可以驾驶类似Maven等租车平台分时收费出租的高性能新款车型。利用包含内部创新举措、外部收购及投资的全面、均衡的投资组合，使通用汽车公司在邻近市场中，抢先占据了头部汽车公司赢得数字未来的最优势位置。

通用汽车公司举全公司之力实现"歌利亚的复仇"决心，直

---

① Zipcar：美国的一家分时租赁互联网汽车共享平台。——译者注

接来自公司上层。2016年末接受商业内幕（Business Insider）网站采访时，通用汽车公司首席执行官（CEO）玛丽·巴拉（Mary Barra）表示："我们在未来5年要经历的变革，比过去50年都多"。通过大胆的"顶层"决策，引进全新的特定领域技能、商业模式、技术平台、供应商生态系统、市场化路径和客户细分，通用汽车公司不断丰富自身在电气化、自动驾驶和共享化等数字化效应方面几十年来积累的丰富制度性知识。

通用汽车公司的股东也从中得到了丰厚的回报。自2016年年初以来，通用汽车公司的股价上涨了近50%，其当前市值已超过1 400亿美元。尽管数字化转型依然任重而道远，但通用汽车公司的努力在最近得到了回报，来自软银愿景基金的22.5亿美元投资，证明了市场对其转型的信心。

数字化转型不仅仅是汽车行业需要面临的挑战。在一个又一个行业中，数字化颠覆也同样在上演。各种规模的老牌企业及其员工都在采取大胆的措施，力图将企业从被颠覆者转型为颠覆者。他们的思维方式，正在从"尽可能长久地捍卫当前的做事方式"或"我希望数字变革不会在我退休之前颠覆我的业务"转变为"我们应该积极行动，利用我们独特的能力，去瓦解那些行业颠覆者"。

歌利亚复仇的六大规则

要实现歌利亚的复仇，老牌企业及其团队在调整愿景、战略和执行等方面，要遵循六大规则。老牌企业和数字颠覆者最终如何"瓜分"心理份额①和市场份额，将取决于每个公司对这些新规则做出的反应。对个体工作者而言，随着自己所在行业的数字化转型推进，这些新规则也将决定个人的职业前景。

在介绍这些新规则之前强调一下，我们知道你和你的公司已经采取了一些措施来应对数字化颠覆。贵公司很可能已经宣布启动了一个数字化转型项目、聘请了一位大名鼎鼎的首席数字官（CDO）、与最忠实的客户一起完成了一些数字创新项目，或者以天价雇佣了一家大型科技公司来升级本公司的IT系统。如果这些事情贵公司都曾做过，放心，你们并不是孤例。

数字化颠覆并非新鲜事儿。早在15年前，无线射频识别技术（RFID）颠覆了包装消费品的库存和分销方式。20年前，网上银行拓宽了零售银行的竞争范围。25年前，亚马逊就开始利用其在线图书销售业务，发起了对Borders（美国图书零售商）、Chapters（加拿大图书零售商）和Barnes & Noble（美国图书零售商）的攻击。几十年的时间，足以让你尝试数字化颠覆的应对之法，并可能会因为在这方面的投入收效甚微而感到沮丧。

我们有两个好消息要告诉你。第一个是，在数字化转型上折戟的并非独你一家。行业内几乎每家公司，无论规模大小，都做过"虚晃一枪"的数字化转型。它们有些宣称过"我们要数字化了"或"我们要走线上了"，但往往总是形式大于实质，未能取

---

① 心理份额（share of mind）：指的是每个公司在消费者的头脑中占据的份额或地位。形成习惯或定式后，心理份额能转化为市场份额。——译者注

得任何实质性的成效。相较于同期对手,你没有想象中的那么落伍。第二个是,你可以把所有失败的尝试,都视为制度性知识的积累过程。就如同通用汽车公司目前正借此获得可观的正回报/盈利。为此,你可以将过去的失败,看作是"牛顿个人数字助理"或 EV1 电动汽车一般,这些尝试本身可能失败了,但它们为你获得长期成功奠定了基础,因而也可以视为某种意义上的成功。

那么,你如何确保今后逆袭数字颠覆者所做的大部分努力都能够取得成功呢?我们和你一样都喜欢直切要点,所以直接给出答案。这有点像参加 SAT 考试(或者你们国家的大学入学标准化考试),评分表就放在你的面前。无论是对你的事业还是对你的公司来说,时间都是重新聚焦数字化转型的关键。当你阅读以下六条规则时,仔细想想你当前的哪些变革符合这些规则,哪些应该立即停止或调整重点。

1. 规则 1:交付变革性的客户成果

比去年好一点还不够好。

我们从硅谷的数字颠覆者那里学到的一个关键教训是,要致力于实现风险资本家所说的"10 倍客户价值",即比现状好 10 倍的客户结果。而这与老牌企业非常擅长的"略好于去年"的进步策略正好相反。数字颠覆者专注于创造颠覆性的客户影响力。特斯拉设计的电动汽车与燃油动力汽车有着天壤之别;苹果手机和安卓智能手机的性能,比以前的摩托罗拉和诺基亚手机至少强

100倍；奈飞能够随时随地为客户提供娱乐服务，而百视达却要求客户亲自到店租录像带（如果客户没有及时归还，还需要支付高昂的滞纳金）。现在，你应该明白我说的是什么意思了。

因此，交付变革性的客户成果成为最重要的第一条规则。如果你没能专注于交付客户成果，或者目标设定得太低，只想提供"略好"的东西，那么后面的五条规则也变得不重要了。

在第四章中，我们将为你提供一个创新产品组合的管理工具，让你、你的团队和你的公司专注于提供交付这些变革性的客户成果。这项管理工具思科（Cisco）和通用电气（General Electric,简称为GE）已经根据各自的情况落地实践，我们相信该工具也能帮助拓展你的业务。

2. 规则2：追求颠覆式创新和改进式创新

自上而下和自下而上都要创新。

口碑绝佳的思科首席执行官约翰·钱伯斯（John Chambers）多次谈到了"并行处事的力量"。这意味着，在创新优先的情况下，有时候你别无选择，甚至需要同时擅长两件看似矛盾的事情。同样地，若要完成"歌利亚的复仇"，老牌企业就必须具备这样的技能，它们既要擅长颠覆式创新，也要擅长改进式创新。"颠覆式创新"需要首席执行官级别的大胆决策，比如通用电气数字集团的物联网平台Predix，或者西班牙对外银行（BBVA）对数字银行的大规模投资。这些自上而下、押上公司命运的创新，需要采取一种全公司上下颠覆式创新的接力方法来管理，以确保公司不错过任何一个可能的成功机遇。无论是从财务角度还是从权力角度来看，老牌企业的领导层都只能承担少数"颠覆式创新"，所以对"命中率"的要求极高。

尽管与颠覆式创新截然不同，然而改进式创新同样重要，它强调挖掘众人之智，抓住可能被高层领导团队忽视的机会。改进式创新赋能员工，营造了一种制度创新文化。通用磨坊公司[①]（General Mills）的"柠檬汁小摊"计划、辉瑞公司（Pfizer）的"敢于尝试"计划以及奥多比公司（Adobe）的"Kickbox"流程，使这些公司在利用这种自下而上、全员参与的创新形式方面，取得了长足的进步。

在第五章中，我们将详细阐述如何为你和你的公司平衡"颠覆式创新"与"改进式创新"。

3. 规则3：数据即货币

数据在手，发挥其用。

在痴迷于消费的20世纪80年代，有一句话是这样说的："带着最多玩具死去的人是赢家"。[②] 如今，这句话可能变成："管理

---

① 美国通用磨坊公司系全美国最大的上市食品制造企业之一，其产品超过500多个品种。——译者注
② 带着最多玩具死去的人是赢家：唯物主义的格言，至少从1980年就开始在印刷品上引用。这句话经常印刷在T恤和保险杠贴纸上，但确切出处不明。——译者注

数据最多的公司方为赢家"。老牌企业正在挖掘自家数据的实际期权价值和数据宝藏般的潜力，以帮助其逆袭本行业内的数字颠覆者。这些老牌企业已经尝到了数据良性循环的甜头：现在拥有的数据越多，未来在算法上的优势就越大，长远来看，也就能吸引更多的数据。更关键的是，数据既是帮助老牌企业抵御数字颠覆者冲击的有效手段，也是利用算法优势，逐步帮助老牌企业打入邻近市场的制胜法宝。在企业致力于提供我们在"规则1"中讨论的变革性客户成果时，数据将成为最有价值的货币。我敢打赌，你不仅不太了解本公司的完整数据清单，还基本不知道公司的哪些数据资产已经得到充分了利用。关于这些，我们将在第二章中详述，届时我们将介绍在位者优势的概念，并在第六章中向你展示如何保护自家数据免受数字化颠覆的侵害，以及如何让数据为己所用。

4. 规则4：通过创新网络加速创新

摆脱"非我发明、与我何干"的魔咒。

正如通用汽车公司案例所示，要实现"歌利亚的复仇"，需要更快的创新速度，这可能超出了你个人或你公司当前的能力。因此，你需要增加二档齿轮[①]，将当前的投资和工作能力，转化成能够为客户带来变革性客户成果的创新产品。

[①] 二档齿轮：汽车或其他机械设备的传动系统中的第二个齿轮，通常用于在较低速度时提供较高的扭矩。——译者注

切换二档提速创新意味着你的公司要开发并利用广泛的外部创新网络，它将增强你和同公司员工的内部交付能力。这不仅需要重新定位，打破"非我发明，与我何干"和"我们无所不知"的思维模式，转向欢迎和吸引外部创新者及企业的思维模式。因此，企业需要合适的生态系统、工具、架构和融资机制，以快速识别、验证和孵化来自公司外部甚至行业外部的创新。除此之外，老牌企业还应将风险投资思维与自身围绕客户需求以及运营系统的专业领域知识结合起来，驱动处于萌芽阶段的变革尝试产生商业影响力，而又不至于将其压垮。在第七章中，我们将向大家展示其他公司如何实现二档提速创新。

5. 规则 5：人才胜于技术

先人一步的技能发展终有回报。

如今在常规企业中，只有约 2% 的员工能够满足数字业务日益突出的需求。如果你已经满足了前面四条规则，看到"规则 5"后可能会产生一种不妙的感觉：在用户体验设计、数据科学、机器学习、机器人和人工智能等领域对新技能的需求增长速度，将远超你和你公司的承受能力。雪上加霜的是，任何一家拥有银行账户的正规公司，都可以利用数字化转型的核心技术。

因此，整合行业领域知识与新兴数字技术能力的速度，将是决定每家公司未来成败的关键因素。意识到这一点后，志存高远的巨人歌利亚，开始大力投资于先发制人的技能开发和资源回收。他们把上述重点领域中的新能力视为引领公司未来行业实力、收入增长和利润率扩张的领先指标。

这些企业还意识到，量化管理是成功的关键，因此他们重新设定了认可和奖励员工的标准，以促进整个公司对数字创新的关注。对短期财务指标的过度关注，必然会阻碍企业在建设数字人才基础方面的中长期投资。因此，一些公司需要一个过渡的转型阶段，我们将此称之为"二档提速组织设计"，并会在第八章中详细介绍。

6. 规则6：重新定义企业宗旨

保持勇气，持续专注于真正重要的事情。

对老牌企业而言，最大的一个担忧，是现有盈利业务在数字时代遭到蚕食，仅是这种担忧就已经令它们裹足不前。柯达（Kodak）发明了数码相机，但为了保障其胶卷的利润率，却选择放弃将这项发明商业化。为了保住客户讨厌的滞纳金为企业带来的超额利润，百视达最终被奈飞击败。这样的例子不胜枚举。

那些逆袭了数字颠覆者的老牌企业，往往精明地采纳了"竞食策略"（Smart Cannibalization），即建立相互竞争的业务，以便充分参与新旧两波创新浪潮。他们充分抽调和分配来自独立资源池中的人力和财务资本，以避免拆未来之东墙，补现在之西墙。凡此种种，都需要这些志存高远的巨人歌利亚重塑企业使命，重新定义自家的业务。这些企业把目光投向了一个更宽广、更让人神往的使命,这个新使命不仅得到了员工、客户和股东的一致认同,还将注意力重新集中到商业的三重底线(企业盈利、社会责任、环境责任)上。

如果不从根本上重塑企业的使命,你公司的很多同事就会迟迟不采取行动,袖手旁观,直至公司最终错失数字化转型的良机。他们坚定地认为,数字化浪潮也不过是昙花一现。我们将在第九章中详细讲述"歌利亚的复仇"中"不入虎穴,焉得虎子"的一面。

数字颠覆竞赛

现在是挑战老牌企业变革勇气的时期了。这些新规则中的任何一项,都不能单独提供快速解决方案。对大多数老牌企业来说,实现"歌利亚的复仇"需要3—5年的时间。时至今日,即便是最激进、最有抱负的巨人歌利亚,也只是遵从了六条规则中的一部分。坦然承认你和你公司当前所做的,与这些新规则仍存在不小差距,不要因此而感到难堪或苛刻。面对正在影响你职业发展、公司和行业未来的结构性变化,现在不是纠结或粉饰太平的时候。

残酷的事实在于,数字颠覆者每天都试图重新设定行业格局,并夺取你最重要的客户、员工和股东的支持。只有你能回答这个问题,即趁着你所在行业的数字颠覆者还没有强大到无法战胜之前,你和你的公司还有多少时间来践行这六条规则。无论是否意识到这一点,你都已经被卷入一场数字颠覆的竞赛。

为了帮助你完成此次自我评估,我们提供了两个示例。表1.1是个人用来评估自己职业发展的示例,该示例使用了一个虚构的人物——通用汽车公司雇员格蕾丝(Grace)。就像所有电影结尾处的声明一样,这位"格蕾丝"与大家可能认识的其他"格蕾丝"之间如有任何相似之处,纯属巧合。

表1.1 基于六大规则的职业中期报告卡
(以"格蕾丝"为例)

规则		评价
规则1: 交付变革性的客户成果	A	+ 在新型的用户体验岗位中受高度重视的工作室艺术学位
		+ 探究千禧一代购车者的动机和偏好
规则2: 颠覆式创新和改进式创新	A	+ 新的数字轮岗项目考虑到快速技能开发
		+ 帮助发起汽车共享项目并驱动内部生产力
规则3: 数据即货币	D	− 数学背景有限可能会推迟晋升的可能性
		+ 通过优达学城(Udacity)和可汗学院(Khan Academy)学习统计学在线课程
规则4: 通过创新网络加速创新	B	+ 丹佛(Denver)正崛起为新兴的繁荣高科技生态系统
		+ 积极构建汽车行业以外的职业关系网络
规则5: 人才胜于技术	B	+ 利用个人时间在可汗学院学习统计学在线课程
		− 因为旅行计划不得不推迟优达学城的编程基础课程
规则6: 重新定义宗旨	C	− 长期以来埋头苦干以胜任现在的工作
		− 仍然在努力平衡职业目标和个人目标

可以看出,格蕾丝找到了一种充分利用自己职业背景的全

第一章 数字化颠覆

新方式。事实证明,当老牌企业意识到用户体验设计在实现变革性客户成果方面极其重要的时候,在大学学习工作室艺术课程的经历,使格蕾丝取得了令人羡慕的职业先发优势。此外,为了弥补自身技能组合的不足,格蕾丝不得不投入个人时间学习基础统计学及编程方面的在线培训课程。这些课程能帮助她将自身创造力,转化为其雇主通用汽车公司赖以生存的工作成果。格蕾丝意识到,对她这一代人来说,若想确保终身就业,就好比逆水行舟,需要一种持续不断且先发制人的技能发展心态。

在表 1.2 中,我们提供了一个示例,说明员工格蕾丝如何根据六大规则,评估其雇主通用汽车公司的表现。当然,通用汽车公司其他员工的评分,可能与虚构的格蕾丝不一样。但同样的情况必定也会发生在你的公司里,这就是这次评分练习的真正意义所在。这个旨在评估整个公司的中期报告,将激励你和你的同事开诚布公地讨论:就实现歌利亚的复仇而言,本公司在哪些方面做得不错,哪些地方仍需改进。

表 1.2 基于六大规则的公司中期报告卡
(以通用汽车公司为例)

规则 1: 交付变革性的客户成果	C	+	为普罗大众提供精益求精的电动汽车
		−	整体用户体验尚未取得突破
规则 2: 颠覆式创新和改进式创新	A	+	电气化方面积累的经验允许公司领导层进行大胆决策
		+	同时进行产品创新和商业模式创新
规则 3: 数据即货币	C	−	数据处理、聚合、分析方法不够系统
		−	没有关于全车队司机遥测的机器学习程序

续表

规则4： 通过创新网络加速创新	A	+	多种创新路径：自主研发、合作研发、投资、并购
		+	创建业务方面采用敏捷方法已经深入人心
规则5： 人才胜于技术	B	+	通过兼并和收购实现自动驾驶技能组合的突破
		-	关注的重点仍是硬件，而非软件和数据分析
规则6： 重新定义宗旨	A	+	大胆、清晰地描绘行业演化和新使命
		+	把未来的客户成果作为企业使命的核心

本章以通用汽车公司为例展开讨论，因为我们相信，从长远来看，该企业具备了颠覆汽车行业新兴数字颠覆者的实力。但如表1.2所示，这并不意味着通用汽车公司在前述六条规则的表现都高于平均水平。相反，格蕾丝给出的中期评估中，她的公司在"规则2、4和6"方面取得了实质性进展，但在"规则1、3和5"方面仍存在巨大的提升空间。

在数字化转型的当前阶段，经验丰富的个人或历史悠久的老牌企业能在这些评估中获得全优的几率渺茫。现在，请花点时间回顾一下你和你的公司在每条规则上的得分，并计算出大致的平均分值。如果平均成绩是B+或更高，那么你就已经比大多数同行更优秀了。这意味着你可以放眼长远，利用本书提供的丰富经验，在邻近市场实现可盈利增长。如果是这样，恭喜你和你的公司，你们已经做好了成为行业颠覆者的准备，而不是坐等被他人颠覆。

如果的平均成绩是B或B-，那就需要重新分配资源，把握好保护当前业务不受影响的近期目标与进行数字化转型的中期目标之间的平衡。考虑到个人的职业发展和公司的执行力，你或许需要戴上战略性的"双光眼镜"（远视近视两用的眼镜）。

如果你的平均得分是 C+ 或更低，则意味着警报已经拉响。你需要立即制定清晰的行动计划，并采取紧急行动，以弥补上损失的时间。你目前的核心业务可能已经受到了威胁，并且至少在"歌利亚的复仇"的某些重要维度，你的同行已经走在了你的前面。

重新定义公司

想要实现"歌利亚的复仇"的公司，需要思考下面三个问题：

（1）数字化颠覆将对我的行业、公司和个人职业发展产生什么样的影响？

（2）我可以采取哪些措施，确保自身和公司的定位可以长期地保持成功？

（3）我应该如何确定工作的重点，确保能以最小的风险获得最大的回报？

在本书的第二章中将帮助你盘点贵公司开启"歌利亚的复仇"征程时所具有的独特优势。考虑到数字化颠覆是一个赢家近乎"通吃"的变革过程，本书的第三章将帮助你锚定自家企业所需的转型速度。第二章和第三章都提供了其他公司的真实案例，这些企业来自不同的行业领域，但都成功地逆袭数字颠覆者。

在思考未来的战略时，深刻理解数字时代的种种颠覆是如何上演的，无论是对于你个人的职业，还是对于公司未来的发展而言，都至关重要。我们专门将数字化颠覆与其他形式的竞争区别开来，并解释为什么在面对这些新形式的颠覆者时扭转局面是你的首要任务。话虽如此，如果你的耐心有限，且已经对本公司的现有优势以及本行业的数字化变动了然于胸，便可以直接跳过后两章内容，直接阅读第四章。

要实现歌利亚的复仇，就需要依据前述六条规则中的每一条规则采取统一的行动。现在，你已经做完了第一步——专业能力和经验的自我评估。这种练习就像高中阶段的能力测试，帮助你优先选择大学专业，锁定职业初期的发展方向。接下来，你还需要和你的同事要开诚布公地讨论，公司正在有效地执行哪些之前被大家集体忽视的新规则，以及需要采取哪些措施更好地为公司实现"歌利亚的复仇"做好准备。

第四章至第九章提供了冷静、客观地开展前述讨论所需的框架和模型，规定了如何应用每一条新规则，确保你的职业和公司的业务能够在这个充满数字化颠覆的时代，不断发展壮大。我们提到过，后续章节将更具体地探索前文的中期报告卡练习。从第四章至第九章的每一章节中，你会看到两个详细的评估表格——其中一个用于个人职业评估，另一个用于公司的战略评估。这些表格客观地调整了等级 A、B、C 和 D 在各条规则语境下的具体

第一章　数字化颠覆

含义。这些表格有两个作用，一是帮助你明确当前的处境，二是帮助你确定应该采取哪些行动来提升最终的评分等级。在规划个人职业和公司未来发展时，这两者都很重要。

除了详细阐述每条新规则，这些章节还提供了详细的案例研究，使各条规则得以生动展现。作为案例的每家公司，都是在其行业内实现了"歌利亚的复仇"的佼佼者。每家公司都将在这场颠覆性数字博弈中笑到最后，并且这些企业正利用这个快速变化的时期，提升自身的影响力、收入和利润。这些真实的案例研究涵盖了广泛的行业和地区，定能为你规划前进道路并提供切实可行的范本。

在本书结尾，我们提供了结构化方法①，帮助你调整自己未来的愿景、战略和执行。在第十章中，我们介绍了《颠覆者行动手册》，这是贵公司在追寻歌利亚的复仇时，将需要遵循的结构化计划执行框架。但变革不可操之过急，否则就可能颠覆现有的业务，所以你需要以符合实际、切实可行的方式安排一系列的变革行动。此外，假如贵公司的董事会仍一意孤行地发布旨在欺骗外界的企业公告，或采用自上而下的命令式管理，忽视跨部门的合作，那么必定浪费本就稀缺的"喘息时间"，贵公司只能坐看颠覆者赢家近乎"通吃"。我们还提供了已经执行《颠覆者行动手册》的公司所获得的启示，供你吸取他们的成败经验。

在第十一章中，你将制定自己的职业执行计划，这份计划将

---

① 结构化方法：一种系统性、有组织的解决问题或完成任务的方式，通常涉及到明确的步骤、流程和标准。——译者注

歌利亚的复仇

优先考虑确保长期成功要求你现在就投资的新技能、新能力和新经验。无论你是公司董事、高级管理人员、中层管理人员、一线团队领导还是普通员工，都将扮演重要的角色。这个角色可能与让你取得当前成功的角色不同——可能会令你感觉，为了未来的职业发展，你需要先颠覆自我。零售和金融服务等已经被颠覆的行业早已证明，坐等自上而下推动的技能重塑，只会危害自身的职业满意度和职业健康。

本书最后一部分的重点是建议你和你的同事们欣然采纳我们所说的"竞食策略"，其与良药苦口是同样的道理。在任何重要的商业决策中，风险和回报密不可分。实现歌利亚的复仇，颠覆行业中的颠覆者，所需采取的行动亦是如此。我们将为你提供一种"竞食策略"的模型，帮助你实现风险与回报的高效权衡。该模型将迫使你明确地权衡下面两种风险：数字转型速度太慢的风险，以及数字化转型速度太快对核心业务短期盈利能力带来负面影响的风险。

所以，请你暂停沉迷社交媒体，阅读后面几章提供的经验教训，花点时间做些练习，帮助你将新规则应用到个人的具体情况中，为自己的职业或公司的长期成功规划路径。如果你感到有点灰心丧气，好消息是：你可能比想象中更具备"歌利亚的复仇"的能力，下面让我们先了解一下"巨人"企业已经具备了哪些优势！

第二章

在位者优势

"发挥你的优势。"

"我毫无优势可言。"哈利脱口而出。

"说什么呢，"穆迪咆哮道，"我说你有，你就有。现在想想，你最擅长什么？"

——J.K. 罗琳，《哈利·波特与火焰杯》

无论何时去参加硅谷的行业会议，你都会被初创企业文化中显而易见、有时是冒犯性的狂妄所震惊。你会听到很多"大公司就是搞不懂"和"快的公司能轻而易举地击败慢的公司"，还要附上一句嘲讽"我们中要是有人跳槽去大公司工作，两家公司的平均智商都会提高"。经验老到的创业先驱们，会在公司走廊里苦口婆心地劝诫初创公司的首席执行官，不要轻易与大型老牌行业领军企业合作，以免初创公司发展停滞、放缓，或者两者兼而有之。

从表面上看，这种狂妄既可以看作"假装直到成功"的虚张声势，也可以视为年少无知的轻狂。然而，如果深入挖掘，你就会发现风投注资的初创公司，有着的显而易见的脆弱性。初创公司能否在一轮轮融资中存活下来,往往取决于投资者使用的非常主观的评价标准,比如"是否惊掉眼球",或者更模糊的"市场吸引力"等。初创公司的首席执行官在创业初期,通常会将 1/3 甚至一半的时间用于为下一轮融资筹集资金,而不是经营业务。

"拳头"业务或独家优势

正如《哈利·波特》中魔法师阿拉斯托·穆迪(Alastor Moody)恳求哈利·波特(Harry Potter)那样,现在是时候停下来,仔细思考一下你的独特优势是什么了。具体来说,你的"拳头"业务是什么?这可不是什么唾手可得、可有可无的优势,而是能够帮助你实现"歌利亚的复仇"的公司资产或能力。它们既是"歌利亚"企业优势的源泉,也是你和你的公司从防御转向进攻的基础,还是颠覆所处行业的数字颠覆者需要迈出的第一步。每一项资产或能力都必须通过三项测试才可能被视为"拳头"业务:

(1)对客户价值至关重要。如果你问 10 个客户,某项资产或能力,是不是他们花钱购买产品或服务的重要原因,其中会有 8 个或更多的人回答"是"?

(2)独家掌控。来自同行业的数字颠覆者,是否也拥有这些资产或能力,或者这项技能是让你从正在兴起的竞争者

第二章 在位者优势

中脱颖而出的独家秘密武器？

（3）难以复制。你所在行业的数字颠覆者，是否需要至少1年的时间来复制这些资产或能力，从而为你提供足够的缓冲时间，以使得这些资产或能力投入使用？

要定义独家优势，你需要诚实地进行自我评估。当数字化转型正在重塑你的行业时，你需要超越"我们擅长什么？"深入探讨为什么这些因素"对你的客户至关重要"。尽管你可以将公司的任何资产或能力视为独家优势，但我们认为最好给你提供一个范例。

那些在逆袭数字颠覆者方面卓有成效的老牌企业，其"拳头"业务往往跨越多个不同领域。在你听从魔法师穆迪的建议时，我们鼓励你探索七个领域：自筹资金创新、品牌影响力、现有客户关系、用户基数[①]、数据集、封锁性专利[②]和标准的影响力。

在我们开始讨论这七个领域之前，先强调一项老牌企业经常谈论，但其本身并不具有价值的资产——领域知识。领域知识的问题在于，它很难通过前文的第二个测试。如果一家初创公司想要获得一些领域知识，可以聘请该领域有代表性的人士，这些人会很乐意让这些企业了解某个行业的价值链、核心流程和利润杠

[①] 用户基数：指已经安装并使用某种产品或技术的用户群。——译者注
[②] 封锁性专利：也称阻碍专利，是一种专利，其拥有者可以阻止其他人使用、销售或生产与该专利相关的产品或技术，从而限制竞争对手的发展。——译者注

杆等信息。花费更少的做法是，初创公司可以聘请退休专家担任顾问，帮助其达到上述提到的理解水平。就如你将在下文看到的那样，正是领域知识作为可执行的资产或能力的表现形式，创造了"歌利亚企业"的优势。

第一张王牌：自筹资金创新能力

在加入数字化颠覆的战斗之时，老牌企业几乎总有一个能够提供自筹资金的核心业务，该业务至少能够支持部分所需的创新投资。最幸运的公司是拥有多个核心业务，尽管该业务的增速可能放缓，但仍然足够健康，能够提供庞大的自由现金流。在应对数字化颠覆时，这种自筹资金创新能力可以成为独家优势。

下面这些例子或许能帮助你理解这个逻辑。微软（Microsoft）拥有庞大的 Office 和 Windows 业务，这两种业务为微软提供了数十亿美元的现金流，足以支撑微软在全球高速增长的基础设施即服务（IaaS）市场中展开竞争。事实上，微软很早就做出了大胆决策，试图明确将自己树立为可以与亚马逊网络服务（Amazon Web Services, 简称为 AWS）并驾齐驱的市场领导者。在过去几年中，微软的云服务计算业务 Windows Azure 的增长速度实际上已经超过了 AWS，这是一个了不起的成就。微软的自有资金创新能力，在应对全球领先的托管服务器及云计算提供商 Rackspace 和 Equinix 等单一业务攻击者，以及必须依靠资本市场的青睐来筹集在 IaaS 市场中竞争所需的大量资金的其他攻击者方面，显得特别有效。

自筹资金创新这个独家优势,正在其他许多行业展示其力量。在金融服务领域,嘉信理财公司(Schwab)庞大的共同基金业务,为其提供了打造智能投顾(robo-advisor)所需的可自由支配投资资金。目前,该产品在与数字化颠覆企业 Betterment 和 Wealthfront 的竞争中毫不逊色。许多客户已经将嘉信理财的自动化财富管理产品与那些单一业务攻击者的产品相提并论,即便这些颠覆者具备多年的行业领先优势。

总部位于日本的日立公司(HITACHI),得益于其横跨不同经济领域的业务组合,在国际市场广泛地开展了各类业务。日立在电梯、自动扶梯、水处理、火车、发电、电网管理解决方案和重型建筑机械领域的市场领先地位,为它带来了超过 7 000 亿日元(约 63 亿美元)的运营收入和超过 2 500 亿日元(约 23 亿美元)的自由现金流[①]。凭借雄厚的财务实力,日立得以加快开发横向(聚合型)的物联网(IoT)应用业务,从而击败其在不同领域的数十家竞争对手,扭转了与后者纵向(深化型)物联网软件公司的竞争态势。

这样的例子不胜枚举。这种将确保一家公司在数字颠覆时代获得成功的长期投资,与初创公司对下一轮融资的依赖脱离的能力,是每一家老牌"巨人"企业都具备的能力,但却尚未得到他们足够的认识和重视。

---

① 自由现金流:指企业在一定时期内产生的可用于支付股东、投资者和债权人的现金净额。它是衡量企业财务状况和盈利能力的重要指标。——译者注

第二张王牌：品牌影响力

具备自有资金创新的财务实力后，品牌影响力就成了老牌企业的第二张王牌。品牌价值为老牌企业抵御甚至最终战胜数字颠覆者提供了非常有效且灵活的战斗力。

关键的原因是，品牌价值不仅是客户对品牌的认可，一家公司品牌的内在价值，根植于它一贯以来坚持履行客户承诺的良好表现。咨询公司 Brand Finance[①] 进行的一项调查显示，沃尔玛公司（Walmart）和美国电话电报公司（AT&T）的品牌估值分别为 610 亿美元和 820 亿美元。全球品牌价值最高的公司还包括墨西哥国家石油公司（Pemex）（在拉丁美洲市场的估值为 80 亿美元）、阿联酋电信公司（Etisalat）（在中东市场的估值为 80 亿美元）和消费电子产品公司三星集团（Samsung）（在亚洲市场的估值为 920 亿美元）。

虽然初创公司可能会获得媒体铺天盖地的报道，发布的最新动态可能获得大量的点击、关注和点赞，但它们很少享有老牌企业拥有的长期品牌价值。初创公司的品牌形象往往因运营历史相对较短，以及不能始终如一地兑现客户承诺而受损。随着时间的推移，一部分初创公司甚至会因长期过度承诺和交付能力不足，形成负面品牌价值。

你可能会问，"品牌价值"与我们视为最佳王牌的"品牌影

---

① Brand Finance：是全球性的独立第三方品牌价值评估和咨询机构，总部位于英国伦敦金融城中心。——译者注

响力"有何不同？答案取决于你的品牌价值到底有多大的弹性。你是否相信，当你在邻近市场展开竞争或同步推出核心业务和数字产品时，你长期累积的客户承诺历史可以暂时帮你继续赢得客户的信任？

只有你能回答上述问题。如果答案是肯定的，那么你就能将现有品牌价值，转化为老牌企业转型所需的品牌影响力优势，使品牌价值成为转型的手段。只要你愿意，品牌影响力将有效地确保你能够交付新的客户承诺——相当于为你的创新活动购买了一份保险。这样，你就能够为本行业大众市场和实用主义客户提供创新的解决方案，使他们无需担心因依赖过度承诺交付不足的初创公司，而导致自身职业发展受限的风险。

在将全球品牌价值转化为数字产品的品牌影响力方面，通用电气取得了长足进展。尤其是在服务业务方面，通用电气为全球的飞机发动机、磁共振成像仪、发电厂以及石油和天然气钻塔等提供了在最恶劣的环境中持续运转的保障，在这些服务领域，通用电气保持了十多年完美地履行客户承诺的纪录。随着业务范围拓展，通用电气提供的服务不再局限于传统的远程监控和诊断产品，数字品牌战略使其有机会为现有客户提供，包括资产性能管理和现场服务自动化等在内的数字化服务。需要注意的是，将品牌价值转化为数字产品的品牌影响力对通用电气而言也并非易事。2012年起，通用电气大量投资于传统和数字媒体领域，同时推出了年度Mind+Machines大会，希望将其完美履约的良好口碑，延伸到数字领域。

第三张王牌：现有客户关系

现有的客户关系是老牌企业的第三张王牌。客户关系的市场塑造能力超出了上面讨论的品牌影响力，在几乎所有行业中，获得一个新客户的成本，往往是让现有客户购买新产品成本的3—5倍。这个简单的算数，将会让竞争的天平，逐渐且不可避免地朝着老牌企业倾斜。

对于大多的数字颠覆企业而言，几乎每一美元的收入增长都来自新客户，而在各种规模的老牌企业中，向现有客户销售新产品或服务，则贡献了大部分的收入增长。从销售回报率的角度来看，这种影响是深远的，毕竟，争夺长期行业领先地位，更像是一场马拉松，而非短跑冲刺。

不管在哪种市场，将新产品卖给前3至5个远见卓识的客户都相对容易。各行各业都有一批率先"吃螃蟹"的人，在同行们苦苦探索长期竞争优势时，他们率先实施了颠覆式创新，比如金融服务业的高盛集团（Goldman Sachs）、零售业的乐购（TESCO）、娱乐业的华特迪士尼公司（Disney）和航空业的维珍大西洋航空（Virgin Atlantic Airways）。这些企业可能要求苛刻，但也更容易将创新解决方案兜售给客户。

当一项创新的先机优势不再，需要迎接更艰难的市场化和规模化挑战时，困难就出现了。在市场从跨越鸿沟[①]之前远见卓识

[①] 来自《跨越鸿沟》（*Crossing the Chasm*）作者杰弗里·摩尔（Geoffery A. Moore）提出的技术产品生命周期定律。——译者注

的客户，向跨越鸿沟之后实用主义客户转变的过程中，数字颠覆者享有的先发优势往往会逐渐消失。大众市场客户的购买标准和流程，往往对老牌企业更有利。

大众市场客户根本不喜欢与不熟悉的公司从零开始打交道，因为销售本质上是人与人之间的交易，一家公司的销售代表和客户之间数年，甚至是数十年建立起的工作关系，远比你想象得更有价值。你很可能已经是客户核准的供应商，并且已签署了预设的付款条款和条件；到客户现场提供服务的你方人员，可能已经完成了客户要求的背调和安全审计，甚至可能已经获得了客户为他们提供的能与其员工一同进入客户经营场所的临时证件。

除了现有客户关系中那些官方层面的密切联系，你的员工们肯定也更了解客户的独特需求和期望。在你的公司通过自身业务发展或收购、拓展创新解决方案，并计划将其销售给长期客户的时候，这种个人层面的了解将具备无法估量的价值。通用汽车公司等消费公司和通用电气等工业公司已经证明了，这种创新的交叉销售方案非常成功。通用汽车公司充分利用其经销商网络的覆盖面，以及相应的长期销售和服务关系，与特斯拉等数字颠覆者展开竞争。通用电气则在其特定行业销售人员基础上，从科技行业招募数字营销人员，进行两人小组销售拜访，并将其作为向现有客户交叉销售数字解决方案的最有效方式。因此，在创新方面，即便你认为自己是迅速跟上的后发者，而不是创新的先行者，也不要低估了自己身为老牌企业，所拥有的长期客户关系这一优势。

衍生优势：用户基数

从现有客户关系出发，老牌企业还拥有一个衍生的优势——用户基数，即客户正在使用的资产或服务的总数，你可以将其视为过去多代产品和服务创新所累积的影响力。最有可能实现"歌利亚的复仇"的老牌企业，都拥有并使用完善的系统追踪其用户基数，他们都致力于通过创新项目完善用户基数，为自己和客户创造更多价值。

要评估自己在多大程度上激活了用户基数，并将其作为竞争优势，你需要计算出所谓的"数字收益率"，即年度数字收入除以在客户群中运营产品带来的累计用户基数价值。一个粗略估算方法是，过去5—10年的年度平均产品收入，乘以普通客户（在弃用前）使用产品的时长。

所以，假如你是暖通空调承包商，年平均产品收入为100万美元，而客户平均每10年更换一次你销售的产品，则你的预估用户基数价值为1 000万美元。假如你是苹果公司，平均每年销售的手机价值1 000亿美元，而客户平均每3年更换一次手机，则你的用户基数预估价值为3 000亿美元。

你的数字产品收益率，就是当年的数字创新年收入，除以预估的用户基数值。再假如你是暖通空调承包商，为客户提供远程监控和预测性维护服务，年预估收入为50万美元，则数字收益率为5%。假如你是苹果公司，手机业务数字收益率的计算可以看作是苹果应用程序商店（App Store）的120亿美元销售额，加上每年的服务收入（包括 iTunes 和 iCloud）300 亿美元，除以预估的 3 000 亿美元的用户基数值，也就是 14%。

长期以来，思科一直很重视用户基数这一老牌企业的优势，并出色地利用了这张王牌，既抵御了对其核心交换机和路由器市场的数字化颠覆，又实现了向增长速度更快的邻近市场拓展业务的目标。10 年前，思科投入大量资金，开发先进的用户基数管理工具，如智能网络全面维护服务（Smart Net Total Care）。与此同时，思科将客户支持和网络优化服务产品进行了数字化升级。在核心业务中，思科将客户支持从"出现问题－解决问题"的被动服务，转向了"解决未发生潜在问题"的主动服务，从而提高了其数字产品收益率。为了推动客户采用思科在邻近市场开发的例如网真（TelePresence）远程协作和物联网应用等产品，思科创新了优化解决方案，基于越来越精细化的配置参数（由思科算法而不是客户的 IT 团队进行调校），使客户的网络能够为新的工作负载做好准备。

无论你的数字化转型出发点何在，将用户基数视为一个竞争王牌，会促使你将精力放在逐步增加数字产品长期收益率上。这样的老牌企业优势，不仅可以保护现有的核心业务，还能成为帮助老牌企业进军新市场的跳板。

最有价值优势：数据集

从长期来看，数据集可能是老牌企业的优势中最不被理解，但最有价值的优势。数字颠覆者可能会不惜一切代价，只为获得老牌企业多年来拥有的，有关业务流程、运营指标、客户购买模式、行业投资回报率（ROI）模型的精细数据。事实上，一些老牌企业为了区区薄利与初创公司公开共享数据，实际上就是将这个优势拱手相让。

随着人工智能、机器学习和大数据分析在各个行业运营中的关键作用不断增强，我们需要从算法优势的角度思考，即在任何给定的行业中，哪家公司做到了最有效地将所处市场的领域知识转化为基于计算机的、人类专家无法企及的洞察力。几乎每一个核心业务流程，都是基于复杂算法的、优于专家的优化程序的猎取对象。

在第一波数字化颠覆浪潮中，一家公司的算法优势往往依赖于一支人数不多，但昂贵的数据科学家团队。这些"先行者"会从各种运营和IT系统中收集碎片化的数据，再对这些数据进行清理和标准化处理使其可用于分析，并应用统计、可视化和分析方法，从数据的汪洋大海中捡拾"洞察之针"。早期的试点项目和概念验证颇有前景，但正如我们将在第六章中谈到的，这种依赖人力的数据科学方法要实现规模化，已经被证明颇具挑战。

未来的算法优势将越来越多地通过机器学习来开发。计算机聚合、标准化、识别数据集模式的速度，是人类数据科学家永远无法比拟的。为了迎接第二波算法优势，老牌企业需要在以下方面有更为出色的表现：了解其所控制的数据，制定保护数据的数据治理政策和工具，以及投资或合作开发机器学习能力，以便将数据从老牌企业的潜在优势，转化为强大的竞争优势。

数据科学不为人知的秘密在于，大多数老牌企业对其业务每天产生的数据集了解甚少。这些数据可能以碎片化的方式分布在思爱普（SAP）、甲骨文（Oracle）或财捷集团（Intuit）等过时"记录系统"应用程序中；可能分布在第三方服务公司内部运行的专有客户服务系统中；可能分布在财务团队用于了解运营趋势的各种电子表格中；可能分布在新兴的"交互系统"应用程序中，例如千禧一代客户在与公司互动时喜欢使用的社交媒体平台等。

就像斯普伦克（Splunk，日志分析软件公司），主营业务是帮助各种规模的老牌企业对自身数据资产进行整合及梳理，该公司已经从相对规模较小的企业成长为估值数十亿美元的服务提供商。如果你相信数字解决方案对未来的收入增长和盈利能力至关重要，那么你可能现在还没有在盘点、利用和激活已经控制的数据集上下足够的功夫。

潜在优势1：封锁性专利

老牌企业另一个值得考虑的潜在优势领域是知识产权（IP），具体来说就是经过多年的创新、研究和开发产生的所谓"封锁性专利"，这些专利为老牌企业赢得了完成"歌利亚的复仇"所需的时间。封锁性专利为老牌企业提供了一个有时限性的独家机会，用来推销特定的产品或执行特殊的业务流程。它们可能给老牌企业带来的优势是：在专利保护失效前，最强大的封锁性专利几乎没有给其他企业留下可行的替代方案，因此，为老牌企业赢得了较长的转型时间。

我们将这一优势放在后面介绍是有原因的——知识产权保护往往是最难激活的优势来源。首先，需要在你参与竞争的所有国家和地区都申请该项专利。其次，专利申请需要由相应的专利授予机构裁决并授予。最后，授予的专利必须向那些可能侵犯该知识产权的人士进行声明。

最后这一步几乎总是需要法律威慑，以及实际的执法行动，才能强制阻止那些谋求颠覆你核心业务、咄咄逼人的竞争对手专利侵权。在涉及知识产权时，数字颠覆者往往会采取"事后求饶，而非事先许可"的方式。你会想到的案例是：优步以2.45亿美元解决了谷歌可能对其提起的诉讼，因谷歌声称优步侵犯了其Waymo自动驾驶汽车的知识产权。

封锁性专利并不适合胆小之辈，但可能非常有效。本书作者之一，在其职业生涯职业早期曾为企业移动化领导者讯宝科技（Symbol Technologies）[现为斑马技术公司（Zebra Technologies）的一部分]经营产品业务。讯宝科技在移动激光束读取条形码，以及确保耐用的移动计算机能在具有挑战性的工业环境中工作方面拥有多年的研发经验，而逐渐形成了强大的封锁性专利产品组合。当时，讯宝科技面临的数字化颠覆，是从打印条形码向无线射频识别技术转变。讯宝科技在条形码扫描和企业无线网络电源管理方面拥有的封锁性专利，为其提供了竞争保护措施、高利润的许可收入，以及足够的转型时间，使其能够收购无线射频识别领导者Matrics公司，并将Matrics的团队整合到讯宝科技的运营体系中，进而推出能够同时读取打印条形码和无线射频识别标签的下一代耐用型笔记本电脑。至少在讯宝科技的案例中，封锁性专利被证明是老牌在位企业优势的最重要来源。

潜在优势2：标准方面的影响力

老牌企业的最后一个潜在优势来源，与我们刚刚讨论的封锁性专利保护有关。整体而言，社会还没有准备好向数字未来的全面过渡。一些技能正在贬值，另一些则供不应求。一些新兴公司正在收割巨大的行业影响力、收入和市值；另一些老牌企业，在持续获得长达一个世纪的成功后，正面临分崩离析。在这样的大环境下，各国政府都在竭尽全力确保国家层面的要务落到实处，员工就业稳定和金融安全与企业利润得到同等重视，消费者隐私在"数据为王"的时代得到保护。

就行业标准而言，数字颠覆者是新手。至少在规模不大的时候，他们背后的风投资本希望把钱花在工程师（制造产品的人）和销售人员（销售产品的人）身上，预算中所有其他开支，最好遵循"能省则省"原则。这种做法可能有利于那些希望实现"歌利亚的复仇"的老牌企业，因为几乎每个国家都有政府和行业标准机构，来定义和实施特定行业中的竞争规则。

这些规则至少会直接影响数字化颠覆的速度。因此，老牌企业可以通过直接影响政府拟颁布的法规，推动行业协会定义有利于自身的规则,为自己创新计划的成功实施争取时间。进一步来看,这些法规和规则,可能会让天平更倾向于某一种创新或商业模式。随着数字化颠覆的发展,这将影响到行业领袖争夺战的输赢。

博通公司(Broadcom)和高通公司(Qualcomm)等就成功地影响了无线通信行业标准,使有利于自身芯片和创新。在从3G 到 4G 以及现在从 4G 到 5G 的每一次标准变迁中,如美国无线通信和互联网协会(CTIA)在内的行业贸易集团,直接影响了标准中嵌入哪些技术能力、哪些技术能力又被排除在标准外。CTIA 积极游说政府监管机构,如美国联邦通信委员会(FCC)和欧盟的欧洲电子通信监管机构(BEREC),二者都管理着在无线通信行业中获取成功的关键要素,包括频谱获取、网络中立性规则以及各种通用服务义务。

除了无线通信行业,老牌企业通过标准方面的影响力争取时间,从而让自己的创新成果落地的案例比比皆是。孟山都公司(Monsanto)和杜邦公司(DuPont)一直都擅长于获得积极的政府监管,并规避有关其转基因种子和食品创新方面的负面规定。安进公司(Amgen)和基因泰克公司(Genentech)已投入了巨额资金,推动基因疗法获得美国食品药品监督管理局(FDA)以及其他国家卫生监管机构的批准。美国的众多有线电视公司甚至创建了一个名为有线电视实验室(CableLabs)的共享非营利创新组织,帮助它们推动有线电缆数据服务接口规范(Data Over Cable Service Interface Specification,简称为 DOCSIS)成为行业标准，使其获得比其他传统电信公司更大的竞争优势。

无论你在哪个行业竞争，都不要低估你具备的标准方面的影响力，在你逆袭数字颠覆者的过程中，通过对法规、规则、惯例和技术标准施加影响，可以形成有利于你的局面。

你的"拳头"业务或独家优势是什么

在第一章中，我们讲述了通用汽车公司令人惊叹的东山再起的故事。通用汽车公司正在激活自身拥有的多个潜在优势，充分利用其最重要的老牌巨头企业的优势来源。第一，通用汽车公司每年的燃油汽车销量超过1 000万辆，为其多年来在电气化、自动驾驶和共享汽车/出行等领域的创新投资，提供了充足的资金。相比之下，2017年特斯拉的汽车销量只有10万辆，这一销售量对通用汽车公司而言是100∶1的优势。第二，几十年来，通用汽车公司一直投资于构建全球品牌组合，使通用汽车公司在各个国家的市场竞争中，都获得了广泛认可。通用汽车公司旗下众多品牌之一的雪佛兰（Chevrolet）价值便高达120亿美元。通用汽车公司通过雪佛兰蓝达和雪佛兰博尔特这两款车型，将其品牌价值转化为品牌影响力。第三，通用汽车公司拥有庞大的经销商网络，能够将新电动汽车交叉销售给现有的忠实客户，因此它拥有巨大的销售成本杠杆。第四，通用汽车公司通过投资提高数字收益率的历史由来已久，例如对安吉星（OnStar，通用汽车公司的子公司，为通用提供汽车安全信息服务）的投资可以追溯到1996年，

歌利亚的复仇

比谷歌成立还早了两年。第五，近年来，通用汽车公司更加注重跨品牌、跨地区、跨运营公司的整合数据，以此作为提高内部生产率和开展新的高增长业务的基础。第六，2016年，通用汽车公司与福特汽车公司（Ford）、本田（Honda）、现代汽车集团（Hyundai）以及其他汽车行业龙头企业联手，通过集中知识产权的方式，防止那些被称为"专利流氓"[①]的公司，阻碍其快速将创新商业化。第七，通用汽车公司一直以来深度参与汽车行业的标准制定，该授权历史可以一路追溯到获得加利福利亚州政府的授权，使其成为通用汽车公司电动汽车EV1发展的催化剂。最近，通用汽车公司通过沃伦技术中心（Warren Technology Center）大力投资环境测试设施，以期向监管机构证明，电动汽车在任何天气条件下都可以安全可靠地驾驶。

当然，我们并不要求你的公司具备老牌企业拥有的前述这些优势，毕竟通用汽车公司仅是一个独特的代表。然而，除了前文列举的七个优势，你可能还拥有其他具备成为竞争优势潜力的资产或能力。你需要做的，就是找出本公司在各个领域可能存在的竞争优势，然后根据上面的测试（对客户价值至关重要、独家掌控且难以复制）进行评分。能通过这三项测试的竞争优势，代表了构成老牌"巨人"企业优势的基石，也是利用"歌利亚的复仇"六大规则的出发点。

---

① 专利流氓：指通过购买、诉讼和威胁诉讼等手段，试图从他人的专利使用中获利的公司或个人，而这些公司或个人并没有实际生产或研发相关产品。——译者注

第三章

赢家近乎"通吃"

昨天的本垒打，赢不了今天的比赛。

——贝比·鲁思，棒球运动员

如果说数字颠覆好坏参半，那么现在，我们就到了"坏消息"的这一半。很抱歉，我们事先并没有问你，想要先听好消息还是坏消息，但凭借手头上那些能赋予老牌"巨人"企业优势的独家优势，我们觉得你已经做好了准备面对残酷的现实，即我们正在进入一个创新成果分配不均、不民主或（在某些人看来）不公平的时代。

几十年来，那些曾经保护了大大小小公司的竞争护城河，正月复一月、季复一季、年复一年地被消耗殆尽。与此同时，一些希望实现"歌利亚的复仇"的公司，正在"偷师"数字颠覆者，在竞争中构建更强大、更持久的差异化竞争优势源泉。

告别平均值的时代

在高中时我们被告知，统计学中最重要的概念是正态分布。

这是个让人放松的概念：给定变量的随机观测值，倾向于紧密围绕在平均观测值周围，低于或高于平均值的离群值相对较少。就个人而言，如果我们的智力处于平均水平，那么我们和自己认识的绝大多数人一样聪明。我们是群体中"正常"的那一部分人。尽管我们期望自己优于常人，但最终却处于平均水平，也并非不能接受。过去，我们生活在图3.1左侧所示，数字技术出现前精确对称的曲线中。

令人不安的，是位于图3.1右侧的曲线——数字技术出现后的。这就是所谓的偏态双峰分布，在这种分布中，观察到的极值点比中间点多，而且其中一个驼峰（在此例中为左侧驼峰）比另一个驼峰高。无论你生活在发达国家还是发展中国家，右图中的曲线都让人头疼。你身边肯定有这样的人：他们就读名校、工作兢兢业业，却仍然发现期望的晋升没有到来，或者职业发展过半突然遭遇失业，仿佛一场突如其来的"重感冒"。

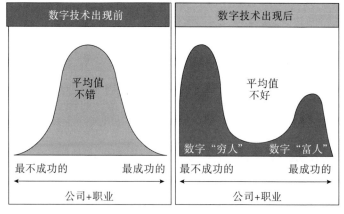

图3.1　数字技术出现前和出现后的平均值对比

第三章 赢家近乎"通吃"

"数字鸿沟"一词被用来形容图 3.1 右侧曲线的右侧驼峰中精通数字技术的员工，与左侧驼峰中处于数字弱势的员工截然相反的职业发展道路。但这个差异很难量化，因为在一个行业中，只有少数员工的职业前景会因为数字技术的出现而显著好转、收入会迅速上升。每出现一位具备数字技术优势的员工，可能就有更多发现自己事业因此而提前遭遇瓶颈甚至遭遇失业的同行。你们中的许多人阅读本书是为了弄清楚现在需要培养哪些技能，以确保自己能长期处于右侧曲线的右侧驼峰。

数字鸿沟不仅存在于公司员工之间，企业之间也存在类似的差异。一些老牌企业正在主动采取必要的措施，确保自己在数字技术出现后，位于右侧曲线的右侧驼峰。在梳理实现"歌利亚的复仇"漫长进程的六大规则时，我们将分享它们的故事。作为案例的那些志存高远的"巨人歌利亚"，已经提升了自身的市场实力和收入，尽管受短期内需要投入大量创新资金的影响，其原定的边际利润增长放缓。

不幸的是，大多数公司都寄希望于保持"平均水平"，也能够在未来保持一个令人舒适的优势地位，他们期盼数字化颠覆会像夏季风暴一样，来得猛烈但散得迅速，随后大家都能回到"正态分布"。然而更糟糕的是，整个行业正在被分成数字"富人"和数字"穷人"，没有所谓的居中者。昨天还处于平均水平的公司，他们的行业地位、营收和利润在未来 3 至 5 年内都将下滑。让我们来看看一个身处"平均水平"，但自身地位却每月都在下滑的行业——零售业。

持球与投球

在篮球比赛中，有一个"进攻时限"规则，持球球队最多只有24秒的进攻时间，超时就失去了投篮的机会。如果你没有自信能够投篮命中，那么持球耗尽时间或许令你感觉良好，因为这意味着对方球队也没有得分。但如果你总是不投篮，也意味着你无法得分。假如你的战术是一直持球，那么将很难在赛场上混下去。

线上零售开始给人一种感觉，它成为一场只有一方不停得分的篮球比赛。无论你的公司在哪个行业竞争，都应该把零售业当作反面教材。它证明，如果旷日持久还没有将老牌巨头企业的优势，转化为真正的数字领导力，那就必然会失败。以下是2015—2018年破产的美国主要零售商名单：The Limited（服装品牌）、AA美国服饰（American Apparel）、玖熙（Nine West，女鞋品牌）、Quicksilver（美国大型零售品牌公司）、Alfred Angelo（婚纱品牌）、PacSun（零售服饰品牌）、Payless Shoes（女鞋品牌）、Rockport（鞋品牌）、Linens'n Things（连锁超市）、A&P（连锁超市）、Sports Authority（体育品牌）、City Sports（体育品牌）、Brookstone（新奇特产品零售品牌）、睿侠（RadioShack，消费电子产品零售商）Borders（美国图书零售商）、金宝贝（Gymboree，早教品牌）、玩具反斗城（Toys'R'Us，玩具及婴幼儿用品零售商）、好时光商店（Good Time Stores）、维他命世界（Vitamin World，营养品品牌），以及最近的西尔斯百货（Sears，零售公司）。这些企业几乎覆盖了零售业的每一个细分市场——

食品、服装、鞋履、电器、书籍、玩具、娱乐和体育设备。

在全球范围内，老牌知名零售商，如加拿大的百货公司伊顿（Eaton's）、法国的卡纷（Carven），英国 BrightHouse Group（家电租赁经营商）、Aquascutum（服饰品牌）和积家手表（Jaeger）也纷纷关张。这种像图 3.1 中数字技术出现后向双峰分布左侧驼峰迁移的趋势非常强劲。为了迎接数字化的未来，以实体店为主的零售商仍在为要不要重塑自我举棋不定，而这导致大量股东价值的损失、数千员工被裁。

那么，消费者都去哪了？聚集到了数字技术出现后双峰分布的右侧驼峰中。放慢速度，好好地读下面这个句子。亚马逊的电子商务收入，几乎相当于美国所有其他零售商电子商务收入的总和。根据市场研究机构 eMarketer 的数据显示，2018 年亚马逊在美国电子商务总量的占比，从 2 年前的 38% 飞速攀升到了 49%。

回想上文篮球比赛的比喻，如果你的对手是亚马逊，那么情况或许更糟糕。如图 3.2 所示，亚马逊不仅是电子商务领域的"大卫"，还是传统零售业的"歌利亚巨人"。右边的标识数量代表了你需要将多少家这样公司的电子商务收入加到一起，才能获得和亚马逊相当的电子商务收入。

亚马逊给那些有志于实现"歌利亚的复仇"的老牌企业敲响了警钟。如果你和你的公司，不承认自身核心业务正受到威胁或心存侥幸，认为可以无限期推迟那些令人不快，但却能帮助企业在数字化的未来取得成功所必需的变革，由此产生的后果已经在零售业展露无遗。

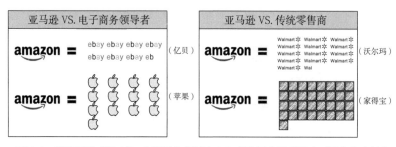

图3.2 赢家近乎"通吃",在线零售领域中大卫成为巨人歌利亚(以零售业为例)

资料来源:eMarketer,《亚马逊会员促销日报告》,2018年6月。

这种面对数字化颠覆挑战的自然反应,构成了我们所说的赢家近乎"通吃"的局面。如果你想趁着还有时间寻求颠覆本行业"亚马逊"的机会,那么了解是什么让权力集中在少数公司手中,就变得则至关重要。

不要只想着持球——好好地执行进攻战略,努力投篮拿分才是对的。如果你落后于创新和技能发展的曲线,将会处于十分被动的局面;而如果走在前面,你将享受无限的回报。这些都是赢家近乎"通吃"的后果。接下来让我们将注意力转向这一结果的最重要的驱动因素:客户期望棘轮。

客户期望棘轮

如果你有过拧紧螺栓上螺母的经历,可能知道棘轮是什么—— 一种看起来像扳手,但只能朝一个方向拧动的工具。转动棘轮的时候,你会听到隐藏的棘爪在齿轮内部,从一个齿传递到

第三章 赢家近乎"通吃"

另一个齿时发出的咔嚓咔嚓声。当棘轮向前转动时,会非常顺畅而轻松地转动,而当你试图向后扭转,棘爪则会锁在齿中,阻止它向后运动。

客户期望也是如此。一旦你或你的竞争对手提供了变革性的客户成果(我们将在第四章中讨论),就没有回头路可走了。你听到的"咔嚓"声,代表着一场竞赛的开始,所有竞争对手都希望提供变革性的客户成果,避免失去巨大的市场份额。

现在,你可能会说:"这不正是资本主义的运作方式吗?"答案为"是",也可能"不是"。只要还有企业存在,它们就一直在玩"跳背"游戏(交互跃进、竞相提高),即竞争对手 A 试图赶超竞争对手 B,然后抢走 B 的客户。然而,这些"小打小闹"的竞争,几乎总是在一个又一个的产品特性上使用局部持续改进和产品创新的手段。在这种白刃战中,竞争对手 B 有可能被打得鼻青脸肿,但几乎很少遭遇致命伤。

随着数字化颠覆的到来,这种相对礼貌而体面的竞争,正让位于一种后果更致命的竞争。在每个行业,几乎都有颠覆者在部署难以复制、改变游戏规则的客户成果,且频率越来越高。这些变革性的客户成果往往既取决于商业模式创新(重新定义行业的基本供需关系),又取决于产品创新,对两者之倚重毫无二致。

百视达认为自己的业务是出租 DVD(以及收取用户未及时归还所产生的滞纳金),而奈飞则重塑了行业宗旨,将其重新定义为随时随地、唾手可得的娱乐享受。专注于销售高利润率的胶卷，柯达因此遇到了数字化颠覆，因为索尼和三星能够百分之百地专注于数码照片，为给孩子拍摄照片的家长们提供即时查看的满足感。战斗的第一枪，几乎总是由那些天生的数字化颠覆者打响，但传统竞争对手的反击同样会颠覆行业现状。正如我们在第一章中所讨论的那样，通用汽车公司已经靠创新闯出了一条跻身"曲线右侧驼峰"的道路，在颠覆汽车行业方面做到了与特斯拉、谷歌等公司并驾齐驱。

突破性创新的加速，造就了注意力持续时间短得令人难以置信的新一代客户。在创新领域，每个企业都面临着注意力缺陷的障碍。客户对价格、性能、质量、服务和价值的期望，就像前文的棘轮一样被锁定了。

昨天的持续改进成为了今天的标准，而今天的变革性创新在明天便成为了必备的性能。客户期望棘轮正在推动消费和各产业部门，出现赢家近乎"通吃"的局面。下面是来自客户和行业角度的两个案例。

特斯拉：重新定义汽车

在过去，汽车是生活中为数不多"老当益壮"的产品。事实上以今天的美国为例，路上行驶的汽车平均车龄已经接近12年。在过去10年中，传统汽车制造商对汽车性能的小幅度改进，并不足以吸引客户卖旧换新。但这种情况即将发生改变。

特斯拉正在咔嚓咔嚓转动着客户期望棘轮，这一举动对汽车行业的其他公司产生了巨大影响。特斯拉不仅设计了自己的技术平台，而且优先考虑了团队的技能组合，并将商业模式与提高车主购车后价值挂钩。特斯拉的做法，是通过贯穿全生命周期的在线软件升级为每辆售出的汽车增加新功能，这不仅是小漏洞的修补或可有可无的更新，而是包含购车时车主未曾想到的全新功能。

这些新功能包括山坡制动保持、雨量感应式雨刮、自动紧急制动、家庭 Wi-Fi 连接，以及神奇的"召唤"功能，只需使用手机，你就可以将空车倒出车库或狭小的停车位。所有这些新功能，都是作为免费软件更新交付给车主，而并非汽车的出厂配置。更令人印象深刻的是，仅通过基于软件的加速和制动性能升级，特斯拉就能让汽车更快加速（0-60 mph[①]）和减速（60-0 mph）。这就好比买了一辆四缸发动机的燃油汽车，早晨一觉醒来之后，你发现它具备了一辆八缸发动机汽车的性能。这是商业模式的创新！特斯拉重新定义了汽车制造商和消费者之间的交易模式。

这是一个变革性的想法。似乎一夜之间，每一辆非特斯拉品牌，且车龄超过 3 年的汽车就感觉过时了，车龄超过 5 年的仿佛已彻底沦为了"老古董"。特斯拉的汽车每个月或每 2 个月就提供免费性能升级和创新功能，这是传统车企做不到的。更糟糕的是，传统的汽车，购买时间越久性能表现就越弱。你的汽车内过时的地图导航系统，以及导航系统中早期的 Windows 用户界面可

---

① mph：全称是 mile per hour，速度单位，表示英里/小时。

能就是很好的证明。

"我的汽车,越老越新"就是特斯拉变革性客户成果的最佳例证。特斯拉从根本上重新定义了汽车行业的购买标准,而其他的汽车公司,也都听到了客户期望棘轮不可逆转的转动声音。特斯拉的车主都很喜欢到处鼓吹和宣扬自家车辆的好处,这进一步放大了特斯拉的影响力。每年都有6至8次,他们要鼓吹特斯拉如圣诞老人一般为其带来的惊喜,他们购买的汽车,神奇地呈现出的新功能和新性能。

5年之内,不具备这种在线软件升级能力的汽车将很难卖出去了。应对不停向前转动的客户期望棘轮时,每一个传统汽车制造商都面临着巨大的前沿人才缺口。截至2015年的统计数据显示,特斯拉60%的技术人才都是软件工程师,而传统汽车公司这一比例仅为2%[1]。技能需求与供给的不匹配,让每家老牌的汽车制造商都在急起直追。但那些反应足够快的公司才可以在赢家近乎"通吃"的博弈中成为赢家。

数字孪生或数字化身

就像特斯拉正在影响汽车行业一样,客户期望棘轮正在以多种方式影响着经济中的工业和商业部门。在过去的20年间,通过远程遥测功能让设备能够"打电话回家",已经悄悄地融入到

---

[1] 亚当·乔纳斯:为什么特斯拉汽车可能是世界上最重要的汽车公司(摩根士丹利研究视频,2015年)。

建筑暖通空调系统、飞机发动机、火车头、磁共振成像机和发电燃气轮机等各种产品中。

最初,这种远程遥测技术仅支持单向数据流,用于将机器配置参数、运行状态、性能指标和传感器数据回传到中央服务器进行跟踪和分析。这些系统传统上被称为"远程监控和诊断"(remote monitoring and diagnostics)系统,或者简称为RM&D。RM&D解决方案往往只在最高端的机器中配置,并且通常包含在客户与其设备制造商签订的附加服务协议中。

最近,工业和商业部门的客户期望棘轮又咔嚓咔嚓响了两次。首先,随着先进传感器、边缘存储、远程网络和数据传输成本的下降,工业和商业客户已经将远程机器的可见性扩展到中低端机器,包括泵、阀、控制器、叉车和输送机等资产。目前,传感器网络的广泛拓展,给整个工业和商业运营过程带来了端到端的数字可见性,而不仅仅是配置在几台高端机器上。

其次,客户期望棘轮的第二次转动,使单向数据流变成了双向数据流。最先进的工业和商业设备制造商能够做到通过支持机器操作远程预调整参数,帮助客户避免计划外的故障停机,并最大限度地提高操作性能。RM&D系统正在让位于基于海量数据分析和机器学习的复杂资产性能管理和运营优化。这些解决方案通过算法远程增强了客户的数字可见性,而不是仅仅在中央处理器上远程显示机器的状态,即便发生故障,实际上什么也做不了。

客户期望棘轮的两次转动,都正在铁路行业发生。现代火车头上传感器数据的颗粒度、频率和数量非常惊人,火车头上有超过250个独立传感器,每分钟可产生多达15万个数据点。停下来想一想。一名火车工程师最多可以值班12小时,这意味着一趟火车旅程可以产生多达1.08亿个数据点。这种数字可视性涵盖了从天气、位置、加速度和速度、振动、温度、液位、配置参数和操作者动作等方方面面的信息。受到监控的不仅仅是火车或者火车头,目前,传感器数据在火车头的每个主要子系统都能被获取,包括高压燃料泵、涡轮增压器、制动器、压缩机和控制器等。

所有这些数据都不断地被整合到计算机的实时模拟机器中,通用电气公司将其称为"数字孪生",日立公司称为"数字化身"。其中一些数据集非常大,只能暂时存储在列车上,并只有当列车到达能够接入Wi-Fi的车站或维修厂时,铁路运营商的远程监控系统才能看到。不过,最重要的数据现在已经可以通过蜂窝网络或卫星数据传输实时获得。

客户期望棘轮第二次转动,极大地增强了客户远程实时操控火车的能力。嵌入其"数字孪生"或"数字化身"的算法,不断寻找代表列车故障主要指标的模式。实际上,这些算法每天都在为每个火车头计算其每个子系统的"剩余使用寿命"。过去,这些计算仅用于确定铁路维修项目的优先顺序——当一个火车头需要维修时,确定完成维修的最佳维修厂、确定火车头需要完成的额外预防性维护,及维修厂应该事先准备哪些部件,以尽可能地减少列车的故障停机时间。

铁路行业带来的变革性客户成果在于，至少客户在短期内能够远程地延长设备的剩余使用寿命。例如，通用电气公司最先进的火车头可以通过传感器网络识别出即将发生的维护问题，当出现可能导致列车故障的问题时，列车速度将从4 800马力降级到"跛行回家"模式下的2 400马力。通过降低车速，火车头可以争取时间回到修理厂，同时避免堵塞铁轨造成的数千美元的生产率损失。毕竟火车可不像轮船、卡车和飞机那样可以绕过障碍物运行。

我们再次看到，一家公司——本案例中是通用电气公司——正在改变火车头这个历史悠久的市场的购买标准。其远程优化铁路性能的数字解决方案，正在推动铁路行业朝着零意外停机的未来。几乎每个工业和商业部门都有自己的通用电气公司——这家公司将不停转动客户期望棘轮，让竞争对手只有招架之力，并将自己置于图3.1中右侧赢家近乎"通吃"曲线的右侧驼峰。

抛物线式客户采用率与长期算法优势

让我们回顾一下"进攻时限"的比喻，以及为什么用观望的态度来应对消费者预期的巨变不再奏效的讨论。下面两种趋势更青睐于先行者，不利于止步不前者：呈抛物线的客户采用率和长期算法优势。

1. 呈抛物线的客户采用率

通过渐进式创新，如果客户 A 在今年采用了你的更新改进方案，而客户 B 计划在明年采用，从历史维度上看，这两个客户的整体财务业绩差异不大。而本质上，客户 B 观望客户 A 采用创新技术的情况，并评估创新是否带来了承诺的好处的做法，没有任何损失。如果创新方案带来了承诺的好处，那么客户 B 可以在一年后再采用，且不会遭受任何实质性损失。如果创新方案没有带来预期的好处，那么客户 B 就可以选择不采用，从而节省实施创新所需的时间和投资。

渐进式创新往往会需要很长一段时间，逐渐渗透至当前和潜在客户群中，如图 3.3 中两条靠下的曲线所示。

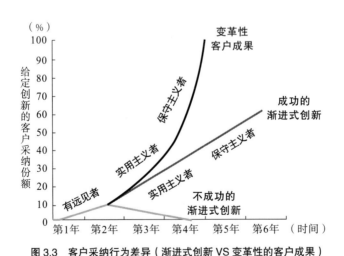

图 3.3　客户采纳行为差异（渐进式创新 VS 变革性的客户成果）

你可能会问："为什么客户 A 会同意充当行业的试验品？"

问得好。还记得第二章中，我们提到的具有远见卓识的客户吗？而且，他们非常乐意尝试尚未得到市场验证的领先创新，甚至是最前沿的创新。每个行业中 3 至 5 个远见卓识的客户，其高层领导往往总是那些在行业年度会议上发表引领性主旨演讲的人。他们的职业动机就是获得实施最新创新的荣耀——企业领域的"电动汽车第一人"。他们身上这种"先于他人"的性格，同时体现在个人的生活和企业管理思维中。

下面这个例子或许能帮助你更好地理解。琳达·迪尔曼（Linda Dillman）是老牌企业中强大、高效、有远见的领导者的典型代表。她曾在 2004 年担任沃尔玛的首席信息官（CIO）。当时，沃尔玛率先尝试将 RFID 应用到箱包和托盘供应链管理上，并大获成功。其他零售商都做了小规模试点或概念验证项目，同时仔细研究沃尔玛当时堪称创新的大规模生产部署。在接下来 18 至 24 个月的时间里，事实证明与纸质条形码相比，RFID 给沃尔玛带来的财务回报，相对于当时这项技术固有的成本和风险而言，相当微薄。

意识到这一点以后，乐购、艾伯森（Albertsons）、塞恩斯伯里（Sainsbury's）和西夫韦（Safeway）等零售商有能力在一段较低风险的时间内，也通过审慎的方式部署了这种基于 RFID 的新系统。采纳曲线遵循"成功但渐进式创新"的逐渐向上和向右的曲线（图 3.3 中的中间线）。即使在 10 年后，大多数包装类消费品仍在通过使用纸质条形码，实现从制造商处到零售商处的转移。完全部署 RFID 系统可能还要 10 年，甚至更长的时间。

变革性客户成果的采纳情况则大相径庭，在图 3.3 中呈现为顶部向上的抛物线。产品创新和商业模式创新相结合的颠覆性影响力，叠加重塑行业盈利能力的潜力，改变了奉行实用主义和保守主义的客户的采纳行为。因为延迟实现变革性客户成果的风险太大，因此这些客户纷纷缩短了观望先行者的阶段，而是选择加速进入采纳阶段。

财富管理行业的智能投顾，就是整个行业范围内迅速采用变革性客户成果的很好例证。传统上，财富管理主要由两部分组成：一是为投资者管理资产（债券、股票、现金）配置的财务顾问，二是一群实际进行投资的投资经理。高净值人群的财务顾问可能还被称为私人财富管家、私人银行家或财产规划师，但大多数人更习惯将他们称为独立财务顾问或财务规划师。投资经理的不同头衔，往往对应了其管理的不同投资类型，最常见的是共同基金经理，其他头衔包括风险资本家、对冲基金经理、私募股权投资基金普通合伙人，甚至是老式的股票经纪人等。

由于投资风格正在从主动型投资转向被动型投资，20 年来，投资经理的角色一直处于被颠覆的状态。指数基金等被动型投资，即持有某一特定行业的所有股票，以期获得市场回报，比如标准普尔 500 指数。传统的共同基金等主动型投资，试图通过选股来取得优于整个大盘的表现。

从 2001 年至 2016 年的这 15 年间，92% 的大盘股主动型共同基金的表现都没有超过标准普尔 500 指数。这意味着，将资金投入大盘股主动型基金的投资者如果愿意接受市场回报，每 10

第三章　赢家近乎"通吃"

个人中有 9 个人都会赚得更多。过去 10 年，哪怕是不那么精明的投资者，也学会了"正面我赢，反面你输"（总之都是我赢）的策略。目前，美国几乎 1/3 的总资产都是通过指数共同基金或交易所交易基金（ETF）进行被动投资。仅在 2017 年，美国投资者就从主动管理型美国股票基金中撤出了近 2 000 亿美元，并向被动型股票基金注入了差不多金额的资金。因此，投资经理角色的颠覆，通常遵循与供应链 RFID 相同的路径，即图 3.3 中逐渐上升并向右延伸的线（中间）。

现在，财务顾问的角色正在被颠覆，颠覆的过程遵循的是图 3.3 中顶部的抛物线，代表的是变革性客户成果。确保被动型投资获得成功的关键，在于定期调整各种可用资产类别的投资组合，例如，调整国内资产与国际资产，股票、债券以及现金的比例等。调整的目标，是长期保持各投资类型中资产的固定百分比，通过少量高价卖出增值的投资，少量低价买入自上次调整以来贬值的投资，这种定期调整能够增加客户收益。在过去，财务顾问会按照投资总价值的 1.0%—1.5%，每年向客户收取系统性调整投资组合的手续费。

随着 Betterment 和 Wealthfront 这两家成立于 2008 年，并分别于 2010 年和 2012 年上市的数字颠覆者崛起，智能投顾逐渐成为市场主流。这两家公司把定期调整投资组合的活动系统整合成算法，每年只收取相当于投资总价 0.25% 的费用。相较于财务顾问每年收取约投资总价 1% 的费用，这个降幅乍一看可能不像是变革性客户成果。然而，均衡的散户投资组合的典型长期回报率是每年 5%—6%。因此，省下 1% 的额外财务顾问费，就意味着增加 20% 的额外回报。年回报 1% 的额外收入，也相当于投资者在过去几年中，储蓄账户结息总额的 100%—200%。

老牌的金融服务行业领导者反应非常迅速，并遵循图 3.3 中的顶部抛物线路径。短短 5 年内，100 多家公司采用了智能投顾服务，管理的资产近期超过了 2 200 亿美元。Betterment 和 Wealthfront 在其中的总份额为 160 亿美元，其资产管理规模还在继续增长。不过，智能投顾行业的"领头羊"，仍是业内巨头先锋集团（Vanguard，智能投顾管理的资产规模为 830 亿美元）和嘉信理财（智能投顾管理的资产规模为 200 亿美元）。其他老牌金融服务公司也纷纷效仿。富达投资有了数字顾问，摩根士丹利有了数字投资平台，德美利证券（TD Ameritrade）也提供了重要投资组合产品。

面对显而易见的变革性客户成果，金融服务行业反应迅速，避免出现一个可能导致老牌企业无法与之竞争的金融行业的垄断巨头"亚马逊"。先锋集团、嘉信理财、富达投资等公司预见了这种抛物线型的客户采纳度，并且意识到如果任由 Betterment 和 Wealthfront 这样的数字颠覆者迅速壮大，会导致赢家近乎"通吃"的结果，使其沦为行业中的数字穷人。

这些老牌行业领导者选择另辟蹊径。它们大力投资产品和商业模式创新，迅速推出了具有竞争力的智能投顾产品，并对人力进行重新部署，将零售经纪公司的人力调配到资本市场业务部门。为了保护长期的客户关系，它们甘愿冲击现有的资产和财富管理业务的举措，有效地破解了赢家近乎"通吃"的局面，为实现"歌利亚的复仇"做好了准备。

2. 长期算法优势

赢家近乎"通吃"的第二大驱动因素，是我们所说的长期算法优势。是否感觉又长又拗口？的确是。简言之，任何行业中能够捕获、管理、分析最多数据，并将其系统化的公司，都可以在未来的人工智能和机器学习方面获得显著而持久的优势。

在极端情况下，这种局面可能会变成赢家近乎"通吃"，在一个行业的中心形成双寡头垄断地位。有人会说，彭博（Bloomberg）和路透社（Reuters）在金融服务业的交易软件市场上就享有这种特权地位，它们每年从金融市场获得的收入加起来超过150亿美元。你很难在美国华尔街、伦敦、法兰克福或中国香港等地的金融交易市场中，找到一个不使用若干个彭博或路透社交易终端的交易员。许多交易员在家里或者在银行交易大厅的办公桌上，都同时放着这两家公司的产品。一个终端的订阅费用一年就高达2.4万美元，而且除了在这两个产品中二选一之外，交易员们没有第三个最佳选择。

广告业也呈现出同样的态势。数字技术出现之前，行业里有各种各样的广告公司在争夺薯片、啤酒、汽车、电影等广告收入。每个国家都有自己的三四个主要电视网络［在美国是美国广播公司（ABC）、哥伦比亚广播公司（CBS）、美国全国广播公司

（NBC）和福克斯广播公司（Fox）] 以及两三家全国性报纸［加拿大是《环球邮报》(*Globe and Mail*)和《国家邮报》(*National Post*)]。广告商就喜欢这样的竞争态势，它们可以促使同类媒体相互竞争，促使迫切想要胜出的媒体降价，从而降低长期投放广告的成本。在数字技术出现后，形势发生了改变。谷歌和脸书（Facebook）如今控制着约73%的在线广告收入，瓜分了83%的在线广告支出增加额。在线广告已经开始变得很像华尔街的市场数据订阅业务：赢家近乎"通吃"市场。

实际上，各行各业都呈现出同样的态势。IRi公司（全球领先大数据分析及市场研究公司）和尼尔森公司（Nielsen，全球领先大数据分析及市场研究公司）把自己定位为包装消费品和零售行业消费者行为分析的龙头老大。征信机构艾可飞（Equifax）、环联（TransUnion）和益博睿（Experian）的信用评分已经深深融入了美国各大银行的贷款流程，不可能出现可与它们竞争的第四家公司。

赢家近乎"通吃"的极端案例背后的驱动力，正是长期算法优势。这种优势基于图3.1数字技术出现后曲线右侧驼峰的公司，它们先于行业内其他公司采取了如图3.4所示的三项自我强化措施。

（1）抢先获取数据。

每家拥有长期算法优势的公司，都采取了大胆且先发制人的举措：斥巨资从最广泛的来源获取最大数量的数据，尽管这意味着短期亏损将持续存在。

第三章 赢家近乎"通吃"

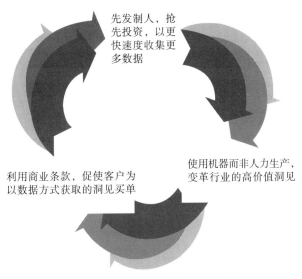

图 3.4 获得长期算法优势的三个步骤

1981 年，迈克尔·彭博（Michael Bloomberg）创立了这家如今以他名字命名的公司，据说创业资金来自他收到的 1 000 万美元员工遣散费，当时他的前雇主所罗门兄弟公司被收购了。他用这笔钱开发了一个基于计算机的系统，获取有关股票和债券交易的所有数据，当时还没有哪家公司想到将这些数据整合在一起。他的大胆决策获得了丰厚回报，不仅使他成为亿万富翁，最后他还当上了美国纽约市市长。

类似地，20 世纪 90 年代末，谷歌承担了一项大胆（而且昂贵）的任务——在整个万维网上进行搜索。实际上，谷歌这个品牌是"googol"这个词的一种拼写变体，"googol"的意思是 1 后面跟着 100 个零，即 10 的 100 次方。这就是谷歌试图捕捉、分析和管理的数据体量。

IRi 公司和尼尔森公司都采取了一个有趣的路径，尝试获取关于消费者购买模式的最大可能数据量。它们向主要零售商提出了一个建议——某种形式的物物交换，要求访问零售商销售点机器中的原始交易数据，并承诺如果零售商同意，它们将从这些数据中获得"免费"或打折的销售建议。当时，大多数零售商没有利用这些数据，所以他们同意参与，这实际上让信息资源有限公司和尼尔森走上了成为行业数据中心的道路。

　　（2）使用机器而非人类进行分析。

　　在数据科学领域，人无法实现规模化，但机器可以，我们将在第六章详细介绍。那些拥有长期算法优势的公司已经将模式识别系统化，从而将海量数据资产转化为变革行业的高价值洞见。

　　彭博和路透社的交易智能终端都配备了预置的分析工具，交易员需要这些工具来发现定价错误的金融工具，并进行交易，以获取这些资产随时间重新定价而产生的利润。彭博和路透社还提供弹性的交易环境，让高级交易员可以自行开发基于计算机的算法交易模型，以捕捉哪怕是可能只存在几毫秒、极其微小的定价错误。

　　谷歌并不是第一个搜索引擎，但它是第一个拥有两项震撼全球算法的搜索引擎。第一项，网页排名（PageRank）以一种独特的方式整理了全球信息，其统计标准是有多少其他网站链接到一个特定的网站，链接越多 PageRank 就认为该网站的价值越高，在搜索结果中的重要性也就越高。谷歌的搜索结果，的确比搜信

（Infoseek）、雅虎（Yahoo!）、远景（AltaVista）更好。第二项，关键字广告（AdWords），其采用了一种可以有效地将线上注意力拍卖给出价最高者的算法。显示在搜索窗口右侧的付费链接价格，是基于供需动态设置的，这种关键字广告算法完全可以跻身硅谷商业模式的名人堂——简直就是媲美印钞般的存在。

IRi公司和尼尔森公司利用早期的数据科学工具开发了一些算法，如商店顾客来源分析工具和价格弹性工具。前者帮助零售商回答了这样一个问题："购物者要走多远才能到达各零售网点进行采购？"后者对于食品和饮料公司更有价值，因为它回答了这样一个问题："如果我把价格提高10%，某一产品的销量会下降多少？"这些价格弹性工具大多是由人类数据分析师开发的，但更多开始由机器学习工具开发。

（3）利用商业条款获取更多数据。

第三步是使长期算法优势中的"长期"名副其实，并创造了如今数字技术出现后的市场领导者享有的巨大回报。在这些变革行业的公司与其客户之间的合同中有一些看不到的条款，这些条款最低限度保留了数字颠覆者随时间推移使用有关客户行为细节从而改进其产品的权利。更广泛地讲，这些条款和条件有时会允许颠覆者利用全新的数据池，从而使合同涉及的算法从根本上变得更加强大。

如上所述，这种"数据换取行业洞见的交易"，在过去和现在都是IRi公司和尼尔森公司成功的主要驱动因素。虽然它们都有其他的消费者购买数据来源，比如最终客户数据面板，但在任何一个国家，它们都只能覆盖整个客户群体的一小部分样本。来自销售点系统的原始购买数据使用权成为两家公司数据利用的基础，使它们现有的算法能随着时间推移而不断优化，并开发全新算法，从而向包装消费品和零售行业客户收取更多费用。

随着时间的推移，脸书为了让其20多亿社交媒体用户参与这种数据交换，做了一件了不起甚至在某些人看来是可怕的事情。脸书已经多次修改条款和条件，将新服务默认设置为准许获得有利于脸书的用户数据，推出提供广泛新数据源的新服务（如聊天应用Messenger），并收购了照片墙（Instagram）和WhatsApp等公司，以利用这些软件海量的精细化消费者数据。众所周知，脸书正在使用我们的数据，并且将广告位卖给众多产品和服务公司，实现更精准的广告投放。考虑到脸书的其他算法为我们个人带来的价值，我们通常对此并无异议。通过脸书，我们可以看到可能已经错过的新闻，并与长期失去联系或已经相忘于江湖的朋友重新取得联系，而这是通过其他方式难以实现的。

总体来说，这三个行动——抢先获取数据、使用机器而非人类进行分析、利用商业条款获取更多数据——成就了长期算法优势。

这种赢家近乎"通吃"的结果，源自呈抛物线的客户采纳度和长期算法优势，也同样解释了为什么你和你的公司需要立即按照"歌利亚的复仇"六条规则采取行动。言归正传，让我们深入探讨一下"规则1：交付变革性的客户成果"。

第四章

规则1：交付变革性的客户成果

事实上,对于我们没做过的许多事情,我也同样骄傲,就像我为我们做过的事情那样感到自豪。创新就是对一千件事情说不。

——史蒂夫·乔布斯

我们现在从描述事件转向提出要求,即从"发生了什么事情"转向"我该怎么办"。如果你已经仔细地读完了前面几章,那你现在应该掌握了三样东西:职业中期报告卡评分、公司中期报告卡评分[以"实现歌利亚的复仇六大规则"为评分标准(第一章)]、让你的公司具备"歌利亚"老牌企业优势的独家优势清单(第二章)。下面,我们将逐一探讨前述的六大规则,搞清楚对你的公司来说,在数字化颠覆的海洋中乘风破浪成为图 3.1 右图曲线右侧驼峰(赢家近乎"通吃")的一员,并开辟出一条全新的数字化道路。

面对咄咄逼人的数字颠覆者,大多数老牌企业的下意识反应是:"我们需要加强创新"。尽管这个策略比"弱化创新"要好,但并不能帮助你或你的公司正确地选择创新战略的重点领域。每家公司无论规模大小，专注于创新的精力、人才和资本都是有限的。因此，所有的资源必须集中在变革性的客户成果上，因为它是最有可能为你的公司带来可盈利增长，且使你个人获得升职加薪。

在本章开篇的名人引言中，史蒂夫·乔布斯精辟地指出，想要实现创新驱动的增长，不仅要明确大胆地全力投入哪些创新探索，还要搞清楚不应该去做什么。在乔布斯的领导下，苹果公司从一家小众个人电脑创新公司，发展成一家以数字方式重塑一个又一个行业的公司，其 iPod 重塑了音乐行业，iPhone 重塑了智能手机行业，iPad 重塑了平板电脑行业。但很少有人注意到，iPhone 和 iPad 的开发设计几乎是同时在 2007 年完成。

苹果公司做了一个大胆的决定，将 iPad 的上市整整推迟了两年。因为乔布斯认为，两年的时间，足以实现变革性客户成果——将手机从单纯的通信设备转变成个人生活的"指挥中心"。在 iPad 推迟上市的两年里，苹果公司将整个公司的创新精力都集中在打造 iPhone 所需的应用生态系统上，以确保变革性客户成果的实现。最终，苹果公司在 2010 年推出了 iPad，并大获成功。停下来想一想，推迟 iPad 上市的决定需要多大的自制力和信心。苹果公司之所以能成为世界上最有价值的公司，很大程度上是归功于这样的自制力和信心。

那么，你该如何为公司做出这些关键性的创新决策选择呢？你应该考虑哪些因素，以及如何确保组织中的其他人也认同你的选择呢？本章将引导你完成复制"Apple 荣光"所需的三个步骤：

第四章 规则1：交付变革性的客户成果

第一，选择一个终极目标。定义你的变革性客户成果，它应该具备给客户带来10倍价值，并能以独特的方式，利用老牌"巨人"企业在位者优势的潜力。

第二，规划实现目标的过程。找出实现这个变革性客户成果所有更短期、更可实现的目标，然后按照重要性进行排序，确保对应占据价值阶梯的四个独特的客户角色（图4.2）。

第三，马上出发。详细说明在每一级价值阶梯上，你将提供什么服务或产品，它们应构成变革性客户成果的重要内容，但其规模要达到你的现有客户和潜在客户都知道如何消费的程度。

在这一章的结尾，我们将帮助你完成在第一章开启的自我评估，以我们提到的六大规则为标准，你将评估自己的职业发展和公司的发展是否做好了应对数字化颠覆的准备。因此，在本章中，我们将为你提供一个最终考核的参考答案，读完本章你至少知道如何满足"规则1"的要求。

最终目标：以客户为中心

吉姆·柯林斯（Jim Collins）和杰里·波拉斯（Jerry Porras）在他们1994年出版的《基业长青》（*Built to Last*）一书中提出了"BHAG"的概念——宏大、艰难、大胆的目标。大多数公司从由内而外的视角定义这个宏伟、艰难、大胆的目标，即设定一个内部财务目标或者只是吹嘘他们擅长什么，后者显然更糟糕，例如"我们将投资 10 亿美元开发干细胞治疗业务"和"我们将进军印度及中国市场,使我们的盈利能力在未来 5 年翻一番"。类似野心勃勃的使命宣言风靡一时。有些公司甚至给员工发放印有这些使命宣言的小塑料卡片,提醒他们,雇主为他们选择了什么"宏大目标"。

微软早期的 BHAG 目标致力于推广计算机的大规模民用普及,即"每一个办公桌和每一个家庭都有一台个人计算机"。这一变革性客户成果使微软成为了科技行业的罗宾汉,其所有的创新努力都致力于将原本只有少数特权阶层负担得起的计算机,变成每个人都可以使用的东西。谷歌早期的 BHAG 目标是"汇集全球的信息",这种变革性客户成果旨在利用互联网的能力,通过搜索引擎传播海量信息,帮助人类理解所有这些信息。特斯拉的 BHAG 目标一直比任何其他汽车公司的愿景更宏大:"加速全球向可持续能源的转型"。这促使特斯拉实现了跨领域的创新,包括物超所值的电池储能系统、屋顶太阳能电池阵列、电动汽车和超级充电站等。在微软、谷歌和特斯拉刚提出这些目标时,看起来似乎不可能完成。然而,在这些企业真正为之付出努力后,这些目标(至少部分)在 7—10 年内实现了。

尽管前面这些例子都专注于为客户提供变革性成果,但其他公司也正在使用同样的方法,致力于解决整个行业面临的挑战和问题,这其中总部位于日本的日立公司就是一个很好的榜样。日立的变革性客户成果,以"为社会创新提供数字解决方案"为核心,着力建设大数据和人工智能的能力,汇聚全球的有识之士和

第四章 规则1：交付变革性的客户成果

实干家，构成通力协作的全球网络，为社会"顽疾"找到新颖的解决方案。这些社会问题涉及多个领域，包括加快可再生能源生产、在日益分散的全球供应链中确保产品质量和安全，以及履行对社会负责的城市发展承诺等。

无论你的公司是面向消费者还是面向其他公司，此时此刻，在制定创造新收入和利润的企业使命时，你应该抛弃老旧、由内而外的策略思维，而是以客户为中心进行思考，定义一个长度不超过10个词的BHAG目标，这是你通往"歌利亚的复仇"之旅的第一步。它可能会在接下来10年里，引导你的创新投资方向，因此最好花些时间确保你设定了正确的目标。你需要回答下面两个重要问题：

第一，贵公司希望解决什么样的BHAG客户问题？
第二，为什么只有你有资格/能力去解决这个问题？

我们不妨换个思路提问："这个目标，到底应该有多么宏大、艰难、大胆？"打个比方，你希望获得具有10倍利润潜力的客户成果，即客户在你的产品、服务或解决方案上每花1美元，就会感觉获得了10美元的价值。在B2B（企业对企业的电子商务）市场中，衡量客户价值非常简单，因为几乎每个B2B行业最终都只重视三个价值指标：更高的收入、更低的成本和更低的风险。你的10倍客户成果目标，可能只聚焦其中一个指标，比如谷歌的"关键字广告"，其核心就是通过精准的广告投放来提高收入，或是同时瞄准上述的三个目标。

在 B2C（企业对消费者的电子商务）市场中，客户价值的定义因行业而异。在医疗保健行业，可以用患者的治疗结果来衡量，比如更低的死亡率、更少的副作用和更健康的生活。在媒体行业，客户价值可以根据不同年龄段和人口分布群体的点赞、关注及分享数量来间接评估。在汽车行业，客户价值更可能是消费者对汽车性能、可靠性、质量和满意度的主观看法决定。

关键在于，你的目标绝对不应是"比去年略好"或"最新改进版"，你要把目光投向能定义可改变所在行业游戏规则的客户成果，而这就是数字颠覆者正在做的事。在国际商业机器公司（IBM）、惠普（HP）、戴尔（DELL）、易安信（EMC）、NetApp（美国网域储存公司）和其他公司都在向公司数据中心销售固定容量存储设备的时候，亚马逊进军了云计算业务，带来了变革性客户成果，即具有无限弹性的计算和存储服务。优步进军交通行业带来的变革性客户成果是，你不需要拥有一辆车也可以去到任何想去的地方。奈飞以低得多的价格，提供了任何时间、任何地点、用任何设备都可获得的卓越娱乐服务，从而颠覆了网络电视和电影行业。

这些"大卫"十分擅长提供 10 倍以上的客户价值，因为很多"大卫"正是在这样的硅谷文化中成长起来的。数字颠覆者的思维模式是"如果我们的目标是成为皎皎明月，最终却成为群星的一颗，我们仍然是成功了"。通过将"10 倍提升"定为目标，这些企业有信心实现客户眼中的变革性的成果，并为股东创造更

第四章 规则 1：交付变革性的客户成果

高的价值。

假设你现在需要用不超过 10 个词来定义你的变革性客户成果，而你心中有 3—5 个备选项，那么就应该根据第二章提到的"独家优势"，给它们排序。因为，你不是为随便一家公司挑选一个变革性的客户成果，你需要选出的是只有你公司能够实现的独一无二的成果。这是应用歌利亚的复仇的"规则 1"时最困难的部分，即如何将"巨人"企业具备的在位者优势的由内而外的来源，与具有提供超过潜在 10 倍客户价值的结果联系起来。为了帮助解决这个痛点，我们为你提供了图 4.1 的评估表格。

在右侧列中列出了变革性客户成果的主要备选项。在第一组的四行中，根据你所在行业的通用客户价值指标，评估每一项变革性客户成果选项。这个表格的指标适用于 B2B 市场，但如果你所在行业的客户使用了不同的指标，可以根据具体情况调整表格内容。按照从 0（空圆圈）至 4（全阴影圆圈）的四个等级，对每个变革性客户成果备选项进行评级，并计算各项指标的平均值，以获得总体客户价值评分。

在接下来的一组中，包含了第二章提到的七大独家优势，请重复这个评分过程。在这七个类别中，你可能只在三四个类别拥有"巨人"企业的在位者优势，因此可以直接删除不符合条件的行。再次计算平均值，得出你的独家竞争优势在每个变革性客户成果中利用情况的总得分。排名最高的变革性客户成果，应该在客户价值指标和独家竞争优势利用方面得分最高（图 4.1 中的选项 2）。

		变革性的客户成果候选项		
		变革性客户成果选项1	变革性客户成果选项2	变革性客户成果选项3
对客户价值的影响	更高收入	●	○	◐
	更低成本	◔	●	◐
	更小风险	○	◐	◔
	总客户价值	◔	◐	◐
独家优势利用情况	自由资金创新	●	●	◐
	品牌影响力	○	◐	○
	现有客户关系	◔	◔	○
	安装基数	◐	●	○
	数据集	◔	○	●
	封锁性专利	○	◐	○
	标准影响力	◔	●	◐
	独家优势整体利用情况	◔	◔	◔

图 4.1 变革性的客户成果排名表格

最后一步，是与最优质的客户交谈，收集他们对你打出最高分的变革性客户成果的坦率反馈。如果你在获取10倍客户价值方面设定了足够宏大的目标，那么你得到的客户反馈应该是喜忧参半的，例如："这样的结果将改变世界"和"你确定真的能做到吗？"如果大多数客户的反映是："已经有公司在这样做了"或"我们有更重要的事情要关注"这样的反应，那说明你做得还不够。学会欢迎痛苦的自我迭代过程，以确保变革性客户成果的最终版本，具有提供 10 倍客户价值的潜力，还能完美地匹配你公司作为老牌在位者企业的优势。

现在，你已经知道了想要达成的目标，让我们将重点放在如何达成目标上。更确切地说，我们不希望你好高骛远，在没有取得一系列可衡量的成功之前，上来就设定一个类似"个人一小步，人类一大步"的职业发展目标。

规划过程：价值阶梯

细分潜在客户的方法有很多：可以是按客户规模、行业、地区等，这些分类方法对于规划销售覆盖非常有帮助，但对于制定创新战略却不是很有用。在追求"歌利亚的复仇"时，正确的客户细分方法就是我们所说的价值阶梯。如图 4.2 所示，根据客户的创新采纳行为，价值阶梯将客户划分为当前客户和潜在客户。1991 年，我们的好朋友杰弗里·A.摩尔在《跨越鸿沟》一书中提出了创新史上最重要、最持久的一个见解。这本书基本是硅谷领军人物的必读书籍，任何想了解客户如何获得、利用和消费颠覆式创新的人，都需要读这本书。

杰弗里列出了所有成功的创新战略，都必须解决的四种独特的客户角色。我们归纳了这些客户角色，及其对于变革性客户成果的影响，在图 4.2 的价值阶梯中，以台阶的形式呈现出来。

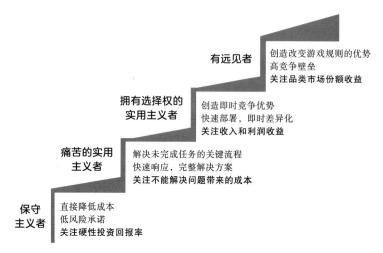

图 4.2　价值阶梯

1. 有远见者与保守主义者

让我们从最上层的台阶开始,也就是你的首席执行官在某个重要行业活动的舞台上可能扮演的客户角色：有远见者。

正如沃尔玛 RFID 创新案例中提到的那样,有远见者希望采用一种遥遥领先于他人的颠覆式创新,并且心中只有一个目标——掌握改变游戏规则的竞争优势。有远见者能够帮助你的公司确定,在未来 3—5 年的时间内,期望实现什么样的变革性客户成果,这也是赢家近乎"通吃"的终极竞争目标。然而就短期来看,有远见者可能会导致专注力的分散。有一次,本书作者之一在本顿维尔[①]投入了 RFID 工程团队半数人力,在沃尔玛的实验室、

---

① 本顿维尔：美国城市,沃尔玛总部所在地。——译者注

配送中心和商店中，部署当时最新的颠覆式创新。如果你在创新结果可交付之前，提前数年全力投入地推动有远见者提出的目标，那么实际能完成的产品开发并不多。最终结果是，你以牺牲了提供整个市场愿意投资的解决方案为代价，来服务一个客户群。

简而言之，有远见者想去火星，而你的现有能力尚难以飞越整个国家。这就是价值阶梯存在的理由，你需要一条能够引领你实现变革性客户成果的路径，随着时间的推移，它能引导你实现长期愿景，同时避免你在这个过程中破产。阶梯的起点锚定在被称为保守主义者的客户角色上。这些保守主义者可能与有远见者一样渴望变革性客户成果，但他们不想一步到位，而是表示："我需要一个简化版的颠覆式创新，它应该是正常人现在就能实施，能带来稳定的投资回报率，并随着创新的成熟，助我们一步步往上攀登价值阶梯"。

2. 痛苦的实用主义者与拥有选择权的实用主义者

为图 4.2 中间两级台阶所代表的客户角色交付成果，你可以为公司赚取最多利润，或帮助你取得职业生涯最强发展势头。这两级阶梯所代表的实际上是同一个人物角色（实用主义者）的两个变体。这种人物角色倾向于观望，一方面希望享受颠覆式创新带来的好处，另一方面又倾向于安全地实施经过市场检验的创新。实用主义者会主动联系其他实用主义者，问他们："你们已经在实施这项创新了吗？"

登上图 4.2 价值阶梯的第二级台阶，你会看到痛苦的实用主义者。此类客户迫切需要解决一个关乎企业使命成败的问题流程。你不需要向他们证明问题的存在，只需要提供"治愈顽疾"的良方，他们采用颠覆式创新的根本动机，是避免痛苦。

第三级阶梯中的客户角色，是拥有选择权的实用主义者，其主要动机是攫取潜在收益，而非解决现有问题。这类客户角色类似于有远见者，但规划的周期显然更短，他们重点关注 2—3 年内得到回报的投资。有选择权的实用主义者，既想要蛋糕也想吃蛋糕（占有一席市场并收割市场的利润）——他们希望获得立竿见影的市场部署，以及获得持续竞争优势的路径。

3. 应用价值阶梯

举几个例子也许能帮助你理解，通用电气运输系统集团（GE Transportation）正在利用价值阶梯，确定其数字创新投资的先后顺序，该企业的数字化创新目标是帮助铁路行业客户"相互连接、实现数字化、全供应链优化"。虽然过去的几轮技术投资浪潮已经解决了单个痛点问题，但却导致覆盖了铁路站场到航运港口再到多式联运卡车运输的供应链，出现了数据集碎片化和自动化孤岛。通用电气运输系统集团的变革性客户成果十分大胆，他们试图跨接端到端的供应链，优化整个运输路径。如图 4.3 所示，通用电气运输系统集团已经将这一长期变革性客户成果拆分为四个子结果，分别对应了价值阶梯上的四个不同的客户角色。

第四章 规则1：交付变革性的客户成果

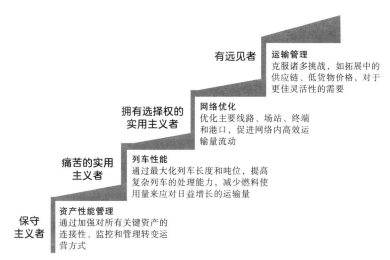

图 4.3　通用电气运输系统集团价值阶梯示例

这种可以实现更长期、大胆目标的子成果排序方法，同时适用于小规模的职能部门和更大范围的全行业。大约 5 年前，一家大型科技公司利用价值阶梯，对围绕企业客户 IT 职能部门现代化的创新排序。该公司开发的变革性客户成果，旨在帮助 IT 职能部门为其内部、业务线客户提供具有无限弹性的计算，同时充分利用公司数据中心基础架构。

当时在老牌企业中，具备将计算工作负载转移到公共云计算模式所需技能的 IT 职能部门很少。这些 IT 团队也知道，它们大部分数据中心资产都是外部购买，且需付费维护的。这意味着，从现金的角度来看，内部数据中心即服务产品在成本方面的竞争力，完全不亚于亚马逊、微软和谷歌等公共云供应商推出的最先进的 IaaS 产品。

这些 IT 职能部门在获得云计算的灵活性、可扩展性和财务优势的同时,还做到了充分利用自家现有数据中心。这家独具眼光的科技公司致力于通过价值阶梯,为客户提供这一变革性客户成果(如图4.4所示)。

在图4.4中,位于最上层阶梯的有远见者希望获得的结果,是算力负载在内部云(私有)和第三方(公共)云之间实现动态平衡。但仅凭借当时的创新,这是不可能实现的目标,于是这家科技公司优先考虑了子成果,它们可能推动保守主义者、痛苦的实用主义者和拥有选择权的实用主义者获得近期的成功,并将这些子成果,作为实现长期、变革性客户成果的步骤。

5年后,为"数据中心即服务"的阶梯最顶层客户交付预期的结果,最终成为了现实。这家科技公司通过收购和内部研发,帮助客户攀登价值阶梯,开发出了一项高利润、价值数十亿美元的新业务。

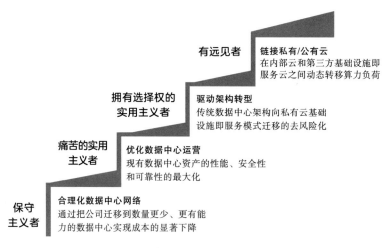

图4.4 数据中心即服务阶梯示例

4. 确保 BHAG 目标适配价值阶梯

现在,你需要将之前开发、验证和优化的 BHAG 目标分解为适配价值阶梯的子成果了。先努力回想图 4.2 中四个不同客户角色的采纳动机分别是什么,然后根据它们定义整体变革性客户成果的迷你版(子成果),确保它们既能完美适配每一个不同的采纳动机,同时还能在创新就位后,为你指明一条通往最顶层台阶的清晰路径。

有一点值得注意。在任何一个布局合理的楼梯上,哪怕不需要专注于每一级台阶,你也一定可以往上攀爬。实际上,你几乎可以闭着眼睛往上走,因为每一级台阶的高度应该是一样的。你的价值阶梯也应该如此,四个台阶要大小一致,不能某一级台阶可以轻松而上下一级就得大跨步才能登上去,这只会导致客户跟跄不稳,就好像你在爬真实的楼梯时曾遭遇的那样。你应该确保客户每攀登一级台阶,实现的价值跃升大致相同,这将鼓励尽可能多的客户在最短的时间内,同意与你一起踏上你承诺的变革性客户成果之旅。

现在,你需要从客户希望购买的产品,转变为你要销售的完整解决方案(我们称之为整体产品)了。

旅程开启:逐级实现整体产品

价值阶梯上的每一级台阶,都代表着通往变革性客户成果过程中的阶段性成果。在每一级台阶中,你现在可以优先定义一组可重复的解决方案，它们将确保该台阶承诺的客户成果得以实现。

我们将这些可重复的解决方案称作"整体产品"。整体产品与单一产品的区别在于，你已经仔细考虑了为确保客户获得想要的成果，客户所需的每一项能力，无论你是否提供了这种能力。对于短期内无法提供的能力，你将需要协调合作伙伴的行动，以填补整体产品中的这些能力空白。

随着你的"颠覆式创新"和"改进式创新"投资（将在第五章中介绍）开始产生成效，你可以逐渐减少某些合作伙伴在整体产品中扮演的角色。暂时可以不要过于关注哪些能力将通过你的产品、服务、创新和收购在内部提供，而哪些能力将由合作伙伴通过你将要培养的第三方生态系统提供。

下面让我们以优步为例。优步必须提供的整体产品，是从A点到B点的廉价、自定义私人行程（该公司称之为"uberX"）。当然，优步还有很多其他的整体产品——预约行程、豪华黑色轿车、多站式行程、UberCHOPPER 直升机旅行，甚至还有被称为 UberPOOL 的陌生人同乘特价拼车——但 uberX 是客户购买频次最高的服务。优步为交付 uberX 整体产品需要提供的关键能力包括，一个知道乘客所在位置的移动应用程序、一种基于云的优化算法、用于匹配乘客和司机，以及一个能将乘车费从乘客账户转移到司机账户，并使优步可从中留存一小部分作为收入的支付系统。

为了完成这个整体产品，优步精心打造了一个庞大的生态系统，其中包括为乘客提供点到点出行服务的司机，以及为司机提供购买作为乘客临时交通工具的新型汽车所需资金的出资方。

第四章 规则1：交付变革性的客户成果

我们当然是简化了整个流程叙述的，但相信你能够理解这个逻辑。优步的杰出之处在于，整体产品完全实现了其承诺的客户成果——点到点的廉价、自定义私人旅程——而不仅仅是优步内部提供的所需能力中相对较小的一部分。

就像一步一个脚印地攀登价值阶梯，是从不那么复杂的客户角色，逐渐过渡到更复杂的客户角色一样，在同一级阶梯中，从左边移动到右边，也是一个从相对简单到越来越复杂的整体产品逐级演进。如图4.5所示，为了便于理解，你应该将整体产品编号为"阶段编号＋整体产品编号"。例如，整体产品3.2是价值阶梯第3级台阶上的第2个整体产品。

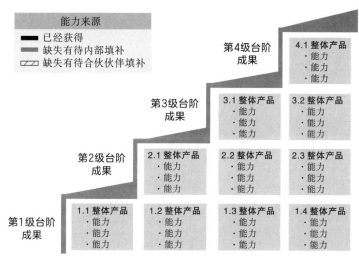

图4.5　整体产品台阶

从第1级台阶开始，思考一下你的公司现在或短时间（6个月）内可以提供的最简单的整体产品。这将成为整体产品1.1，并将在你的"歌利亚的复仇"战略中扮演两个重要角色。首先，对于那些现在已经准备好至少进入价值阶梯的第一级台阶的客户而言，它将成为客户必然体验的整体产品。也就是说，这相当于优步点到点的廉价以及自定义私人旅程。其实，它还能向你的高管人员和股东迅速地展示胜利成果，证明你已经开始逆袭行业中的数字颠覆者。

对于整体产品1.1，首先要花时间定义所需的最重要能力是什么，这些能力将确保客户获得整体产品第1级台阶承诺成果的某个重要内容。参考优步的案例，在这个阶段，不要试图定义整体产品将涵盖的内容、服务和商业模式的所有内容，尽力确定北极星（指导原则）或最重要的能力即可。

此外，要确保整体产品中的"整体"是名副其实的。不要把现有的任意产品或服务称为完整解决方案，激励自己和同事以客户为中心行事，确定保守主义者角色的客户获得承诺的第1级阶梯客户成果所需的最重要能力是什么。

整体产品1.1的最后一步，是将列出的指导性能力，按照图4.5中所示编码：

（1）黑色实心。目前拥有且可以重复交付的能力。
（2）深灰色。缺失但期望通过内部交付的能力。
（3）斜线条。缺失但期望通过合作伙伴生态系统交付的能力。

重复这个过程，至少完成整体产品1.2和1.3的定义。在第1级

第四章　规则1：交付变革性的客户成果

台阶中提到的整体产品，应从左到右逐渐增加先进性、复杂性和客户价值。它们还应该以彼此为基础，完全实现你为该级台阶定义的客户成果。总的来说，你在第1级台阶定义的各个整体产品，代表了扮演保守主义者角色的客户，循序渐进地采纳你方所提供创新的过程。

重复这个过程，完成第2级阶梯、第3级阶梯和第4级阶梯的内容定义，以明确分别为痛苦的实用主义者、具有选择权的实用主义者和有远见者等客户角色提供所承诺的客户成果，需要什么整体产品。如果不知道如何继续，可以回顾图4.2，该图列出了这些客户角色的采纳动机。

随着价值阶梯攀升，每一级台阶的整体产品数量应该递减。这是因为第3级阶梯和第4级阶梯代表的客户角色，比位于第1级阶梯和第2级阶梯的客户角色更具立即行动力且更有野心。越靠近阶梯顶部，你的整体产品中将包含更多的斜线条和深灰色编码的能力，这只是反映了在履行更高价值阶梯代表的更高级的客户成果方面，你公司当前的准备情况。在初步完成了图4.5的定义工作后，就可以进行第二轮客户验证了。再次联系你最信任的客户，因为他们是公司成功的既得利益者，会为你整体产品草案提供最坦诚、直接的反馈。通过与他们的沟通，确定客户为实现各个价值阶梯中变革性客户成果而需要的其他整体产品是什么。此外，还需要花些时间来了解，在每一个整体产品中所需要的其他能力方面，你是否存在遗漏。

完成第二轮客户验证后，你就可以进入"规则2：追求颠覆式创新和改进式创新"。所有编号为黑色实心的能力,都是你近期创新投资的对象。

"规则 1"公司和职业准备情况

在你进入"规则 2"之前,让我们暂停一会儿,完成你在本书开头所做的报告卡(更客观的版本)。我们说过,这些报告卡仅代表对照六大规则对你公司和你的职业进行的期中评估,还记得吗?现在是时候看看你是否真的为"规则 1"做好了准备。图 4.6 列举了下面详细介绍的"规则 1"自我评估的输出结果可能是什么样子的。

大家可以看到,我们已经从简单的 A、B、C 和 D 四个等级的期中评分方法,发展到了更为先进的评分方法。接下来关于规则的每个章节,都将在结尾处提供两个校准表格,它们将帮助你准确地填写图 4.6 所示的条形图。

1. 公司准备情况的自我评估

让我们从贵公司对"规则 1"的准备情况开始。通读"规则 1"公司自我评估表格中每一行的选项,如表 4.1 所示,每一行中的单元格,都描述了贵公司在每个评估领域内最低、有限、中等、高等和世界级的绩效水平下应具备的能力。这些描述将帮助你以客观的方式完成自我评估,以确保你自我评级的效力,可等同于同行的评级。

第四章 规则1：交付变革性的客户成果

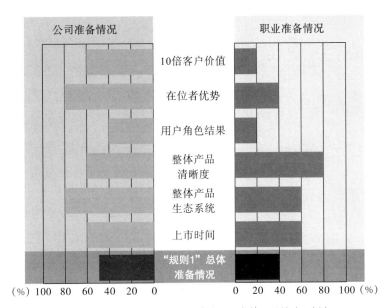

图4.6 "规则1"变革性的客户成果准备情况总结（示例）

表4.1 "规则1"公司自我评估表格

项目	0—20% 最低能力	20%—40% 有限能力	40%—60% 中等能力	60%—80% 高等能力	80%—100% 世界级能力
10倍客户价值	成果价值还未获客户验证	传统客户价值模型，3—5年回报期	以下方面的差异化价值（三占其二）：更高营收、更低成本、更小风险	以下方面的差异化价值（三占其三）：更高营收、更低成本、更小风险	客户验证的投资回报率模型：10倍现金回报
在位者优势	成果未利用任何现有独家优势	成果建立在1—2种独家优势之上	成果建立在3—4种独家优势之上	成果建立在5—6种独家优势之上	成果建立在全部7种现有独家优势之上
用户角色结果	全面变革性的客户成果未根据客户角色进行分解	仅为4个特定台阶的客户角色子集开发成果	所有4个特定台阶的客户成果均已开发，但尚未进行验证	特定台阶的客户结果获4种客户角色中各少于10位客户验证	特定台阶的客户结果获4种客户角色中各10多位客户验证

续表

项目	0—20% 最低能力	20%—40% 有限能力	40%—60% 中等能力	60%—80% 高等能力	80%—100% 世界级能力
整体产品清晰度	整体产品指定了台阶，但未进行详细的能力定义	对第1级和第2级台阶各2个以上整体产品进行了能力定义	对所有4级台阶各2个以上整体产品进行了能力定义	对第1级和第2级台阶的能力就内部开发或合作伙伴开发进行决策	对每一级台阶上的每一个整体产品就内部开发或合作伙伴开发的决策清晰明了
整体产品生态系统	提供整体产品能力的合作伙伴尚未确定及签约	就第1级台阶和第2级台阶的整体产品至少确定和签约了1位经过验证的合作伙伴	就第1级台阶和第2级台阶的整体产品确定和签约了多位经过验证的合作伙伴	就所有整体产品至少确定、签约、培训了1位经过验证的合作伙伴	就所有整体产品确定、签约、培训了多位经过验证的合作伙伴
上市时间	在第1级和第2级台阶中，12个月内有1个及以上的整体产品上市	在第1级和第2级台阶中，6个月内有1个及以上的整体产品上市	在阶梯第1级台阶中，已经有1个及以上的整体产品上市	在第1级和第2级台阶中，已经有1个及以上的整体产品上市	在第1级、第2级、第3级台阶中已经有1个及以上的整体产品上市

仔细想想，每一行中哪个单元格的内容最符合贵公司当前状况。这个练习提供了线上和线下填写两种方式，如果你更喜欢线下评估，请使用表4.1中的空白自我评估表格，并在每行中圈出最能代表贵公司当前能力的单元格。

如果你希望开展线上评估，请登录www.goliathsrevenge.com完成交互式自我评估。在完成所有六条规则的自我测评后，你将收到完整的准备情况总结。无论采用哪种方法，这些自我评估结果，都将成为贵公司"颠覆者行动手册"（第十章）中最重要的内容。

2. 职业准备情况自我评估

关于公司的评估就说这么多，下面我们重点关注个人的职业发展评估，下面的职业自我评估等级是为你量身定制的。但我们并不是要选出最优者，而你也不需要将在自己的评级情况分享给他人。

这些职业自我评估旨在帮助你规划职业发展，可能包括额外的培训课程、横向工作调动、职业导师计划和外部建立关系网的机会。你的目标是尽快缩小能力差距，以便达到表 4.2 最右列所示的世界级能力水平。在第十一章中，我们将为你提供一个组织合理的方式，帮助你思考职业发展规划。

现在，重复上面的评估过程，但这一次评估的对象是你的个人职业发展情况。通读表 4.2 中所示的完整表格，确保理解每个单元格中的职业能力标准。

与往常一样，不要急于草草了事。对自己诚实，是了解能力差距的唯一途径。同样，如果你是线下完成，你可以使用表 4.2 中的空白"规则 1"职业表格，如果你选择线上填写，请访问 www.goliathsrevenge.com 在线完成"规则 1"职业自我评估。

表 4.2 "规则 1"职业自我评估表格

项目	0—20% 最低能力	20%—40% 有限能力	40%—60% 中等能力	60%—80% 高等能力	80%—100% 世界级能力
10倍客户价值	现有角色与过往经验与客户价值实现无关	间接参与客户价值实现过程	实现可观客户价值方面的经验受到认可	过去曾参与10倍客户价值交付过程的重要组成部分	现在正主导经验证的10倍客户价值实现

续表

项目	0—20% 最低能力	20%—40% 有限能力	40%—60% 中等能力	60%—80% 高等能力	80%—100% 世界级能力
在位者优势	与任何支撑变革性客户成果的独家优势无关	在与支撑变革性客户成果的独家优势有关的团队任职	是支撑变革性客户成果的独家优势的主要贡献者	是支撑变革性客户成果的独家优势的必需的人才	在与2个以上独家优势相关的团队发挥领导作用
用户角色结果	发挥的作用不涵盖与客户的任何专业互动	支持与客户互动的团队,但不亲自与客户进行互动	可以独自确定某一客户为4种客户角色中的哪一种	与客户建立专业关系,促成共同创新	与4种客户角色中的每一种客户建立专业关系
整体产品清晰度	能为整体产品规格创立增加的价值微乎其微	了解关于市场需求和现有竞争状况的最新市场调研信息	是了解每一类客户角色未满足需求的公认专家	是能够明确众多整体产品的能力要求,必须征询其意见的领袖人物	关于内部开发或合作伙伴开发众多整体产品决策的公认专家
整体产品生态系统	能为整体产品合作伙伴筛选和缔约增加的价值微乎其微	了解潜在整体产品合作伙伴所具备的能力的最新信息	过往曾进行整体产品合作伙伴的验证和缔约	熟知某一类重要整体产品合作伙伴的公认专家	熟知多类重要整体产品合作伙伴的公认专家
上市时间	过往上市时间计划中所接受的培训和经验不足	接受过敏捷方法论和共同创新计划方面的培训	紧急项目和战略倡议团队的必需成员	紧急项目和战略倡议团队经验老到的团队领袖	紧急战略倡议中因表现卓越而在整个公司范围内备受认可

需要提醒的是,你有可能是第一次接触到本章介绍的一些概念,还没有机会展示评估表格中的某些能力。如果贵公司执行的创新战略与我们在本章中描述的相似,但使用了不同的术语,可放心地将本章使用的术语替换为贵公司常用的术语。

第四章 规则1：交付变革性的客户成果

3."规则1"准备情况总结

现在，你已经完成了对"规则1"公司和职业的自我评估，你可以在图4.7所示的"规则1"准备情况总结中输入你的结果。如果你采用了线上评估的方式，网站将自动生成准备情况的总结。

现在，是时候集中精力打造为公司实现变革性客户成果的创新整体产品了。让我们将注意力转向"规则2：追求颠覆式创新和改进式创新"。

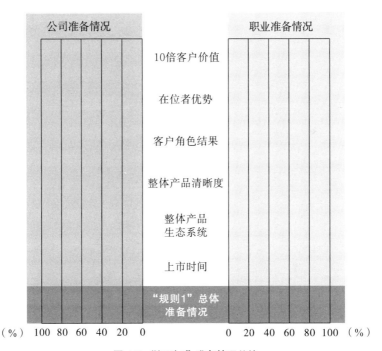

图4.7 "规则1"准备情况总结

第五章

规则2：追求颠覆式创新和改进式创新

失败并不是成功的反面，而是成功的一部分。

——阿里安娜·赫芬顿，《赫芬顿邮报》联合创始人

如果你已经将"规则1"付诸实践，那么对变革性客户成果、价值阶梯和整体产品的不同阶段定义应该有了清晰的认知。现在是时候开始进行BHAG目标所需的创新，同时通过核心业务的持续改进，为这一目标获得成功争取时间。

没有哪一家渴望实现"歌利亚的复仇"的公司能够摆脱所有的束缚。如果你和你的团队能够只专注于未来或现在，实现歌利亚复仇就会简单得多。不幸的是，这并不现实。你的股东（如果是家小公司，可能你就是唯一的股东）既要求你的核心业务取得近期的亮眼业绩，也要求你在核心业务之外的市场取得长期、可盈利的增长。

要同时实现这两个目标，需要在大规模的颠覆式创新和改进式创新之间取得平衡——这些术语是我们从沃顿商学院的乔治·达伊（George Day）处习得的。颠覆式创新意味着改变游戏规则，而改进式创新则使你的游戏玩得更好。"颠覆式创新"和

"改进式创新"是确保公司"长寿"的两大营养来源，要保持业务健康，公司就必须同时具备足够的这两种创新。

这要求我们专注于下面六个重要事项：区分颠覆式创新和改进式创新、培养整个公司的创新文化、迅速落实改进式创新、成立风险投资委员会、释放其管理能量、开展颠覆式创新接力赛。

区分颠覆式创新和改进式创新

无论你的公司规模是小型、中型还是大型，逆袭数字颠覆者都要求你的公司具备一个结构化的过程，将好的想法付诸实践。如图5.1所示，这个过程始于一个吸纳创意的大漏斗，它向各种来源的创意开放，并且不预设每个创意在你的创新产品组合中可能扮演的角色。

通过创新漏斗顶部进入的各式创意，可能来自企业内部的员工、高管人员、董事会成员、股东，以及外部的战略合作伙伴、客户、顾问或初创公司。预先过滤创意是错误的做法，因为即便是公司的首席执行官，也不可能聪明到能够预测行业演化的方方面面，比如竞争对手可能会推出哪些创新、可能会出现哪些新的客户细分市场，以及客户最看重哪些尚未满足的需求等。

创新漏斗的开口一定要宽，但同时要能迅速收窄，将资源集中在最有可能成功的创意上。如表5.1所示的颠覆潜力评分卡，就是起收窄作用的那个"瓶颈"。

第五章 规则2：追求颠覆式创新和改进式创新

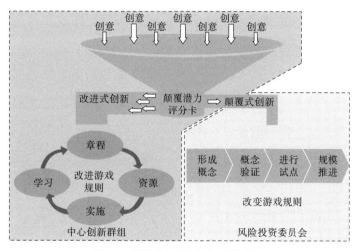

图 5.1 颠覆式创新和改进式创新通道

表 5.1 颠覆潜力评分卡示例

区分颠覆式创新与改进式创新的标准	是	否	计分键
是否对于实现变革性客户成果至关重要？	×		0 或 1 个"是" = 潜在改进式创新 2 个或 2 个以上"是" = 可执行的颠覆式创新
是否能够创造有助于增强你的在位者优势的竞争优势？	×		
是否能够从根本上重新定义你所在行业的成本结构？		×	
是否对你现有的商业模式构成直接威胁？		×	
是否能够成为你进军邻近市场的跳板？	×		

可以将此评分卡视为一种可重复的方法，不断地将具有颠覆式创新潜力的创意与改进式创新机会区分开来。根据表 5.1 中的五个标准，给漏斗中的每个创意一个是或否的答案。如果创意得到的答案是 0 或 1 个"是"，它就会被利益相关方推到"漏斗"的"改进式创新"端，作为渐进式改进。

在漏斗的另一边，如果创意得到 2 个或以上的"是"，它就

105

具有颠覆式创新潜力，可以通过图5.1右侧的小细管进入"颠覆式创新"端。

但也不要因此认为颠覆式创新比改进式创新更重要，二者都是一个平衡的创新投资组合中同等重要的组成部分，就像你的个人投资组合中既有股票也有债券一样。在顺风顺水的牛市中，如果你把退休储蓄都投在股票里，你会赚更多的钱。不过，如果在不可避免的熊市到来之际，你会感激自己的投资组合也有债券，因为这样做可以让投资分散化，降低投资组合的整体风险。

颠覆式创新对长期成功至关重要，但面临两大挑战：首先，颠覆式创新的失败风险高于改进式创新，这就是颠覆式创新的代价。在典型的早期风投投资组合中，10项投资中有7项被"三振出局"，风投的投资颗粒无收；2项是"安全打"，让风投收回投入资本；只有1项是"全垒打"，资本回报率至少达到10倍。

其次，在某一特定行业，一次只有少数几个真正能够改变游戏规则的颠覆式创新机遇。对大公司和小公司而言，都是如此。当前的例子，包括金融服务中基于区块链的交易，以及医疗保健服务行业从偶发的、以提供者为中心的服务转向持续的、以患者为中心的服务。创新产品组合中的颠覆式创新，必须同时克服命中率低和相对稀缺的问题。

改进式创新寻求在当前游戏规则的前提下表现得更好，这听起来似乎为自己设定了一个低得羞人的目标，但并非如此。在你的创新漏斗中，每出现一个颠覆式创新机会，都可能伴随有十多个切实可行的改进式创新，它们对当前业务的提升效果可能不明显，但成功率却很高。这种更多创意和更高命中率的结合，使得改进式创新成为平衡"歌利亚的复仇"这一宏大战略的重要方面之一。

虽然数字颠覆者和初创公司都可以疯狂地投入颠覆式创新，但初创公司并不具备我们在第二章中提到的那些老牌企业所拥有的在位者优势。同时启动"颠覆式创新"和"改进式创新"，将为你带来竞争优势。

培养公司的创新文化

那么，你如何确保创新漏斗中始终充满可实施的颠覆式创新和改进式创新？关键是要让创新成为公司文化的根本组成部分，而不仅仅是公司员工入口附近墙上印的口号。我们将重点关注"谁来创新"，然后才是"如何创新"。

1. 中心创新群组

从图5.1左侧虚线内的区域可以看出，中心创新群组是端到端创新过程的驱动因素。在大公司中，它通常是一个资金充足的国际化团队，由首席创新官、首席数字官或新企业负责人领导。在中型公司，它可能由首席战略官或企业发展主管领导。在最小型的公司，这个"创新群组"可能就只有首席执行官单枪匹马，在无数个周末殚精竭虑。

你的中心创新群组负责赋能每一位员工，使其创造性地思考如何让公司变得更好。例如，天气预报软件天气频道（The Weather Channel）就一直在测试其旗舰应用程序的新功能，以提高用户参与度，并提高 IBM 广告合作伙伴的点击率；通用汽车公司不断提升现有汽车设计的燃油效率、加速性能和可靠性；日立正在对设备中的关键组件进行双重来源采购，以降低制造执行风险并提高利润。

如上所述的创意应该每天源源不断地从贵公司一线员工处传来，这些创意对于保持当前业务的竞争力，以及为驱动颠覆式创新计划提供所需的利润和人才而言，至关重要。

2. 扩大创新漏斗

仔细地思考创意征集的方式，确保其符合公司风格和节奏。你需要实施一个正式的计划，而不是一个临时的创意竞赛或活动。

大家会在第十章看到，我们的研究显示，大公司比小公司更擅此道。我们的调查结果显示，81% 的大公司制定了正式的创新计划，而只有 55% 的小公司做到了。你可以从辉瑞、通用磨坊和奥多比等行业领军者那里借鉴经验，设计一个适合你公司的项目。

辉瑞公司的创新项目名为"敢于尝试"（Dare to Try），由首席执行官伊恩·瑞德（Ian Read）发起。这个自上而下的创新承诺，要求每名员工将构思创意当成首要任务，鼓励员工大胆地构思和创造新产品及服务。员工可以获得项目推进、产品设计和原型测试方面的种种资源，将想法转化为可投资的机会。

第五章 规则2：追求颠覆式创新和改进式创新

通用磨坊在其创新计划中使用了"柠檬汁小摊"的想法，通过快速的市场测试过程，加速新产品的上市周期。企业认为，尽早接触真正的客户能帮助迅速消除糟糕创意，从而将大量营销资源集中在具有影响市场潜力的产品上。通用磨坊的平均产品开发周期因此缩短了一半。

奥多比的"Kickbox"创意计划允许员工运行自己的实验，将创意从概念变为现实。每位员工均可获得一个奥多比Kickbox套件，里面有预付的信用卡、创新框架以及与高级管理层直接沟通的权限，而应该重点关注哪些领域的创新，则是留给最接近市场的一线员工来决定。

在奥多比的一个内部创新项目中，仅单个业务单元内，就有114位个人参与者贡献了187个创意，其中29个创意已经进入规划阶段、12个获得了种子资金。该创意计划漏斗的广度，为潜在投资提供了多种多样的可操作想法。

这些示例展示了一系列广泛的系统创新计划，它们可以提高进入创新漏斗想法的数量和质量。挑选最适合你公司的方法，启动你自己的创新项目，释放团队、部门或公司产生创意的潜力。一旦你开始行动，就要通过实施创意，而不仅仅是识别创意，只有这样，整个公司的创新文化才能够得以强化。

迅速落实改进式创新

耐克（Nike）的广告语"只管去做（Just do it）"说得对，这应该成为你在改进式创新方面的原则。这些大规模的渐进式改进创意，都应该具有明确的投资回报率和快速的财务回报。如果不能迅速地确定回报率和财务回报，那么创意就应该被送回创新漏斗，再次进一步细化。

将团队的精力放在创意的实施，而不是展示创意的Excel模型或PPT上。将每个改进式创新提案提炼为最可行、最有潜在业务影响的主要想法，或者说最小可行想法。

然后，放手去做。遵循下面这个四步骤的流程，将改进式创新想法付诸实践，即：章程、资源、实施和学习。

1. 步骤1：章程

章程，是将每个改进式创新机会，浓缩在一页纸的创新合约中。创新合约应包括五个部分：预期业务影响力、关键学习目标、关键成功衡量指标、投入的人力和资本，以及重要的里程碑节点。

创新合约对"做什么"给出了定义，但对"如何做"则没有限制，以确保最大的灵活性和速度。创业型领导者不想让他人告诉自己应该如何实现目标，所以任其且行且摸索吧。

2. 步骤2：资源

重新思考当前业务的最佳人选，就是最接近亟待改进的流程和体验的员工。这意味着为了支持创新合约的落实，你需要做出人力资源调配方面的一些艰难决策。

要知道，在新的改进式创新团队中，替补席上最容易部署的那些人，往往不是最好的人选。把你最优秀、最聪明的员工解放出来，使其承担"改进式创新"的职责，哪怕这意味着，其他人需要因为他们的临时调用而承担额外的工作任务。

不妨将改进式创新计划当作一次"试镜"，用来找出那些尚未被挖掘的创业领袖和技术、财务、流程重构、变更管理以及项目协调方面的人才。

合适的改进式创新团队成员，会为了令人兴奋的想法加班到深夜，通过自身的愿景释放其他员工的能量，并协调内部和外部资源以实现其理念。他们斗志昂扬，能真正实现小人物撬动大创新的杠杆效应。

3. 步骤3：实施

要实现改进式创新，请保持对"求是"的偏好。任何人都能在斗志昂扬的改进式创新团队的思维中找到漏洞。不要指望这些团队能回答你提出的每一个问题或应对每一种极端状况。

应该专注于通过创新组合中的改进式创新，实现快速、并行改进的目标。设置以月为单位的检查节点，确保团队按照创新合约中规定的目标推进工作。根据需要调整创新的范围、资源和执行，以最大限度地提高成功率。

4. 步骤4：学习

每一份改进式创新合约，都将包含明确的学习目标。虽然你的项目负责人应该一心一意专注于实现目标，但改进式创新组合服务的是更宏大的目标：增强整个公司的能力，以逆袭行业中的数字颠覆者。

这一步操作，对公司整体而言，就像是做了一场能调动全身的瑜伽，增强了整体的灵活性。这是因为，历史的成就往往会限制未来的灵活性。人类天生害怕搞砸已经被证明有用的事物，比起尝试新事物却以失败告终，人们更愿意什么也不做。

将学习目标纳入到每一个改进式创新计划中，团队就不可能彻底失败。每个团队都将为公司创新智商的提升贡献力量。广泛分享从每个改进式创新团队中获得的经验教训，以提高未来团队取得成功的可能性。

通过源源不断的改进式创新，帮助公司提升在当前游戏规则下的表现，公司就有可能赢得最终改变游戏规则的权利，而这需要你拥抱"多头并进"的力量。

释放并行处事的力量

在老牌企业中，当前业务的分量就像大行星的引力，导致颠覆式创新无法获得逃离其控制范围的逃逸速度，把公司锁定在舒适区，使其成为数字化颠覆的主要目标。

第五章　规则 2：追求颠覆式创新和改进式创新

要利用第一章中介绍的"并行处事的力量"（来自约翰·钱伯斯），获胜的巨人歌利亚必须具备一个双重加速的组织结构，即必须在无畏地寻求独立于核心业务之外的颠覆式创新的同时，在贴近核心业务的领域，践行多个改进式创新理念。

颠覆式创新必须脱离原有核心业务运行的轨道，进行豪赌般的投资，比如：通用汽车公司的汽车共享服务 Maven、思科的网真远程协作产品、日立的 Lumada 物联网平台和西班牙对外银行的数字银行组合。然而，许多在其他方面经验丰富的领军企业却在躲避颠覆式创新。

我们的研究表明，回避颠覆式创新的公司存在下面七个关键指标，你的公司符合下面的哪一条呢？

- 预测客户需求的市场情报能力有限
- 仅仅专注于渐进式的运营改善
- 聚焦于短期的财务，导致无法进行长期的战略性投入
- 为创新提供的执行支持极少
- 对员工创新的激励不足
- 没有集中的创新团队或流程
- 过度关注法律、监管和知识产权风险

要克服回避颠覆式创新的问题，老牌企业需要设立一个风险投资委员会（VIB）的新决策团队，以及一个名为"颠覆式创新接力赛"的新创新流程。

成立风险投资委员会

相较于鼓励放手去做改进式创新的倾向，颠覆式创新很可能会让经营核心业务的领导层产生紧张情绪。要确保颠覆式创新业务茁壮成长，就必须保护其发展，将此项业务暂时与公司其他业务分离开来，直到规模大到可以自食其力。

1. 为什么需要保护颠覆式创新

通过提供全新的产品、体验和商业模式，颠覆式创新帮助公司开疆拓土，这要求公司投资于陌生的技术、人才和合作伙伴，且一开始就要求人力和财力资本的大量投入，但其可观的回报却充满不确定性。

因此，经营核心业务且经验丰富的管理者，支持颠覆式创新的可能性最小。最好的情况下，他们会竭力避免"自己的"员工和预算被分配给"颠覆式创新"计划。我们的一位合作伙伴有个说法："现金牛业务喜欢喝自己的牛奶"。这个说法很生动、形象，任何在大中型公司内部工作过的人都明白这个比喻。

而最坏的情况下，缺乏安全感的核心业务领导者可能会主动破坏"颠覆式创新"计划，以保住其在公司中的地位。他们不愿意看到"聚光灯"转向那些负责建设未来的人。

第五章 规则2：追求颠覆式创新和改进式创新

2. 风险投资委员会能做什么决策

为了解决来自组织内部的抵抗，必须将颠覆式创新计划的决策、资金筹措、资源配置、辅导指引、业务追踪和投资组合管理等，从企业营运的组织结构中移除。这些管理责任应该转移到新设的风险投资委员会。

风险投资委员会的结构复制了最优秀风投公司的决策过程。这些不负责核心业务的多元化领导者群体会做出决策，决定采用哪些颠覆式创新计划、为每个创新计划分配多少人力和财力，以及由哪个风投项目总经理来领导某个既定创新计划。

风险投资委员会持续不断地为颠覆式创新提供顶层掩护，从而使其不受核心业务的限制。这可能意味着允许"颠覆式创新"计划以"隐身"模式运行，直到取得真正的突破。这还可能意味着，允许颠覆式创新计划与现有的业务进行直接竞争。

这种竞争策略对于避免重蹈"柯达时刻"的覆辙至关重要，即：在柯达历史上的某个时刻，工程师史蒂文·萨森（Steven Sasson）发明了世界上第一台独立式数码相机，但柯达公司却因为担心损害其盈利颇丰的胶卷业务，决定不主动推进其大规模商业化。

而奈飞则应该是我们效仿的榜样。奈飞最初的商业模式是向数百万客户邮寄DVD。为了实现这一壮举，奈飞在其配送中心应用了先进的机器人自动化系统。此后不久，家庭互联网服务能力的变革性改变使流媒体成为可能，导致奈飞不断增长的DVD

业务陷入危机。

里德·哈斯汀斯（Reed Hastings）全力以赴推进竞食策略。他在奈飞创立了一个全新的流媒体部门，直接与公司当前的核心业务展开正面竞争。这一勇敢的决定，让奈飞成为少数几家成功在亚马逊的重点市场上将其击败的公司之一。

3. 谁来领导风险投资委员会

那么，谁来领导风险投资委员会？思科提供了一个很好的模式。在颠覆式创新最成功的时期，思科的风险投资委员被称为新兴解决方案委员会。该委员会由三位才华横溢的高管人员领导：克里斯·怀特（Chris White）、马丁·德·比尔（Marthin De Beer）和比尔·鲁赫（Bill Ruh）。

当时，克里斯·怀特是专注于思科颠覆式创新计划的专职销售团队负责人。马丁·德·比尔是思科内部孵化器——新兴技术集团的负责人，在这个集团里，思科网真、智能电网和数字媒体系统等颠覆式创新从创意发展成为了实际。比尔·鲁赫领导着思科的高级服务业务，他让我们看到了高瞻远瞩的客户在实际上是如何将颠覆式创新解决方案付诸实施的（没错，就是这个比尔·鲁赫，他后来成为通用电气数字集团的首席执行官，并发明了工业互联网）。

怀特、德·比尔和鲁赫组成了一个令人望而生畏的团队。他们共同做出的决定，可以媲美硅谷许多顶级风投资本家，保护了思科的颠覆式创新计划，使其免于被公司内部的反对派"扼杀"。

如果公司内部没有类似具备风险投资意识的领导者，可以聘用外部顾问来充实你的风险投资委员会，他们可以提供市场导向的视角，帮助创新计划抵御来自企业核心业务的"万有引力"。

4. 如何确定风险投资委员会是否在发挥作用

帮助颠覆式创新降低失败率的风险投资委员应该得到褒奖。在美国成立的初创公司中，只有1%最终能发展到年营收1 000万美元的规模，这一事实发人深省。即便是在Y Combinator①这样最优秀的外部孵化器中，追求颠覆式创新的初创公司，通过了验证阶段并真正实现了规模化发展的比例不足25%。

对风险投资委员会而言，持续降低失败率的唯一的办法，就是充分利用企业的独家竞争优势，它们将赋予颠覆式创新计划在位企业的优势。这就是你的风险投资委员会必须与外部风投公司有所区别的地方。

现在，你已经拥有了保护创新的决策和管理架构，接下来我们将关注你需要完成的新流程：颠覆式创新接力赛。

开展颠覆式创新接力赛

在奥运会的接力赛中，每位参赛选手都需要同步发挥其才

---

① Y Combinator：美国著名创业孵化器。——译者注

能，作为一个团队参与竞争。能否获胜不仅取决于每一棒的表现，还取决于各棒的统筹安排以及朝着最终结果的集体努力。在2012年伦敦奥运会上，尤塞恩·博尔特（Usain Bolt）以9.63秒的成绩，打破了奥运会100米纪录。更令人惊讶的是，博尔特所在的牙买加队在4×100米接力赛中跑出了36.84秒的成绩。这一成绩比博尔特作为世界上跑得最快的人，单独跑完全部4棒的总时长都要快1.7秒。这就是运动协同效应在发挥作用。

颠覆式创新接力赛的逻辑也是如此，在图5.1的右下角所示的形成概念、概念验证、进行试点和规模推进的单个步骤中，单个团队成员可能是世界级的。然而，颠覆式创新接力赛的目标是整合整个团队，确保交付的结果远远超过各部分相加的总和。

1. 步骤1：形成概念

成功通过创新漏斗的颠覆式创新往往过于高远，很难成为有吸引力的投资机遇。因此，将其细化到可操作的细节，是步骤1的重点。颠覆式创新接力赛团队应该从三个视角审视颠覆式创新：外部颠覆者、未来用户体验和商业模式创新。

从外部颠覆者的视角来看，可以任命一个小型团队扮演你最害怕的每个竞争对手，或潜在新进入者的行政领导角色。让每个团队为其指定的竞争对手，根据预估情况建立一个独家竞争优势清单。现在是最难的部分——根据你对每个竞争对手将如何实现你方提出的颠覆式创新制定一个高层战略。以此为依据，制定你

第五章 规则2：追求颠覆式创新和改进式创新

自己的颠覆式创新计划，运用包抄策略，达到奇兵制胜的效果。

从未来用户体验的视角来看，设想你的颠覆式创新如何能够解决目标市场中最重要的客户痛点。例如，未来银行用户的体验，可能不包括分行甚至现金交易，仅基于加密货币。那么，就需要你调整颠覆式创新计划，以提前交付这些变革性的用户体验。

从商业模式创新的视角来看，确认你的颠覆式创新如何重塑所在行业的价值链和经济模式。分析你所在市场的基准经济模型，分别研究当前的利润是如何产生的，以及在哪里产生的。确定哪些潜在的商业模式转变，可能会削弱竞争对手，阻止数字颠覆者，并使之有利于你的公司。把这些分析的结果纳入你的"颠覆式创新"计划，确保接力赛团队积极思考如何为公司赚取最多的钱。

2. 步骤2：概念验证

现在，真正的工作开始了。你需要找方向、去风险、设计和缩小选择范围。就"找方向"而言，指定一个创业公司总经理来领导你的颠覆式创新接力团队。我们将在第八章详细描述创业公司总经理的角色。就目前而言，可以按照"企业内部创新人才"的标准选人。然后以创业公司总经理为中心，构建一个小型的颠覆式创新创始团队，成员来自设计、工程、产品管理、服务、运营和业务开发等领域。

就"去风险"而言，需要建立一个逆向损益表——这是一个强大的工具，可以让颠覆式创新项目的底层假设和风险浮出水面。从标准的形式损益表（pro forma P&L）开始，假设你的颠覆式创新业务，在未来3—5年内取得成功。在损益表的每一个区域，围绕业务为实现预期的财务结果而需要体现的运营指标进行逆向推算，使关键假设浮出水面。突破性的手持式医学成像设备的逆向损益表敏感度分析输出练习示例见图5.2。

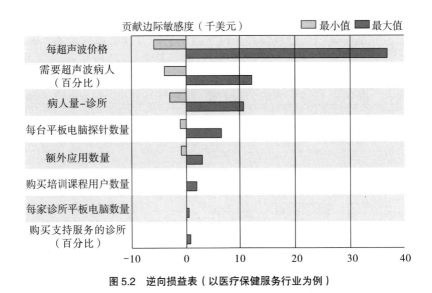

图 5.2 逆向损益表（以医疗保健服务行业为例）

就"设计"而言，将颠覆式创新如何实际运作进行概念化。你的接力赛团队应该利用战略、用户体验、技术和数据科学技能的多元组合来构建最终创新的 V0.1 版本（第 1 个版本）。V0.1 版本可以是硬件或软件模型、模拟、视频或基本原型。事实上，如果可能的话，你的团队应该开发出 5—8 个选项，尽可能地挑战

第五章　规则2：追求颠覆式创新和改进式创新

极限。

就"缩小选择范围"而言，参照热门电视节目创智赢家（*Shark Tank*，美国创业真人秀节目）的方法，今天就是最佳的展示日，接力赛团队的个体成员将向风险投资委员会展示概念设计和原型。到宣讲日结束时，风险投资委员会将选出一个或两个最终设计，推进到下面的"步骤3"。

3. 步骤3：进行试点

有人说，没有任何一个作战计划，在与敌人遭遇后还有用。那么，也没有没有一个概念设计，能在接触市场之后能继续使用。你必须向一小部分高瞻远瞩的客户，推出简略但有用的颠覆式创新，别无他法。

在第二章中，我们重点介绍了为何现有客户关系是企业在位者优势的主要来源。现在，充分把客户关系利用起来，寻求他们的帮助，邀请最好的客户在创新的形成阶段先尝为快了。如果颠覆式创新瞄准的是一个新的细分市场，那么就要利用品牌影响力和合作伙伴网络来接触到这些新客户。

这些客户会找出你的构想和执行中的大漏洞。不要因此而觉得备受冒犯或心存戒备。要想摆脱颠覆式创新固有的渺茫胜率，客户提供的这些信息就显得尤为宝贵。你越早知道自己的概念哪里出错了，就越容易纠正，且纠错的成本也越低。

有时候，用子品牌进行试点，能够降低创新的风险。沃尔玛在英国收购了Asda（连锁超市品牌）后，利用这个品牌在欧洲市场试点线上下单、线下商店提货的商业模式。在欧洲的试点之后，沃尔玛才在美国推出改进版。

4. 步骤4：规模推进

现在，到了要么放手一搏，要么偃旗息鼓的时候了。你的风险投资委员会需要根据不完整的信息，决定是否推出颠覆式创新计划。硅谷最优秀的风投资本家，每周一在合伙人会议上都要做出类似艰难的决策。

风险投资委员会将投入大量人力和财力，支持试生产解决方案和一些初步的客户验证。如果这已经令你感到担忧，那么你就不应该成为风险投资委员会的一员。

折中的做法行不通，要么满足颠覆式创新接力团队提出的资源要求，为其提供充足的资金，以便其规模扩张；要么解散团队，转而寻求创新漏斗中的下一个商机。很多老牌企业常犯的一个错误，是将有限的资金均分在过多的颠覆式创新上，导致没有一个创意能扩大规模，所以千万不要重蹈覆辙。

大家不妨参考史蒂夫·乔布斯在苹果公司公司时的做法。当年他举全公司之力推出iPhone，而不惜推迟iPad的发布，所以你也要同样地坚定决心。是所有的改进式创新取得的成功，让你获得了颠覆式创新的机会。不要自欺欺人，否则只可能功败垂成。

第五章　规则2：追求颠覆式创新和改进式创新

现在，你已经做好的充分的准备，即区分颠覆式创新和改进式创新、培养整个公司的创新文化、快速落实最好的改进式创新，释放并行处事的力量，成立风险投资委员会，并参加颠覆式创新接力赛。看起来十分复杂，但万事达卡（Mastercard）提供了一个很好的示范，告诉我们如何将这种方法付诸实践。

万事达卡：追求颠覆式创新和改进式创新[①]

由于商业和支付在数字化颠覆中首当其冲，万事达卡深知自己不能坐以待毙。根据万事达卡实验室集团计划，万事达卡为颠覆式创新和改进式创新提供了机遇。其创新管理团队负责管理整个公司的创新计划，以产生、筛选、塑造和开发创新机会。

其员工主导的创新始于"主动作为"（Take Initiative）计划。在长达48小时的黑客马拉松（hackathon）活动中，来自世界各地的员工从日常工作中抽出时间，构思改变游戏规则的解决方案。得分最高的团队能够参与灵感盒子项目（Idea Box），这是万事达卡持续不断的创新项目，其灵感来自首席执行官阿杰伊·班加（Ajay Banga）打破藩篱跳出思维定势的自我挑战。

借鉴奥多比公司Kickbox项目的经验，万事达卡给每个选定的团队提供一个橘黄色盒子，其中包括一张普通的预付卡和项目宣讲的60天准备时间。如果能获得由负责创新的高管人员组成

[①] 引自2018年8月，本书作者与万事达卡创新渠道管理和创业项目管理高级副总裁黛博拉·巴尔塔（Deborah Barta）的访谈内容。

的评审团认可，项目会进阶到红色盒子，获得在 90 天内完成原型开发的时间以及为研发提供资金，且包含金额更大的预付卡。

然后，这些团队向阿杰伊·班加本人推销其项目，希望获得进入绿色盒子计划的机会。这是一次"不成功便成仁"的尝试，选定的颠覆式创新团队将成为万事达卡实验室内的虚拟初创公司，获得 6 个月的资金支持，推动其初步商业成功。该项目已经孵化了一系列产品创新，同时也在公司内部，打造了一种创新文化和培养了一大批创新人才。

测试创新计划的抗压能力

你的公司可能已经有了明确的创新计划。花点时间，对照铸就辉瑞、通用磨坊、奥多比、思科和万事达卡辉煌成功的八大最佳实践，测试你当前的创新计划的抗压能力：

（1）人才：使用非传统的筛选方式来识别公司内部潜在的创业者
（2）培训：教授员工如何把好点子变成好生意
（3）时间：允许参与者专注于创新，即使他们是关键员工
（4）指导：帮助参与者制定扎实的计划并清晰地予以传达
（5）零摩擦：打破组织孤岛，最大限度地加快执行速度
（6）透明度：公开分享成功和来之不易的教训
（7）支持：确保所有人都清楚来自高管人员的支持
（8）顾问：用由外而内的视角来影响关键决策

第五章 规则2：追求颠覆式创新和改进式创新

同时满足这八个标准的"颠覆式创新"和"改进式创新"的计划很少。目前，只需确定你的公司在哪些方面处于有利地位，哪些方面需要改进即可。

"规则2"公司和职业准备情况

在追求颠覆式创新和改进式创新的过程中，你和你的公司如何进行规模扩张？现在是时候完成"规则2"的自我评估了。与"规则1"一样，你可以使用此处的模板完成评估，或前往www.goliathsrevenge.com使用交互式版本。

1. 公司准备情况自我评估

要完成公司准备情况自我评估，请仔细阅读表5.2中的表格，然后将公司准备情况在每一行的其中一列中标明。

表5.2 "规则2"公司自我评估表格

项目	0—20% 最低能力	20%—40% 有限能力	40%—60% 中等能力	60%—80% 高等能力	80%—100% 世界级能力
颠覆式创新和改进式创新	创新，什么创新？	100%专注于改进式创新	上一次颠覆式创新并未成功，我们就没再尝试	如今的创新组合是80%改进式创新，20%颠覆式创新	50%改进式创新，50%颠覆式创新的完美平衡比例
创新文化	我们仅专注于经营当前业务	拥有专门的创新团队就已足够	25%以上的员工参与了创新	50%以上的员工参与了创新	赋能每一位员工进行创新

续表

项目	0—20% 最低能力	20%—40% 有限能力	40%—60% 中等能力	60%—80% 高等能力	80%—100% 世界级能力
迅速落实改进式创新	改进式创新计划难以获得人力和财力支持	改进式创新计划往往推迟交付承诺的成果	拥有精心设计的流程,以加速实施改进式创新	诸多改进式创新计划的成功铸就了深厚的创业人才储备	通过改进式创新的影响力获取市场和利润份额
并行处事的力量	我们似乎难以平衡相互冲突的优先事项	中心创新群组已建立,但难以控制资源调配	中心创新群组跨创新计划进行创新组合的有效管理	运用复杂风险及回报指标并行进行相互冲突的创新计划	我们处于创新组合管理的"有限前沿"
风险投资委员会	目前未成立风险投资委员会	已成立风险投资委员会,但仅起协调作用而非决策作用	风险投资委员会主导创意,但人力和预算上依靠业务单元	风险投资委员会拥有内外部专家以及独立的人事和预算权	风险投资委员会被赋能与按要求增长的核心业务进行竞争
颠覆式创新接力赛	颠覆式创新的流程与公司任何其他项目无异	颠覆式创新计划被允许以隐身模式运行,与核心业务相分离	颠覆式创新计划遵循精心设计的不断试错和学习的方法论	颠覆式创新计划具有允许快速执行和风险承担的特殊规则	颠覆式创新具有首席执行官级别的权利,能以硅谷速度推进项目

试着从你的经历中想出一些具体的例子,来说明你的公司目前是如何实施颠覆式创新机会和改进式创新机会的。答案无所谓正确或错误,关键是要对照每个单元格中的基准,如实评估公司能力的开发程度。

2. 职业准备情况自我评估

现在把注意力转向你的职业。请仔细阅读表5.3以了解在六个评估领域的每一个领域中,每个能力梯度意味着什么。

第五章 规则2：追求颠覆式创新和改进式创新

表5.3 "规则2"职业自我评估表格

项目	0—20% 最低能力	20%—40% 有限能力	40%—60% 中等能力	60%—80% 高等能力	80%—100% 世界级能力
颠覆式创新和改进式创新	从未参与过任何创新计划	很久以前曾参与过渐进式改进团队	作为改进式创新计划重要团队成员受到认可	曾作为颠覆式创新团队的关键成员	曾带领多个颠覆式创新和改进式创新计划实现目标
创新文化	如存在创意产生项目，我对此也并不熟悉	我知道发送建议的邮箱地址，但从未发送过建议	经常贡献改进意见及新商业创意	作为成功创意的来源获得管理层的认可	曾被要求领导全公司范围内的部分创新项目
迅速落实改进式创新	我需要专注于交付现有职位的核心承诺	我愿意花费额外努力参与到快速改进项目团队	对于需要完成任务的团队而言，我是必须请教的人士	我在公司内构建了能够有助于推动创新的网络	我是以有限资源实施创新的标杆式人物
并行处事的能力	我一次只能专注于一件事情，而且经常忘记其他的优先事项	我正在努力提升时间管理技能，以便能够并行处理多件事情	我可以并行处理两个计划，但是处理第三个计划就难以胜任了	我可以高效处理多个相互冲突的优先事项	高度容忍模糊性，愿意在信息有限的情况下采取行动
风险投资委员会	我并未意识到存在风险投资委员会	曾是向风险投资委员会提供不成功提议团队的成员	曾是获得风险投资委员会进阶许可团队的成员	曾领导过获得风险投资委员会进阶许可的多个成功团队	曾代表我的创新群组应风险投资委员会要求成为其观察员
颠覆式创新接力赛	从未表现出有兴趣参与颠覆式创新团队	参加过颠覆式创新方法论培训，但从未参与颠覆式创新团队	曾经至少在一个成功的颠覆式创新团队担任核心成员	曾经至少在一个成功的颠覆式创新团队担任团队领袖	曾经在公司内部的颠覆式创新培训项目担任教员

在每一行中，选择在成为强大的颠覆式创新和改进式创新领袖的过程中，最符合你当前职业发展进程的单元格。把完成的表5.3放好，等你读到第十一章时，再次进行回顾。第十一章讲述了如何为了长期的职业成功而进行自我颠覆。

3. "规则 2"准备情况总结

现在,你已经完成了针对"规则 2"的公司和职业自我评估,你可以在图 5.3 中填写你的准备情况总结。与"规则 1"一样,如果你在以下网址:www.goliathsrevenge.com 在线进行,自我评估准备情况总结将自动生成。

完成自我评估后,让我们继续讨论"规则 3:数据即货币"。这条规则涵盖了数据分析、数据科学和机器学习如何加速颠覆式创新和改进式创新。

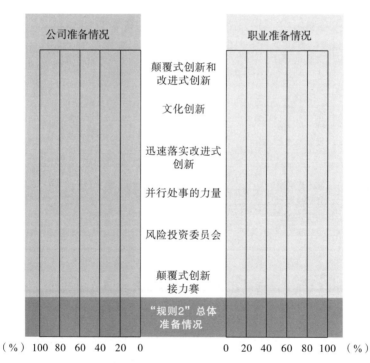

图 5.3 "规则 2"准备情况总结

第六章

规则 3：数据即货币

> 数据就是新的石油。会赢的公司都在运用数学。
>
> ——凯文·普兰克,
>
> 安德玛首席执行官

随着世界从模拟走向数字时代,数据成为新的货币。拥有丰富数据资源的公司,正在挖掘巨大的新收入来源和利润池。而缺乏数据资源的企业,正面临日渐势薄的市场力量、行业地位和盈利能力。

在第三章,我们已经向你展示了获得长期算法优势,如何推动赢家近乎"通吃"的局面形成。要想在行业未来利润分配的右侧驼峰占据一席之地(见图3.1),就需要关注三个方面:建立数据资产负债表、评估数据的可选择性以及最大化数据回报率。

它们将为你的竞争优势宝库再添助力,使你的公司能够交付"规则1"中承诺的变革性客户成果,并加快你在"规则2"中设定为重点的颠覆式创新和改进式创新。

从农业时代到数字时代

在深入探讨如何将数据视为货币之前,最好先了解一些历史背景。正是数据的持久价值，使得数字时代与之前的工业时代和农业时代有着本质的区别。

在农业时代，随着狩猎-采集劳动逐渐被机械化耕作取代，对可耕地的控制决定了经济财富的多寡。虽然地球的表面积约为 2 亿平方英里[①]，但陆地面积仅有 5 700 万平方英里，其中又仅有 1 200 万平方英里适合种植农作物。在中世纪的欧洲，对可耕地的控制是经济权力的基础，领主控制着大片农田（封地），农奴则一辈子都要用劳动换取基本生活资料。

到了工业时代，随着人类的生产劳动逐渐被机械化的流水线取代，对生产资料的控制形成了经济成功的基础。机械化、自动化和蒸汽动力极大地降低了生产成本。规模经济和范围经济，再加上现成的投资资本，使得制造业活动的规模越来越大，形成了大者愈大、小者出局的格局。

在数字时代，计算机、算法和人工智能使用数据，增强了人类在各个经济部门的作用。让我们以大家可能非常熟悉的两个行业为例：娱乐业和体育业。

1. 娱乐走向左脑创造

在过去，开发新电视节目的方法，是由有创造力的人畅所欲言，或将想法贴在墙壁上，然后通过小规模试映来确定观众可能会

---

① 1 平方英里 = 2.589 988 110 34 平方公里。——译者注

作何反应。过程漫长且充满不确定性,并且会筛选掉大部分想法。

在美国,全国广播公司、哥伦比亚广播公司、美国广播公司和福克斯公司都很乐意让奈飞成为其节目内容的分销商。"(通过奈飞)我们可以覆盖全新的受众,这有什么不好的呢?"许多网络电视高管人员表示。但似乎一夜之间,奈飞就成为了五大内容制作公司之一,直接与那些老牌电视网络展开竞争。

要知道,奈飞将数据视为货币,而不仅仅是其 IT 组织需要管理的资产。奈飞利用右脑创造性才能和左脑机器学习洞察力构成的独家组合打造节目,并不断从每天在奈飞上浏览视频 2.5 亿小时的 1 亿多用户那里挖掘精细化数据,预测他们会最喜欢哪些内容。巨大的数据优势,使得奈飞能够制作出的优秀节目数量,是其他电视网络公司的两倍。

2. 点球成金赢得比赛

正如迈克尔·刘易斯(Michael Lewis)的畅销书《点球成金》(*Moneyball: The Art of Winning an Unfair Game*)所详述的那样,2003 年秋天,奥克兰运动家队以年度 4 400 万美元的总员工薪酬打入了美国职业棒球大联盟(Major League Baseball)的季后赛。同年,纽约洋基队的总员工薪酬为 1.25 亿美元。

奥克兰运动家队发现,让数据说话,意味着依赖数据而非经验老到的教练和经理的直觉来决定哪些球员的表现应该更优秀。对棒球纯粹主义者来说,这简直就是异端邪说,但奥克兰运动家队却横空出世，从笑柄变成了冠军的争夺者。

奥克兰运动家队就是将数据视为货币，认为季后赛中的比赛场次越多，球队获得的门票、商品、特许权和电视转播收入就越多。一旦数据显示，上垒率和多垒安打率这样的进攻成功预测因子带来的收益，远超其他球队使用的击球率和击球跑垒得分指标时，奥克兰运动家队选择毫不犹豫地改变其排兵布阵和临场决策。

奥克兰运动家队的颠覆式创新，改变了美国职业棒球大联盟各个球队的经营方式。数字的影响力也体现在篮球和橄榄球等其他体育项目中，在这些体育项目中，基于数据科学的球队资金、规模和重要性都在不断增长。

就像在农业和工业时代机械化取代了人类的生产劳动一样，在数字时代数据也正在取代脑力劳动，迫使每个行业都分化为数据富有和数据贫乏两种情况。那么你会成为哪一个？

建立数据资产负债表

核心管理原则"量化管理"使构建数据资产负债表成为关键。如果拒绝衡量贵公司完全拥有或拥有合约权利的数据数量和质量，你几乎肯定会被来自硅谷的大卫打败。这些数字颠覆者，正在以"数据即货币"的思维模式构建其业务。

如果你的目标是成为数据富有的企业，那么第一要务就是建立公司的数据资产负债表。贵公司控制的哪些数据资产，可允许利用数据科学和机器学习，形成可重塑行业的洞察力？你有哪些

第六章 规则3：数据即货币

数据负债，导致你"欠下"第三方公司的数据或与数据相关的款项？关于你和你的团队需要完成的数据资产负债表，见表 6.1。

表 6.1 数据资产负债表

数据资产				数据负债			
数据集	关键属性	数据权利	获得的潜在价值	数据集	关键属性	数据义务	获得的潜在价值
名称	·来源 ·大小 ·位置 ·所有者	·独占权 ·限制权 ·许可权 ·监管权	·促成结果 ·促成颠覆式创新 ·促成改进式创新	名称	·来源 ·大小 ·位置 ·所有者	·对何人的负债？ ·因何事产生？ ·在何时产生？	·数据形式 ·洞见形式 ·货币形式
名称	·来源 ·大小 ·位置 ·所有者	·独占权 ·限制权 ·许可权 ·监管权	·促成结果 ·促成颠覆式创新 ·促成改进式创新	名称	·来源 ·大小 ·位置 ·所有者	·对何人的负债？ ·因何事产生？ ·在何时产生？	·数据形式 ·洞见形式 ·货币形式
名称	·来源 ·大小 ·位置 ·所有者	·独占权 ·限制权 ·许可权 ·监管权	·促成结果 ·促成颠覆式创新 ·促成改进式创新	名称	·来源 ·大小 ·位置 ·所有者	·对何人的负债？ ·因何事产生？ ·在何时产生？	·数据形式 ·洞见形式 ·货币形式

让我们从简单的开始：负债表上的数据资产部分，即贵公司拥有的、可支配的每种类型的数字数据有多少？你可能认为这个问题很容易回答——只需致电首席信息官询问。

1. 通盘审视你的数据资产

根据我们的经验，情况远非如此简单。即使在中小型公司中，你要盘点的数据集也是分散相互独立的业务中。除了存储在 IT 系统中的常见数据之外，还要寻找以下数据集：

歌利亚的复仇

- 只有你的某个制造工厂中的一些工业自动化专家才知道的数据集,在这些工厂中,数据由生产运营部门而不是IT部门"拥有"。
- 隐藏在某个业务单元发起的历史收购中,现在无人问津的数据集。
- 在你的服务业务中,作为监控客户站点设备运行情况的远程监控和诊断解决方案组成部分的数据集。
- 作为服务授权管理的组成部分,隐藏在维修站已安装的基本数据管理工具中的数据集。
- 作为软件即服务(SaaS)应用程序的组成部分,聚合在其他服务提供商(如用于管理客户信息的 Salesforce 或用于管理员工数据的 Workday)的云数据集。
- 存在于"存储即服务"(storage-as-a-service)平台(如 Amazon S3 或 Microsoft Azure Data Lake)上的数据集,你的营销团队选择这些平台开展大型的客户试点项目。
- 嵌入在服务器上、无法破译的日志文件中,用于跟踪不同企业和网络应用程序用户行为的数据集。
- 按照你与渠道、营销、服务或制造合作伙伴的合同约定,可从他们处获得的数据集。
- 位于产品本身的仪器、仪表中,但尚未编目、回溯并聚合为可用形式的数据集。

我们还可以不断列举,但相信你已经意识到数据的复杂性,

第六章 规则3：数据即货币

你可以访问的数据资产比预期的多，但纳入管理的数据资产比预期的少。

志存高远的巨人歌利亚，正更多地聚焦在一个特定领域：来自客户的数据。例如Waze公司[①]通过更细致地采集导航应用软件每个用户的活动数据，来增强自己的数据集。这就为Waze公司提供了一种使其能够在客户数量达到临界点的任何市场中，了解实时交通流量速度的低成本方法。

美国跨国农机巨头约翰迪尔公司（John Deere）聚合了来自农民田地和设备中传感器的数据，以提供经济实惠的预测性维护服务，并释放精准农业[②]的潜力以提高作物产量。据估计，平均每个农场每天生成的数据点数量，正从2014年的19万个发展到2020年的410万个。

对于诸如Waze公司和约翰迪尔公司而言，获得精细化客户数据，为共同创造新产品和服务提供了巨大的机会。因此，也请确保你的数据资产库，对客户数据这一丰富数据来源有足够的关注。

2. 了解你的数据负债

在数据资产负债表的右侧是数据负债，其内容可能比你预期的要多得多。例如，你可能是从第三方获得数据授权，并因此而

---

① Waze公司：基于社区、提供交通信息与导航服务的有趣社交地图软件。——译者注
② 精准农业：一种现代农业管理方法，通过使用高科技设备和数据分析来优化农作物的种植、施肥、灌溉和收获，从而提高产量、降低成本和减少环境污染。——译者注

产生现金或实物成本。此外，新的数据安全、治理、隐私和主权法规，如欧盟的《通用数据保护条例》（GDPR），增加了管理个人可识别数据的成本和风险。除了欧洲，美国加州、中国和印度政府也正在积极推动数据管理规章制度的出台。

除了数据授权和监管合规要求之外，你肯定对客户和供应商承担数据负债，具体表现在你与他们交互过程中产生的数据，你可以利用或不可以利用什么。就像对数据资产的管理一样，你目前对这些数据负债的管理可能过于分散，而这可能带来的风险也在与日俱增。

Equifax（美国征信服务巨头）、Target（美国第二大零售商）、萨克斯第五大道精品百货店（Saks Fifth Avenue）、帕尼罗面包店（Panera Bread）、安德玛和脸书等品牌公司在顾客心目中树立了数据隐私至上的形象。类似这样的公司，正在围绕精细化的客户识别数据，构建高价值、高度个性化的体验。

要估算数据资产负债表的负债部分，请确定获取和保护数据的真实成本。对你的数据负债进行分类，确保数据使用方式的透明性，并在进行数字转型时，确保必要的数据权利。志存高远的巨人歌利亚正在打造数据匿名化的新模式，甚至为客户提供简单的自助服务门户，使客户可以自由选择进出，并自主决定数据分享的程度。

3. 评估每项数据资产的质量

完成数据资产负债表的编制后，你需要评估每项数据资产的

第六章 规则3：数据即货币

质量。一家又一家公司都在吹嘘自己的数据规模有多大，"我们的飞机每次飞行，都产生数万亿字节的传感数据""我们可以看到石油钻塔上每个螺栓的状况""我们掌握了1亿客户购买的信息"。规模固然重要，但只是其中的一个重要因素，一个不为人知的小秘密是，大部分数据都没有得到使用——我们称之为"暗数据"。这些数据被闲置是有原因的，大部分此类数据质量低下，缺乏帮助企业改进核心业务和在邻近市场赢得胜利的属性。

志存高远的巨人歌利亚则更为老练，它们对照下面七个数据质量指标，评估数据资产负债表上的数据资产：

（1）新鲜度。数据是最新的吗？应用到当前的产品、服务和运营时，能起到多大的预测作用？

（2）持续性。数据是否覆盖足够长的周期，足以反映业务固有的正常季节性和业务周期变化？

（3）背景性。数据是否标记为元数据，从而使数据在理解端到端业务流程或客户交互时具有价值？

（4）一致性。每个数据项的收集是否具备一致性？随着时间的推移，能够用于具备高统计有效性的趋势分析和相关性分析？

（5）可归因。问题数据是否可以归因于特定客户、机器，或者是否出于数据隐私的原因，而进行了去识别化操作？

（6）触达性。你的数据是否已经超出了现有客户、产品和服务的用户基数范围，能够反映整个行业的情况？

（7）独占性。你是否享有独占性数据权利，或者你当前的和潜在的竞争对手同样也可以使用这些数据？

3. 需要特别关注边缘数据

根据商业云平台 Domo 的数据无眠研究项目（Data Never Sleeps）分析显示，每天产生的数据量为 2.5 万亿字节。据《福布斯》（Forbes）报道，当今世界 90% 的数据，都是在过去两年中产生的。据高德纳咨询公司（Gartner）预测，到 2022 年，75% 企业生成的数据，将在传统数据中心或云基础架构之外产生和处理，而目前这一比例仅为 10%。

这些数据大部分都是在边缘产生的——机器、汽车、电话和传感器网络。如今，这些数据中，回传到传统 IT 系统的少之又少，但其数量之庞大，让你在资产负债表中列出的大部分结构化数据相形见绌。

举几个例子：自动驾驶汽车会采集大量的声呐、雷达和视频传感器数据以便了解周围环境，并做出实时决策，确保驾驶安全。耐克已经进行了大量投资，以扩展其互联运动鞋和可穿戴设备的 Nike+ 平台，收集了超过 700 万跑步者的精细化数据。安德玛投资近 5.6 亿美元收购 MapMyFitness、MyFitnessPal 和 Endomondo[①]，以获取 1.5 亿数字健身用户的数据，并随即成立

[①] 三者皆为健康管理应用程序，安德玛的收购旨在打造其运动健康的大生态圈。——译者注

了 Healthbox，将数据收集工作扩展到健康和保健领域。在工业市场，通用电气公司的 Predix 和日立公司的 Lumada 等工业互联网平台，会收集并提供海量的机器和运营数据。

在最终确定数据资产负债表时，请确保你已充分考虑到边缘数据存储的未来价值。在数字化的未来，你可能会发现这些边缘数据，比你当前业务依赖的传统数据更重要。

重视数据的期权性

长期算法优势中所谓的"长期"是基于这样一个事实，即今天有更多的数据，意味着明天有更好的算法，而更好的算法会在后天带来更多的数据。这是一个自我增强的循环。挑战在于，如何快速启动这个循环？

你的公司如何能够足够快地获得足够的数据，以确保获得算法优势？这意味着现在就投入大量资金，以获得难以通过建模进行估算的未来回报，并至少在一定程度上延长企业的寿命。这要求你的公司，评估数据资产负债表中资产的次级和再次级影响，而不仅仅是首要影响。

在分配稀缺的人力和财力资本时，擅长对实际选择[①]进行估值的公司很少。众所周知，在大中型公司的年度规划和预算编制过程中，首席财务官总是摆着一副"让我看到收益"的姿态，他

---

① 实际选择：在投资决策中，实际选择是指投资者在不确定的市场环境下，可以选择执行、延迟、扩大、缩小或放弃投资项目的权利。——译者注

们希望当前的投资决策能够在近期直接带来订单、收入、成本和利润的提升。

此举可谓与由机器学习能力定义的未来背道而驰。人工智能系统通过长时间输入大量高质量的数据来进行学习。任何一个以自动驾驶模式驾驶过特斯拉汽车的人,都可以证明这一点。机器学习,不是一蹴而就的事情。

志存高远的巨人歌利亚非常重视数据的期权性,愿意现在就投入大量资金来获得数据资产,期望在数年或数十年后获得回报。少数人在很久以前就看到了这个机会。

正如在第三章中所讨论的那样,在20世纪90年代,IRi公司和尼尔森公司,向零售商"免费"提供了复杂的分析和报告,以汇总零售商正常结算过程中产生的库存量单位(SKU)级零售终端数据。基于这些数据,两家公司将获得的洞察意见卖给消费品公司,建立了价值数十亿美元的业务。

21世纪初,微软的Hotmail和谷歌的Gmail邮箱都提供"免费"电子邮件,以换取分析用户邮件内容的权利。他们以高度量身定制营销活动的形式,将基于这些分析得出的真知灼见卖给广告商,脸书也正在做同样的事情。

在2010年左右,美国前进保险公司(Progressive Insurance)通过提供汽车保险折扣和"免费"监控设备(客户可以将这些设备插入汽车的诊断端口),为司机个人行为数据"付费"。最近,孟山都公司(Monsanto)以2.1亿美元收购了精密种植公司(Precision Planting),并以9.3亿美元收购了气候公司(The Climate

第六章 规则3：数据即货币

Corporation），以聚合客户的使用数据。

大家将在第十章中看到，根据我们的调查显示，只有12%的大公司和5%的小公司认为它们正在广泛使用数据来推动创新。因此，了解如何评估数据的期权性，是跻身这些精英企业集团的关键一步。

数据的最大回报

IBM的超级电脑沃森（Watson）于2011年在问答比赛节目《危险边缘》（*Jeopardy!*）上击败了肯·詹宁斯（Ken Jennings，该节目的最长连胜记录的保持者），谷歌的阿尔法狗（AlphaGo）于2016年在围棋人机大战中击败了围棋世界冠军李世石，在普通人看来，这不是什么大事儿，毕竟两者都只是游戏而已。然而，对于那些人工智能圈内人士而言，这两件可谓分水岭式的事件，它们证明机器学习已经实现了飞跃，不仅可以快速检索正确的信息，还可以创造出全新的理解甚至超越了上述领域中全球最优秀的人类。

在机器学习主宰你所在的行业之前，你的公司要先成为机器学习的主宰。如果你不能将数据转化为洞见，将洞见转化为行动，即便你有稳健的数据资产负债表和通过评估数据期权性来实现增长的意愿，它们都将毫无用处。数字值堆栈（如图6.1所示）展示了如何收割数据的最大回报。

我们已经介绍了图6.1下面几栏的内容，接下来让我们重点介绍前两行的内容：了解数字值堆栈的客户，以及能够将数据转化为黄金的机器学习能力。

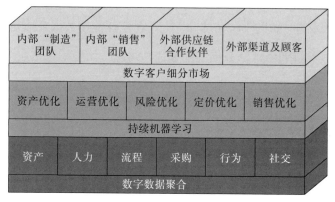

图6.1　数字值堆栈

1. 数字客户细分市场

要实现数据的最大回报，你需要关注四个客户细分市场：内部"制造"团队和内部"销售"团队，以及外部供应链合作伙伴和客户。就像沃森或阿尔法狗一样，你的目标是强化细分市场中人员的专业知识，以便更快、更频繁地做出更好的决策。你需要将公司从不基于事实的主观运营，转向基于事实的客观运营。

一是你的内部"制造"团队。该团队可能包括产品管理、设计、业务孵化、研发、工程、制造和服务交付等职能部门。它们负责发明、设计、开发、生产并交付客户购买的产品和服务，既有潜力成为新数据的供应方——通过在产品中设计额外的数字工具，也可能成为算法产生的洞见的消费者。向内部制造团队展示客户最重视哪些功能，他们就可以停止设计客户不使用的功能；

第六章 规则3：数据即货币

帮助它们了解客户使用产品的真实方式，它们就可以制造出故障频率更低、所需售后服务更少的产品；确定客户希望以哪些意想不到的方式使用你的产品和服务，就可以督促内部制造团队，通过提供全新解决方案来推动业务增长。

二是内部"销售"团队，包括销售、营销、潜在客户开发、定价和分销渠道等职能部门。其工作目标是每周、每月和每季度开发最大客户数量，并从中获取最大毛利率。向内部销售团队展示如何计算价格，以便在毛利率和销售收入增长率方面进行优化，实现毛利最大化。帮助它们优化数字营销和传统营销支出，以实现每一潜客转化成本最低。通过体现了客户的兴趣所在的潜在客户活动（阅读白皮书、观看视频、订阅新闻简报、参加网络研讨会等）进行评分，让内部销售团队了解未来的需求。给每位销售代表一个"下一步"按钮，让他们知道，分配给他们的客户中，哪些人最有可能购买，以及最有可能促成盈利性销售的报价。为已购买但尚未使用产品的终端客户提供服务升级行动；找出阻碍客户购买更多产品并增加消费额的最重要因素，让内部"销售"团队可以未雨绸缪，将可能的商业摩擦扼杀在萌芽阶段。

三是确保你的采购和供应链规划团队，可以触达外部供应链合作伙伴。你可能会问："我为什么要投入稀缺的算法资源来帮助供应商？"你的付出是有回报的。沃尔玛等公司已经变得非常善于将数据当作货币，并与供应商进行实际的交换。沃尔玛通过为外部供应链合作伙伴提供更细致入微的需求洞察，在高效平衡工厂生产的同时，避免出现库存过多和缺货的情况。向外部供应链合作伙伴提供详细的基准数据，说明其在准时性、质量和数量方面的表现，与同行有何差距，以及如何进行改进。帮助外部供应链合作伙伴，全面了解最终用户对其产品的使用情况，使其能够设计更有价值、更具可靠性和性能更佳的产品。

四是外部渠道合作伙伴和终端客户，会越来越依赖于你的算法提供的洞见。帮助你的渠道合作伙伴，了解将你的产品和服务结合起来的最有价值的方法，从而实现最大的商业周转率。以企业客户自有 IT 团队无法比拟的详细程度，让企业客户在其运营中看到你的产品用户基数。让你最好的客户从基于时间的维护转变到基于状况的维护，从而提高正常运行时间，降低总体维护成本。为终端客户提供匿名化的基准数据，说明其他客户如何更快地从你的产品中获得更多价值，并帮助渠道合作伙伴瞄准互补产品和相关领域。

数据能够带来的好处还有很多，仅仅是一个起点，帮助你在以上四个数字客户细分市场中，优先考虑价值最高的算法洞见。

2. 精通机器学习

让我们将注意力转向图 6.1 的中间一行，即帮助你在前述四个客户细分市场中实现数据价值的算法。可以毫不夸张地说，在算法领域的活动，已经出现了爆炸式的增长。

在 2000 年，只有 570 个专利申请在标题或描述中提到了"算法"。截至 2015 年，此类专利申请数量达到了 1.7 万，预计到

第六章　规则 3：数据即货币

2020 年将达到 50 万。如果你还没有专注于获得或建立算法优势，那你就落后了。

其中一些算法本质上是横向的，通常可以从第三方获得。例如，服务领域的远程资产监测解决方案、面向销售的购买倾向性模型、针对 IT 的网络入侵检测，以及针对我们所有人的垃圾邮件过滤等等。

然而，许多算法仅适用于特定行业，并且可能还需要进行内部开发。例如，针对金融服务的欺诈检测、针对包装消费品的价格弹性模型、针对自动驾驶汽车的物体识别、针对精密工业设备的预测性维护模型，以及医院中急诊室吞吐量的优化等算法。其中医疗保健领域的新算法，在诊断肺炎和中风等急性疾病方面的表现，甚至超过了经过认证的放射科医师。

算法的范围很广，然而，大多数公司主要关注五类算法：资产优化、运营优化、风险优化、定价优化和销售优化。请注意，图 6.1 顶部行中的内部和外部客户细分市场，均力求获得这五个算法领域的优势。

构建这些算法的方式有两种——数据科学团队和持续机器学习。这两者仍然都很重要，但许多志存高远的巨人歌利亚正在将注意力从前者转向后者。

从传统的角度出发寻求获得算法优势的公司，会在聘请首席数字官或首席数据官，以及组建数据科学团队方面投入大量资金。这些训练有素（且重金挖来）的统计师、建模人员和程序员，通常专精于图 6.1 中间一行中的五类算法之一。

事实上，在过去五年里，数据科学家一直是硅谷最炙手可热的工种。父母已经不再要求孩子日后成为医生和律师，而是让孩子们可以专注于数学和统计学的学习和研究。如图6.2中麦肯锡（McKinsey）的统计所示，数据科学家处于严重的供不应求状态。

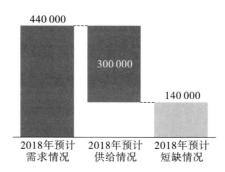

图6.2 数据科学家短缺情况

资料来源：麦肯锡，美国人口普查局，邓白氏集团（Dun & Bradstreet），美国劳工统计局（BLS）。

要知道，10年前只有15万人从事数据科学方面的工作，而现在供需之间的缺口差不多就有15万人。从事数据科学的人，需要具备独特技能组合：硕士或博士级别的数学背景、高阶数据建模和编程技能，以及算法要解决的业务问题相关领域知识。虽然数据科学短期内不会消亡，但把未来的算法优势建立在聘用大数据科学团队上，将花费太长的时间和太多的成本。

因此，利用第二种方法，实现长期成功的可能性更高。从很多方面来说，连续机器学习都能实现很好的平衡。考虑到内部部署和基于云的机器学习工具的广泛可用性，每一个小型、中型和大型公司都能让其数据说话。

第六章 规则3：数据即货币

在最简单的层面上，连续机器学习是一种可以在大数据集中找到可操作模式的自动匹配方式。大家可能听说过深度学习、神经网络和认知模型等术语，它们是计算机自主寻找未知模式的具体方法。

虽然基础数学已经存在了几十年，但亚马逊、微软、谷歌、百度和腾讯正在展开一场"军备竞赛"，旨在为寻求突破的老牌企业提供一个可随时部署的持续机器学习平台。这些科技巨头正在通过人工智能优化的图形处理器（GPU）在算力中阶跃函数的进步，海量可得聚合数据集的可用性训练新模型，以及可以随时访问的人工智能开发平台，比如谷歌 TensorFlow 和亚马逊人工智能（Amazon AI）等。

对你和你的公司来说，这都是好消息。算法领域的创新步伐正在加快，进入市场的成本正在下降。如果你刚刚起步，像谷歌云（Google Cloud）的 AutoML 和微软的 Azure Machine Learning 这样的自主平台，可以让你的核心开发团队在没有大量数据科学家的情况下，利用公司现有的数据来构建算法。

随着强化学习（即机器训练机器）等新方法的不断进步，可以预见，这种对数据科学家依赖程度下降的趋势将会加速。然而，企业在算法研发领域的最终目标，是让业务人员直接向连续机器学习平台提出正确的问题，从这个角度看，也许持续地从硅谷引进算法方面的博士和律师，依然是一个万全之策。

对于大多数志存高远的巨人歌利亚来说，投资数据科学和持续机器学习是建立算法优势的最佳途径。让数据科学家专注于开发高价值的算法，因为这要求专门的数学技能和领域知识结合。与此同时，在开发高价值的算法以及四个数字客户细分市场的下一层用例方面，利用连续机器学习。

在二者可重叠使用的领域择优而用，即通过数据科学家开发的算法和连续机器学习衍生算法之间的持续 A-B 测试[①]，找出连续获胜的最佳方法。在下一层用例中不妨放眼长远，因为持续机器学习解决方案，往往会随着时间的推移和数据量的增加而不断改善。

现在，你已经建立了数据资产负债表，了解了如何对数据的期权性进行估价，并使用数字值堆栈来最大限度地提高数据回报率，下面我们来看看运用"数据即货币"的一些公司的具体案例。

天气频道：如何将数据转化为货币

新任首席执行官大卫·肯尼（David Kenny）和首席技术官布赖森·克勒（Bryson Koehler）面临着一项艰巨的任务——将天气频道从一家日薄西山的媒体公司，转变为一家高增长的气候数据分析公司。在 2013 年，仅仅开发一款移动气候应用程序，借此帮助天气频道突破有线电视根基业务的做法已经为时太晚。因为，已经有 1 000 个此类应用程序了。

肯尼和克勒设定了一个更加宏伟、艰难和大胆的目标——帮

---

① A-B 测试：一种随机测试，A 和 B 指两个变量，这是网络分析的一个流行工具，主要目标是确定哪个变量更高效。——译者注

第六章 规则3：数据即货币

助全世界的人做出更好的、与气候有关的决策。在天气这个行业，一旦预测与真实天气不一致，天气预测公司往往损失严重，就在这样的情况下，天气频道反而逆流而上，更深度地与行业融合。

天气频道将一个由三个阶段组成的计划付诸实施。第一阶段的重点，是图6.2中数字值堆栈的最后一行。天气频道充分利用其独特的数据集和科学专家组合，创造了地球上最精确的天气预报引擎。天气频道的200名天气学家，对108种不同的天气预报模型进行了分类。为了扩大其数据资产负债表，天气频道公司收购了美国天气数据公司Weather Underground，因为其拥有源自大众的庞大小气候数据池。扩展天气频道的预测能力，需要重新构建其IT基础架构，并将13个不同的数据中心整合到一个云端和大数据基础架构中。最终努力得到了回报，100万个应用程序编程接口（API）调用的成本，从70美元下降到了1美元。

在第二阶段，天气频道将工作重点，转移到了数字值堆栈的数字客户细分市场层。肯尼和克勒没有考虑公司的内部和外部用户群体，而是按照垂直行业在天气预报失误时所面临的业务风险，对这些行业的重要性进行了排序。航空业就是天气频道的目标行业之一，因为准确地预测颠簸可以保证乘客的安全，将航空公司面临的诉讼风险降至最低。为了推动第二阶段的发展，天气频道引进了克里斯·赫夫（Chris Huff）这样富有创造性的思想家，他为企业增加了零售和包装消费品行业的深厚领域知识。团队通过员工主导的黑客马拉松和特殊激励计划，共同营造了一种尝鲜实验和创新的文化。这将天气频道的算法优势扩展到了其他领域，比如将天气融入健康和健身平台。

在第三阶段，天气频道将自创的数据丰富的平台向庞大生态系统开放，该生态系统的成员都有兴趣围绕天气来构建算法和应用程序。让创新者兴奋起来并不难，大多数人觉得，搞天气领域的投资很酷，而且还能够影响全球10亿甚至更多人的生活，是一种极大的激励。天气频道取得了令人瞩目的成功，拥有超过25 000个合作伙伴，每天对其应用程序接口进行260亿次调用，使其跻身全球最大的应用程序接口平台之列。通过实验旗舰天气应用程序中最具潜力的创新，天气频道能够以最少的前期投资，快速测试新概念。其中一个例子是将应用程序与苹果手表更紧密地链接起来。这不仅给苹果的用户带来了价值，也为天气频道的数据资产负债表增添了一项新的数据资产——这个合作，使其可以访问苹果公司设备中的数亿个大气压力传感器的数据。

布赖森承认，这是一段紧锣密鼓的三年旅程：快一分，则天气频道无法看到其颠覆式创新和改进式创新实现承诺；慢一瞬，则新的领导团队可能失去动力，以及来自员工和股东的必要支持。

天气频道展示了将数据作为货币能带来怎样的回报。该业务现在成为了IBM沃森部门中一个不断发展和充满活力的部门，被公认为是领先的天气数据分析公司。它每天为超过15万个航空公司航班提供天气预测，向公用事业领域的提供商提供能源需求预测，向全球保险公司提供重要洞察，并帮助数十亿人根据天气变化规划每天的生活。①

其他公司正在追随天气频道的脚步。例如，沃尔玛的数据咖啡馆（Data Café），就将公司 40 千兆字节的零售数据提供给了业务创新者。利用 200 个内部和外部数据流，数据咖啡馆将数据驱动的解决方案的生产周期，从 3 周缩短到 20 分钟。通过数字咖啡馆孵化的创新包括社会基因组（Social Genome）项目（根据社交媒体上的用户交流来预测销售额）、购物猫（Shopycat）项目（分析朋友对购物习惯的影响）以及北极星（Polaris）项目（分析网站上的搜索词）。

"规则 3"公司和职业准备情况

读完天气频道的案例，你需要评估一下自己是否准备好把数据作为货币使用了。

1. 公司准备情况自我评估

要完成公司准备情况自我评估，请通篇阅读表 6.2 中的内容，然后确定在每一行中展示的能力方面，你的公司处于哪个级别。

---

① 引自 2017 年 12 月，本书作者对天气频道前首席技术官和信息官布赖森·克勒的采访内容。

表 6.2 "规则 3"公司自我评估表格

项目	0—20% 最低能力	20%—40% 有限能力	40%—60% 中等能力	60%—80% 高等能力	80%—100% 世界级能力
高质量大数据资产	目前没有大型数据集处于我们的控制之中	有一些大型数据集满足4个质量标准	许多大型数据集满足4个质量标准	有一些大型数据集满足7个质量标准	许多大型数据集满足7个质量标准
可管理的数据负债	甚至尚未开始了解可管理数据负债的概念	数据库治理问题理解到位	刚开始按照我们的数据治理义务行事	在很多国家遵循这一标准，但仅在若干国家采取实际行动	在完全遵循这一标准的情况下并无未偿付的数据负债
为数据期权性估值	不以任何系统性方式对源自数据的未来利润来源进行估值	视数据的二阶价值为没有明显价值的"一侧"	愿意进行巨额前期投资获取新数据资产	能够基于一次性项目计算新数据集的未来价值	具有对二阶和三阶影响进行估值的复杂财务模型
关注广泛的客户细分市场	我们不具备对数据使用场景进行优先级划分的系统方法	刚刚开始把数据使用场景分类成数据用户细分市场	仅仅关注当前的内部数据客户的需求	为至少3个数据客户细分市场提供高质量的解决方案	为4个数据客户细分市场中的每一个市场提供高质量的解决方案
构建数据科学团队	尚未聘用任何数据科学家	当前拥有通用型的数据科学家，但未进行任何专业领域划分	拥有的数据科学家专注于至少1个算法优化领域	拥有的数据科学家专注于至少3个算法优化领域	拥有的数据科学家专注于至少5个算法优化领域
精通机器学习	尚不具备涉足机器学习的平台和能力	重度依赖人类数据科学家，机器学习才刚刚起步	目前数据科学和机器学习具有同等影响力	目前由机器学习来实现算法优势	机器学习上的突破使我们成为行业标杆

2. 职业准备情况自我评估

记住你的职业，重复上面的练习。你在帮助公司将数据当作

第六章 规则3：数据即货币

货币方面扮演什么角色？在表6.3所示的方框中，标记出自我评估情况。

表6.3 "规则3"职业自我评估表格

项目	0—20% 最低能力	20%—40% 有限能力	40%—60% 中等能力	60%—80% 高等能力	80%—100% 世界级能力
高质量大数据资产	尚未参与过公司涉足大数据和数据分析的项目	认识到高质量数据的价值但是不具备相关领域的技能	投入个人时间学习数据科学入门知识但相关工作经验有限	在获取用于数据科学和机器学习的数据方面经验丰富	成为必须求教的评估新数据集商业潜力的领袖人物
可管理的数据负债	尚未参与过数据权利和义务相关的工作	曾就包含明确的数据权利的商业合同进行过谈判	对于更加复杂的数据治理法律演化的趋势了然于胸	在实施数据隐私和安全保护方面具有丰富的专业知识	是区域数据主权和治理方面公认的专家
为数据期权性估值	看不到数据的任何内在价值，认为数据只是一种解决问题的手段	我只能够对数据的直接、近期影响进行估值	在进行优先级决策时愿意考虑未来的数据价值	对获取新数据资产的二阶影响进行明确估值	为公司构建用于对二阶和三阶影响进行估值的模型
关注广泛的客户细分市场	并无实质性经验，但履行过数据用例	在至少1个数字客户细分市场具有用例的直接经验	在至少2个数字客户细分市场具有用例的直接经验	在至少3个数字客户细分市场具有用例的直接经验	在至少4个数字客户细分市场具有用例的直接经验
构建数据科学团队	基本不具备数据科学技能和大数据分析经验	通过在线和公司培训项目构建数据科学技能	在多个数据科学项目中获得成功	在从数据到数据洞察的多阶数据分析价值链中扮演必须求教的领袖角色	在将大数据转化为可操作、高价值的商业洞察的方方面面扮演专家角色
精通机器学习	在机器学习工具和项目方面尚无任何经验和技能	把构建机器学习技能作为第一个机器学习项目的组成部分	在获取多次成功机器学习成就方面经验老到	被视为提供持续机器学习的必须求教的专家	利用业余时间在本地大学教授机器学习

3. "规则 3"准备情况总结

现在,你已经完成了"规则 3"的公司和职业自我评估,请在图 6.3 中填写你的准备情况总结。同样,如果你在网上进行这些自我评估,请访问 www.goliathsrevenge.com,网站将自动生成准备情况总结。

现在行程过半——六条规则中有三条已经完成。做个深呼吸,然后,模仿天气频道,使用"规则 4:通过创新网络加速创新,开启创新旅程"。

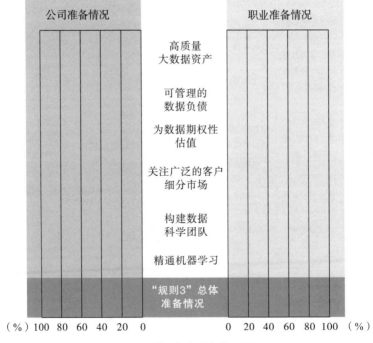

图 6.3 "规则 3"准备情况总结

第七章

规则4：通过创新网络加速创新

原创性很少源自内部人士。

——尼尔·布卢门撒尔，

沃比·帕克公司联合创始人

在完成了歌利亚的复仇的前三条规则后，想必你的企业目标已经变成致力于以更短的时间交付更多创新，这可能已经超出你当前的能力。解决这种目标与能力不匹配的错误做法，是回过头调整目标，因为你已经进入了一场交付变革性客户成果的竞赛，对手不仅是其他老牌企业，还有行业的数字颠覆者。

你可以向美国国家航空航天局（NASA）、宝洁（Procter & Gamble）、联合建康保险（UnitedHealthcare）、葛兰素史克（GlaxoSmithKline）和安德玛等最佳实践创新者学习。将开放式创新投入放在等同于内部努力的地位，以期在更短时间内用更低的风险，实现更多的创新。在这个过程中，构建一个内外协同的创新网络，而不是仅凭一己之力，将让你收获巨大回报。

沃顿商学院（Wharton）的杰里·温德（Jerry Wind）和IBM

的尚克·拉马穆尔蒂（Shanker Ramamurthy）研究发现，发掘外部合作伙伴价值的合作关系网组织者的市场估值是收入的8倍，而技术创造者和服务提供商的市场估值分别是收入的5倍和3倍。相较而言，标准普尔500指数对美国大公司的估值，历来是收入的1.5倍。

尽管开放式创新网络具有吸引力，但在我们的调查中，只有不到三分之一的大公司和不到一半的小公司完全接受这一概念。实现从"只允许内部发明"到"抓到老鼠的都是好猫"转变，并不容易。这要求你在四个方面采取行动：克服"我们无所不知"的诅咒、开拓创新渠道、创造创新合作的便利性、扩展企业发展工具包。

克服"我们无所不知"的诅咒

对老牌企业来说，"我们无所不知"是一种不治之症，是持续商业成功及随之而来的阿谀奉承带来的自然而然的副产品。通过其轻蔑的表情"非我发明、与我何干"就能认出它。

1. 开放式创新的抑制因素

要让你的公司转向开放式创新战略，你的第一个任务就是冷静地与同事们讨论一下，在下面这八种阻碍因素中，哪些存在于你的公司里：

第七章 规则4：通过创新网络加速创新

（1）既存商业模式引力：可能会挑战或蚕食当前商业模式的外部创新，会被立即摒弃。

（2）自主研发的自豪：内部创新者认为他们可以做得更好，并希望因此获得嘉奖，导致外部创新永远"达不到我们的标准"。

（3）风险规避：担心外部创新者带来无法接受的财务、安全、监管、合规或品牌方面的风险。

（4）激励错配：短期薪酬结构会促使评估外部创新的人员，忽视其潜在的长期回报。

（5）人才匮乏：你的人才伯乐、链接不同创新点和解决方案领航员储备池，均存在着巨大的人才缺口。

（6）想象力有限：外部创新似乎有些牵强，超出了你的舒适范围，尤其是当创新来自你的行业之外时。

（7）磨合不畅：你的业务节奏太慢，无法融入你想与之合作公司的快速执行节奏。

（8）标准操作程序：你的公司在知识产权、数据权利和其他问题上的标准，与初创公司的标准无法兼容。

请实言相告，你的团队、部门或公司存在前述多少种典型的创新抑制因素？如果只有一两个，那么在扩大创新生态系统的过程中，你将处于一个良好的状态，能够向前迈进，并克服这些阻碍因素。如果有三个或三个以上抑制因素在你的组织中处于活跃状态，则你需要先解决这些问题，再继续推进开放式创新模式。

2. 宝洁的创新转型之路

2000年，宝洁公司的首席执行官阿兰·乔治·雷富礼（A.G. Lafley）意识到，内部研发产出没有帮助实现股东期望的增长。宝洁每年需要创造相当于40亿美元的新业务。要知道，40亿美元大致相当于ADT公司（业界领先的语音算法和语音整体解决方案供应商）、巴诺书店（Barnes & Noble）、博伊西加斯凯德公司（Boise Cascade）、赛门铁克公司（Symantec）、凯悦酒店（Hyatt Hotels）和纳斯达克（NASDAQ）等行业领先公司的年收入。

宝洁以开放式创新为目标，进行了大刀阔斧的变革。这个名为"联合开发"（Connect+Develop）的创新项目，汇聚了宝洁内部7 500名研发员工，以及全球各地的150万名科学家和发明家的努力，增强了宝洁的创新成果。

宝洁的改革取得了令人瞩目的成果，外部主导型创新的比例从15%跃升至45%，包括除尘产品Swiffer和电动牙刷Crest SpinBrush等突破性产品，而研发生产率则提高了60%。2004年，宝洁的销售额增长了19%，盈利增长了25%，股东总回报率为24%。[1]

---

[1] 引自拉里·休斯顿（Larry Huston）和纳比勒·萨卡布（Nabil Sakkab），"联合开发：洞察宝洁公司的创新新模式"，哈佛商业评论（2006年3月）。

第七章　规则4：通过创新网络加速创新

开拓创新渠道

如果你的公司和我们研究的其他公司一样，已经有了一些渠道，那么外部创新可以通过这些渠道进入你的公司。一旦你解决了上述的抑制因素，就可以一展身手，拓宽创新渠道，像宝洁一样，取得瞩目的创新成果。

从图7.1中可以看出，有八种特定的创新渠道，可以将颠覆式创新和改进式创新加入到你的创新漏斗中：研究型大学、战略供应商、战略客户、私募股权公司、初创公司、企业风投集团、企业孵化器和开放式创新平台。

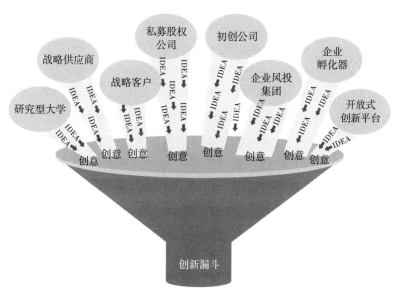

图7.1　开放式创新渠道

请注意，激活一个创新渠道，就意味着你的公司必须采用该渠道可能提供的特定创新。可以将这些创新渠道中看作是购买的一份期权，用来评估可以增强内部研发实力的新创意（在第五章中，你已经具备了过滤出最佳创意，并通过"颠覆式创新"或"改进式创新"流程，实施这些创新的能力）。

从理论上讲，拥有一个创新生态系统看起来并不难。那些创新组织，有什么理由拒绝跟你这样的老牌巨人企业合作呢？但天下没有免费的午餐，创新生态系统的这些参与者，创新的潜力越大，就会有越多的其他公司争先恐后地与其合作。

要想让高质量的创意源源不断地涌现，你必须清楚自己愿意为获得这些创意付出什么。你付出得越多，在竞争对手有机会看到创新渠道的创意之前，你的公司就越有可能先一睹为快。这就好比去吃美味的自助餐，只有在大部队抵达之前装满盘子，才能有最多的选择。

你可能还记得那部流行的儿童动画片《恐龙巴尼和他的朋友们》（*Barney*）中一首歌的歌词："我爱你，你爱我，我们就是最好的朋友"。但你需要避免所谓的"巴尼"交易：即缺乏实质内容、空洞地互相吹捧式宣言，无法给任何一方带来实质性的好处。

请参见表7.1，了解激活每一个开放式创新渠道，并确保其符合你期望的源源不断的长期创意流都需要付出什么。

所有这些前期的投入并不一定令人印象深刻，事实上，大多数付出只是有限的前期投入成本。然而，这八个开放式创新渠道的开启顺序，应该由你的准备情况来决定。

第七章 规则4：通过创新网络加速创新

表 7.1 开放式创新的付出与收获

创新渠道	付出	收获
研究型大学	研究资金 访问数据 / 知识产权 创新试点机会	研究成果先睹为快 新招聘线索 业务分拆机会
战略供应商	收益承诺 联合创新项目 联合市场营销资金	风险共担模型 投资资金 规模化路径
战略客户	早期创新触达 折扣定价 有限时间的独家权利	联合创新合作伙伴 市场验证 可扩展参照物
私募股权公司	分拆交易流程 用例验证 投资组合公司退出	初创企业先睹为快 颠覆式创新项目共同投资 分拆目标
初创公司	早期市场验证 访问数据 投资资本	颠覆式创新项目风险偏好 企业家人才 未来并购选项
企业风投集团	访问数据 / 知识产权 收益承诺 可扩展参照物	颠覆式创新项目孵化选项 企业家人才 颠覆式创新洞察
企业孵化器	访问数据 / 知识产权 早期客户试点项目 共同投资资金	颠覆式创新项目风险偏好 企业家人才 未来并购选项
开放式创新平台	提供待解决难题 访问数据 / 知识产权 奖励金	集众人之智 低风险创新 企业家人才

创造创新合作的便利性

开放式创新，意味着在创造市场份额的同时，确保能够吃上

165

这块蛋糕。你希望在最短的时间内，为团队、群组、部门或公司提供最多数量的创新。同时，还需要通过实现短期的运营和财务目标，来保住自己的工作。

你可以同时实现这两个目标，将一部分创新业务交给生态系统的合作伙伴，能帮助你利用第五章中讲述的"颠覆式创新"和"改进式创新"流程，在提升回报的同时降低风险，因为外部创新者会给你最伟大的创新机遇带来紧迫感、风险承受力和适度的挑衅传统的行为。

然而，大多数老牌企业都很难将其创新生态系统扩大到能带来显著成效的规模，因为他们的注意力会很快转移到下一个重大创新上。尤其是在和初创公司打交道时，老牌企业往往无法解决目标错位、资源错配、缺乏利益相关者的长期支持，以及逃避企业风险等阻碍成功的因素。二者之间的合作，就好比你本打算共奏美妙乐章，最后听起来却好像AC/DC乐队（澳大利亚摇滚乐队）和纽约爱乐乐团（New York Philharmonic）在同一个舞台上演出。

通过开放式创新取胜的公司奉行的八条最佳实践，或许能够帮助你共奏美妙乐章：展现承诺、设定明确目标、投入资源、赋能投资委员会、采用精益流程、最小化法律摩擦、打造创新沙盒以及建立探索文化。

1. 展现承诺

首先，你要清楚自己的新产品、服务和流程创新中，预计有多少来自初创公司。例如，通用磨坊推出的互联创新计划（Connected Innovation Program）通过发布自上而下的指令，增加来自外部创新者的新创新机会。短短 6 年时间，该公司来自外部的新产品创新比例，从 15% 上升到了 35%。

2. 设定明确目标

"很高兴认识你——我们一起先做个试点项目吧。"在与老牌企业合作中，初创公司可能葬身于试点"地狱"——即未能在风投资金耗尽前，获得足够的生产部署。不要开展这种漫无目的的试点项目，而是预先为试点项目必须展现的业务成果，定义明确的目标，并暂时达成一致意见，如果这家初创公司能够交付创新成果，就将其正式推出。这样做可以筛选掉那些尚未准备好与外部客户合作的初创公司。这样做还能让你的公司在风投圈里树立良好口碑，让未来值得合作的初创公司将你视为首选合作对象。

3. 投入资源

技术、产品管理、运营、销售支持和渠道等领域，将为你与初创公司的合作提供支持，因此请投入专用资源。如果只提供兼顾的资源，初创公司会转投愿意为其提供足够资源使创新能够按照初创公司节奏展开的其他公司。

4. 赋能投资委员会

组建一个包括了内部和外部成员的投资委员会。赋予其足够的权限，使其能够在没有层层审批和签字许可的情况下，进行投资和资源分配的决策。公司内部的成员应来自业务部门、职能部门负责人、研发部门、公司发展和战略部门；外部成员可以包括技术负责人、市场专家和风险投资人等。这种内外兼顾的架构，将确保公司不会因为自身的盲点，而错过潜在突破性机会。

5. 采用精益流程

建立一个精益流程，去测试、了解、调整并决定某家初创公司能给你的公司带来哪些最有价值的影响。一家大型媒体公司的创新实验室，制定了周期为30天、60天和90天的创新冲刺项目，以打破公司惯性，专注于与初创公司的合作。一家全球电信公司的创新工厂，每月都会召开远程会议，接受考核的初创公司将在会上介绍他们能够解决的关键问题，减少双方的决策时间。

6. 将法律层面的摩擦降到最低

每家初创公司都经历过这样的恐怖故事：仅仅是一个价值5万美元的试点项目，老牌企业就甩过来厚达40页的合约。在没有内部法律团队的情况下，初创公司的很大一部分价值，都将拱手让给与老牌企业进行个案商讨的外部代理律师。为此，加拿大的一家大型银行的做法值得效仿，该公司将合约从20页压缩到了2页，既保护了签约前初创公司内部自有的知识产权，也为处理联合知识产权提供了清晰的路径。

7. 打造创新沙盒

打造一个集中的创新沙盒，在沙盒中，生态系统合作伙伴可以对你的基础架构和去识别化的数据进行研究、概念测试并提出试点解决方案。例如，美国电话电报公司（AT&T）的Foundry创新工厂项目，通过代表其通信网络最新版本的应用程序接口，提供了创新合作伙伴对网络测试台的访问，但该程序与其生产系统安全分离。Data.gov是美国政府向公民和创新者开放数据的一个例证。Data.gov项目由美国联邦政府前首席信息官维韦克·孔德劳（Vivek Kundra）和时任美国总统奥巴马发起，现在有超过10万个机器可读格式的数据集。该项目已经推出了一些创新措施，比如将产品召回和健康风险信息整合到消费者购物应用程序中。如果美国联邦政府都可以打造创新沙盒，你的公司有什么理由不这样做呢？

8. 建立探索文化

我们把建立探索文化留到最后来讨论，是因为这一项需要最长的时间来实现。这意味着你应该立即着手，希望它能够在组织的各个部门实现。在组织内挑选为变革做好最充分准备的团队，设法让这些团队中的每一位员工花一些时间来探索新的创意，以及能够实现这些创意的外部合作伙伴。这并不一定需要投入大量的时间——即便是10%的工作时间，对每个员工来说也就是每周半天。公开肯定这些早期践行团队所取得的成功，让开放式创新"漏洞"像一种有益的病毒一样，在企业内部快速、有机地传播开来。这种方法，要比一线部门没有采取实际行动的空洞创新口号好得多。

你已经确定了要开拓的新创新渠道的先后顺序，并根据上述让你的开放式创新投资获得回报的八大领域制定了行动计划。现在，让我们将注意力转向开放式创新计划的幕后英雄——你的企业发展团队。

扩展企业发展工具包

每项战略举措都需要一个焦点。让你的企业发展负责人承担重任，协调整个公司的开放式创新。如果你的公司规模太小，没有专门的企业发展团队，那么扩展企业开发工具包的责任，最终将落在首席执行官头上。

你的工具包应该涵盖以下六个主要框架的自由组合：企业风险投资、知识产权许可、企业孵化、分拆、合资和收购。对于每一个框架，我们都提供了一家公司作为案例，该公司在

第七章 规则 4：通过创新网络加速创新

开放式创新工作中有效使用了特定的创新工具。

1. 企业风险投资：英特尔资本

2017 年，企业风投团队达成了 1 268 笔交易，投入总额为 370 亿美元，这相当于全部风投总额的 44%。你的风投团队应该同时关注两个方面，一是让投入的资金获得具有竞争力的内部回报率，二是加快核心业务的创新速度。

这将带来丰厚的回报。风险投资公司 Touchdown Ventures 的研究显示，拥有企业风投团队的公司，股价增速比市场整体水平快 50%。英特尔资本（Intel Capital）为如何利用企业发展工具包中的企业风险投资这一构件提供了基准。

在过去的 25 年中，英特尔资本已经在 1 500 家公司投资了 150 亿美元，用 325 个技术日来匹配初创公司和业务，通过首次公开发行（IPO）和收购，已经实现了近 500 次退出（出售股权以实现收益 / 亏损）。英特尔资本实现了围绕新技术、市场和商业模式的加速学习。通过在早期融资阶段的少量投资，英特尔可以对一系列颠覆式创新先睹为快。这些实物期权随后可通过下面这些公司发展工具包的其他工具实施。

2. 知识产权许可：谷歌和 IBM

老牌企业的知识产权，通过生态系统合作伙伴商业化，可以取得的盈利高于内部投资。在知识产权许可过程的伊始,可以先举办"黑客马拉松",支持创新挑战,然后成立创新工厂让选定的知识产权进入创新生态系统。

有些公司已经采取了下一步措施,通过其知识产权的开源,来吸引尽可能多的创新,包括谷歌的 TensorFlow 和 IBM 沃森及超级账本(Hyperledger)。许多公司就其知识产权许可,采取了免费增值的商业模式——开源知识产权的关键部分,生态系统合作伙伴可以选择逐步升级到获得全面许可。

3. 企业孵化:美国联合健康保险

内部业务孵化对你业务中最敏感的领域至关重要,在这些领域中,你需要保持对商业机密和知识产权的绝对控制。如果你所在的行业竞争态势如此,那就建立一个内部的企业孵化器。你的孵化器会模拟"颠覆式创新"如何在外部风险资本家的投资组合中成长。

美国联合健康保险就是一个很好的例证。早在 1996 年,该公司就成立了一家名为 Ingenix 的子公司,借助其庞大的理赔记录数据集,孵化新的分析产品。该业务通过提供健康领域的行业洞见,为客户带来了变革性客户成果,取得了巨大成功。如今该公司更名为 OptumInsight,是一家市值 70 亿美元的数据分析巨头,年增长率高达 20%。这不就是将数据用作货币的最成功范例!

第七章 规则 4：通过创新网络加速创新

4. 分拆：通用电气和荷兰合作银行

英国歌手斯廷（Sting）曾写过这样一段歌词："如果你爱一个人，就学会放手"。换到商业背景，这就是分拆。有些颠覆式创新风险大、成本高，放在公司内部推进，会分散精力，但如果最终获得成功，公司还是希望能够锦上添花。将这些颠覆式创新机遇给予保持了一定距离的合作公司，让它们在获得新的资金和人才来源的同时，保持成功所需的战略灵活性。如果你真的爱这些初创公司，不妨在其更成熟后再回购。

基于对先进微电子机械（microelectromechanical）系统 10 年的研究，通用电气于 2016 年将高可靠性交换机技术分拆出来注入一家新公司。是的，先进微电子机械应该是本书中最长的一个术语。这些微电子机械系统（MEMS）创新，都是尺寸不到 1 毫米的微型机器。这家名为门罗微电子（Menlo Micro）的新公司，获得了通用风投（GE Ventures）、康宁公司（Corning）、美高森美（Microsemi）和帕拉丁资本（Paladin Capital）提供的 1 900 万美元资金支持，正在帮助医疗设备、无线网络设备和工业物联网解决方案制造商，设计基于微电子机械系统的交换系统。通过聘请电子行业资深人士拉斯·加西亚（Russ Garcia）担任首席执行官，并成为门罗微电子在医疗设备和物联网市场的重要客户，通用继续增加自身的企业价值。

对荷兰合作银行（Rabobank）来说，"分拆"实际上是在抗拒"内部孵化"的冲动。2012 年，荷兰合作银行收购了一家名为 MyOrder 的移动应用初创公司 80% 的股权，而不是收购整个公司。MyOrder 公司的变革性客户成果，是帮助消费者在荷兰的 1.1 万家餐厅、酒吧、电影院和停车场使用智能手机订餐和支付。通过保留原有的公司结构，MyOrder 的创业文化依然充满活力。店主数据分析工具 Sidekick 等新功能很快就推出了。通过向其商业银行客户积极销售 MyOrder 解决方案，荷兰合作银行继续增加企业价值。

5. 合资：葛兰素史克和迈凯伦

合资企业的目标很简单——将两家老牌企业的独家竞争优势整合起来，完成任何一家单枪匹马做不到的事。用数学术语来说，就是一加一得三。然而，合资企业需要付出大量努力，来确保合作目标的一致性、创造共同的激励、评估各自的贡献、协商知识产权权利、就所有权分割达成一致，以及最终确定治理规则。缺乏这些举措，就没必要成立合资企业，威瑞森（Verizon）+红盒子（Redbox）和蒂芙尼（Tiffany）+斯沃琪（Swatch）的合资早已证明这一点。

制药行业"领头羊"葛兰素史克与跑车创新者迈凯伦（McLaren）成立的合资企业正火力全开，狂飙突进。在 F1 方程式周结束时，迈凯伦分析了汽车和驾驶员身上 200 个传感器产生的 10 亿个数据点。通过合资，葛兰素史克将迈凯伦独特的预测性数据分析和生物遥测能力应用于从大批量生产效率到临床试验期间的远程患者监控等方方面面。合资带来了双赢的成果,为葛兰素史克带来了创新加速,也为迈凯伦带来了一条全新的业务线。

6. 收购:安德玛

有关收购收益的统计数据令人警醒——超过 70% 的收购发起公司未能实现收购目标。因此,你应该仅在以下两种场景下,使用并购这个工具:第一,你已经与一个目标企业长久合作,它使用了前述公司发展工具包里的某个工具,并且已经成熟到可以为你的公司带来较大业务价值;第二,目标公司拥有独特、防御性、有价值的资产或能力,它们可以充实你的独家优势库,帮助你开展多项新业务。

安德玛提供了一个例子,说明这两种场景可以同时上演。2013 年,安德玛以 5.6 亿美元的价格收购了 MapMyFitness、MyFitnessPal 和 Endomondo,当时华尔街的分析师都有些百思不得其解。人们不理解,数字健身应用与世界级服装公司有何关系。然而,安德玛将这些被收购的公司作为新的独家竞争优势,推出了一个集健身、营养和运动服装于一身的平台。这一大胆的战略带来了短期和长期的回报。短期来看,安德玛向新获得的 2 亿用户提供超个性化的运动服饰。长期来看,安德玛成为了转向消费者驱动的健康决策大趋势的主要推动力量。安德玛公司的首席执行官凯文·普兰克已经认识到,数字健身是未来增长的关键驱动因素。现在华尔街也意识到了——在收购后的 3 年里,这家公司的股价上涨了两倍。

有了这些新型企业发展工具，让我们来看看一家成功实现开放式创新转型的组织：美国国家航空航天局。

美国国家航空航天局：开放式创新转型组织

美国国家航空航天局的空间生命科学研究局——现在被称为人类健康和身体机能研究局（HH&P）——主要目标是负责保持在太空中的宇航员的健康和生产力。2005年，其研发预算被削减了45%。秉承需求是发明之母的理念，领导者杰夫·戴维斯（Jeff Davis）决定重塑HH&P的创新文化，并积极拥抱外部协作。

这意味着要克服多年来对于内部研发的专注。为了规划出一条新的道路，戴维斯和他的团队开始了一次愿景演练活动，从而为HH&P确定一条新的发展路径。

有时候，突破的实现要求你在正确的时间出现在正确的地方。2008年，戴维斯正好在哈佛商学院（Harvard Business School）参加了高管人员培训课程，其中包括卡里姆·拉克哈尼（Karim Lakhani）教授的开放式创新课程。这次培训使戴维斯确信，开放式创新将成为新制定的HH&P生态系统战略的组成部分。

美国国家航空航天局的HH&P邀请拉克哈尼博士对其员工进行培训，让他们了解进行外部创新的新方法，并展示众包平台的可行性。HH&P团队确定了测试开放式创新方法的12个挑战。在公开的竞争之后，HH&P选择了InnoCentive和yet2这两项解

第七章　规则4：通过创新网络加速创新

决方案，证明了其可以利用美国国家航空航天局的品牌和酷元素，吸引来自世界各地的创新者。

短短几个月内，HH&P的前七项挑战，就吸引了来自80个国家的2 900份回复。其中一个挑战是需要一种达到提前24小时预测太阳活动的算法，并确保50%的准确率——这是美国国家航空航天局内部科学家尚未做到的。获胜的解决方案来自一位退休的射频工程师，能达到提前8小时的85%的准确率进行预测，这是一个巨大的进步。

这一开放式创新活动大获成功，并随着NASA@work——一个应对内部挑战的全球平台——的诞生而告一段落。该平台现在有超过15 000名问题解决者，致力于应对每两到四周公布的新挑战。NASA@work也激励内部员工的活力，让他们参与到超越现有职责范围的创新活动中去。

在这个过程中，HH&P一直在努力赢得美国国家航天航空局员工的支持，作为开放式创新中枢里的问题解决者和创新者，他们担心失去自己的身份和地位。戴维斯确保员工意识到，明确界定问题并对潜在的突破性解决方案进行评估，以及创造解决方案，是推动HH&P成功的同等重要的驱动因素。

交互式解决方案机制指南（Solution Mechanism Guide）旨在向员工传授开放式创新，赋能员工，使他们能够决定何时以及如何使用众包平台。与此同时，美国国家航空航天局推出了，由员工提出并进行排名的新表彰和奖励计划。

美国国家航空航天局对外部创新的开放态度，既促进了全球私营航天公司的快速增长，也从中受益颇多。美国国家航空航天局与 XPRIZE 基金会合作，加速月球着陆器和空间应用程序的相关创新。整个航天领域从封闭发明向开放式创新模式的转变，也帮助打开了闸门，让更多私营领域投资进入诸多太空科技公司，这些公司包括埃隆·马斯克（Elon Musk）的美国太空探索技术公司（SpaceX）、杰夫·贝索斯（Jeff Bezos）的蓝色起源（Blue Origin）和理查德·布兰森（Richard Branson）的维珍银河公司（Virgin Galactic）。

美国国家航空航天局在利用外部和内部创新方面的领导地位，已经得到了广泛认可。2011 年，美国科学技术政策办公室（Office of Science and Technology Policy），要求它建立一个联邦开放式创新能力部门，名为"协同创新卓越中心"（Center of Excellence for Collaborative Innovation）。尽管戴维斯和许多核心团队成员相继退休或跳槽，但他们围绕开放式创新构建的创新引擎，在美国国家航空航天局继续蓬勃发展。[①]

"规则 4"公司和职业准备情况

下面，你需要评估一下自己的公司和职业在规则 4：通过创新网络加速创新方面的准备情况。

---

① 引自 2018 年 5 月，本书作者对美国国家航空航天局人类健康和身体机能研究局前局长杰夫·戴维斯的采访内容。

第七章 规则4：通过创新网络加速创新

1. 公司准备情况自我评估

要完成公司准备情况自我评估，请通读7.2的表格内容，然后确定在每一行中的每个单元格展示的能力方面，你的公司属于什么级别。

表7.2 "规则4"公司自我评估表格

项目	0—20% 最低能力	20%—40% 有限能力	40%—60% 中等能力	60%—80% 高等能力	80%—100% 世界级能力
破除"我们无所不知"诅咒	公司文化对外部创新十分抵触	8个开放式创新抑制因素中还有6个尚未消除	8个开放式创新抑制因素中还有4个尚未消除	8个开放式创新抑制因素中还有2个尚未消除	8个开放式创新抑制因素全部消除
多重创新渠道	激活了0个或1个创新渠道	激活了8个创新渠道中的2个	激活了8个创新渠道中的4个	激活了8个创新渠道中的6个	激活了所有8个创新渠道
正确的付出和收获	创新漏斗中的大多数创意都来自内部	创新漏斗中的至少10%的创意来自外部	创新漏斗中的至少30%的创意来自外部	创新漏斗中的至少50%的创意来自外部	创新漏斗中的至少70%的创意来自外部
易于进行创新合作	我们才刚刚起步，公司不具备8项最佳实践中的任何一项	8项最佳实践中至少有2项适用于我们的创新网络运营	8项最佳实践中至少有4项适用于我们的创新网络运营	8项最佳实践中至少有6项适用于我们的创新网络运营	全部8项最佳实践中每一项均适用于我们的创新网络运营
稳健创新沙盒	我们尚不允许外部接触样本数据或技术	创新沙盒的建立基于与外部具体合作伙伴的一次性合作	提供大量数据供初创企业进行实验	超出数据范畴，外部可基于应用程序接口接触我们的技术	深度应用程序接口、海量样本数据集、宝贵技术皆可提供
企业发展工具包	我们目前不具备正式的企业发展能力	在企业发展方面，我们目前仅有有限的专门经验	6个企业发展工具中，其中有2个我们具备丰富经验	6个企业发展工具中，其中有4个我们具备丰富经验	6个企业发展工具我们均具备丰富经验

2. 职业准备情况自我评估

按照上面的步骤，评估自己的职业准备情况。你在帮助公司开拓创新模式方面扮演什么角色？根据表 7.3 的各项内容，评估自己的情况。

表 7.3 "规则 4" 职业自我评估表格

项目	0%—20% 最低能力	20%—40% 有限能力	40%—60% 中等能力	60%—80% 高等能力	80%—100% 世界级能力
破除"我们无所不知"诅咒	不能理解为什么事情要一直变来变去	明白颠覆式创新变革正在发生，但是不知我能在其中发挥什么作用	我具有与生俱来的好奇心，致力于终身学习	我精通数字转型并积极引领我所在领域的变革	我因在公司范围内传播新创意而众所周知
多重创新渠道	尚未与外部合作伙伴合作过联合创新项目	8 个创新渠道中，参与过 2 个创新渠道的联合创新项目	8 个创新渠道中，参与过 4 个创新渠道的联合创新项目	8 个创新渠道中，参与过 6 个创新渠道的联合创新项目	参与过全部 8 个创新渠道的联合创新项目
正确的付出和收获	尚未参与过添加创新合作伙伴到我们公司的创新网络	为激活创新合作伙伴的团队提供支持	深度参与与外部创新者建立新合作关系的谈判	引领公司在 1 个开放式创新渠道的开拓工作	引领公司在多个开放式创新渠道的开拓工作
易于进行创新合作	并无优化开放式创新方法的过往经验	确定了公司能够更容易进行开放式创新的领域	作为多个简化开放式创新流程项目团队的积极成员	引领公司进行开放式创新的消除摩擦设计	作为行业开放式创新领域的思想领袖而广受认可
稳健创新沙盒	并非开放式创新沙盒团队的成员	是关键沙盒团队 - 应用程序接口团队、数据集团队或技术工具团队中一个团队的成员	引领关键沙盒团队 - 应用程序接口团队、数据集团队或技术工具团队中的一个团队	推动持续优化开放式创新沙盒	引领通过数据和工具与外部创新者进行合作的工作
企业发展工具包	尚不具备执行企业发展交易的经验	在负责 1 个交易结构的交易团队任职过	在负责多个交易结构的交易团队任职过	引领过 1 个企业发展工具包构件中的交易	引领过多个企业发展工具包构件中的交易

第七章 规则4：通过创新网络加速创新

3."规则4"准备情况总结

请花点时间填写"规则4"职业准备情况自我评估表，在图7.2的左侧是公司的准备情况评估结果，右侧是职业发展准备情况评估结果。如果你希望进行线上自我评估，请前往www.goliathsrevenge.com，网站将自动为你生成评估情况总结。

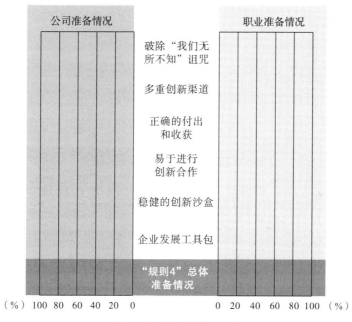

图7.2 规则4准备情况总结

现在，我们还有两条规则需要探讨，在下一章，让我们看一看推动企业向歌利亚的复仇迈进的最重要因素——人才。

第八章

规则 5：人才胜于技术

> 打造一个人人都有机会成功的世界，是我们不可推卸的责任。
>
> ——吴恩达，谷歌大脑项目创始人

你已经验证了变革性客户成果，确定了颠覆式创新的机会，也已经开始着手创新实践，让数据发挥作用，并开创了创新模式。现在可以松一口气，庆祝自己在实现歌利亚式复仇道路上取得的进展，无论是个人的职业规划还是公司未来的发展。接下来你需要了解的两条规则，都侧重于软实力方面，也同样会将能够在赢家近乎"通吃"的世界里继续取得成功的老牌企业，与那些挣扎求生的老牌企业区分开来。

当大多数人在听到数字化颠覆的加速、人工智能的兴起或机器人技术进步等消息时，心里想的是："我要尽快在公司里部署这项技术"。这是一种自然的反应，但事实上，转型所需的技术，已经可以从广泛的渠道轻松获取。

但难就难在，如何将这些数字创新技术转化为实实在在的业务成果，使其不再是脱离实际的科研项目，或更糟糕的是沦落为增加运营成本的华而不实的东西。这就需要一种零失误的方法来寻找、培养、整合和留住人才资源。

你可以在第十章的"歌利亚的复仇调查"结果部分看到，只有 27% 的小公司和 29% 的大公司认为自己拥有充裕的数字化人才。超过三分之二的受访公司指出，公司数字化人才缺口程度较大或严重。

兵贵神速，在正确的时间拥有合适数量的且配备合适技能的人才，可能是公司成功抢占数字化转型风口的首要决定因素。成功转型的巨人歌利亚采取了下面六项措施，使人才成为其数字创新的战略核心：尊重制度性知识、超越"3D"数字岗位、致力于先发制人的技能培养、重视风投总经理、优化人工智能－人脑智能的平衡配比，以及提高数字敏捷度。

我们将在下文逐一详细论述，但在切入正题之前，我们先来看一个在医疗保健行业（一个通常不以数字创新著称的行业）表现优异的组织示例：宾夕法尼亚大学医院系统（Penn Medicine）。

2012 年，罗伊·罗森（Roy Rosin）做出了一个惊人的职业转型决定，他从硅谷会计软件巨头财捷集团的创新主管，一跃成为拥有 250 多年历史的医疗保健系统——宾夕法尼亚大学医院系统的负责人。给罗森带来巨大冲击的，不仅仅是费城多变的天气、医疗行业根深蒂固的创新壁垒，而且这里也与罗森在财捷集团采用的精益、持续创新的模式，形成了鲜明对比。

聘用罗森，代表了宾夕法尼亚大学医院系统一个新的重要发展方向。对这个组织而言，创新在过去意味着进行世界级的学术研究以推动科学领域的突破。坦率地说，宾夕法尼亚大学医院系

第八章 规则 5：人才胜于技术

统完全可以满足于已经取得的诸多荣誉，而不是费力不讨好地去创新。然而，他们选择了一条不同的道路——通过借鉴硅谷的做法重塑了医疗服务交付，改变了医疗保健的成本-价值曲线。

美国医疗保健行业的商业模式，导致医疗保健系统陷入了"走量"的瓶颈：更多的患者接受更多的检查、外科手术和治疗，也意味着更多的收入。医疗系统一直希望通过人工智能和临床医生结合的模式为患者提供更好的治疗效果，但一直缺乏转型所需的数字创新人才。

反观硅谷，其过人之处在于善于吸引人才，并能够提供有意义的激励从而加速创新过程。罗森意识到，解决医疗系统缺乏数字技术人才的问题，将为患者和医疗服务提供者带来更好的结果。

罗森更多地从情商层面（感性地）思考创新团队的构建。他意识到，直接空降一批硅谷天才到全新的创新团队，可能会导致"器官排斥"——美国国立卫生研究院（NIH）曾经历过这种极端水土不服的情况。罗森决定反其道而行之，他整合了宾夕法尼亚大学医院系统最受尊敬的临床医生及本校培养的工程项目技术人才和来自沃顿商学院的商业人才。为了增强团队创新能力，他同时选择外聘和外包了部分职能。

依托宾夕法尼亚大学的跨学科优势，在之前很少以重塑医疗服务交付模式为主题进行互动的人群之间，罗森创造了一种跨团队协作的文化，团队囊括了商业思想家、技术专家、设计师、行为科学家和临床医生。他投入时间进行资源嫁接，将具有独特优势的个人纳入敏捷的团队。事实证明，这比苦苦搜寻极少数同时拥有医疗保健领域知识和深厚技术知识的人，要容易得多。

罗森要求团队重点关注两个问题：遏制失控的医疗保健成本[目前占美国国内生产总值（GDP）的18%]，以及从被动的病症治疗转向主动的保健服务。为了在最短的时间内，最大限度地利用团队，罗森执行了大多数硅谷初创公司都采用的敏捷开发方法，即快速推出测试版、获得真实的市场验证、进行迭代、最终找到突破性的解决方案。

在医疗行业，"敏捷"这个词用得很少，因为这个行业充斥着长达10年的药品审批流程，和"我们一直以来就是这么做的"这类惯性阻碍。罗森还发起了黑客马拉松和创新挑战活动，旨在邀请更多潜在的创新者，参与解决医疗保健领域最棘手的问题。

罗森的人才优先战略，已经在以下三个方面取得了显著效果：一是为"超级用户"（过度使用急诊和住院服务的病患）、二是降低因妊娠高血压导致的二次住院率和发病率、三是为产科病房护士腾出时间。低收入和无家可归人口等"超级用户"，过度消耗了医疗资源，有限的预防性护理导致急诊病房等急性护理服务的使用率过高。宾夕法尼亚大学的什里娅·康戈维（Shreya Kangovi）领导团队开发了一种社区医疗模式IMPaCT，致力于解决导致就诊不及时的复杂家庭问题。罗森的团队为康戈维提供了工具和方法，让她能够优化和调整这个模型并实现规模化发展，从而推广到宾夕法尼亚大学之外的区域。该模式已经引起了全国

第八章 规则 5：人才胜于技术

的关注，为弱势群体服务的医疗保健系统和机构每投入 1 美元，就能节省大约 2 美元。

宾夕法尼亚大学的医生们知道，妊娠期高血压是导致产后 7 天内二次入院、中风等产科并发症，以及高达 20% 产妇死亡率的罪魁祸首。然而，产妇出院后采集必要的血压读数仍非常困难，因而最终导致对产妇不利的后果。凯蒂·马拉杰（Katy Mahraj）是罗森团队中的创新领袖，在快速实验和护理重新设计方面拥有丰富的技能，能够帮助宾夕法尼亚大学对患者的情况有着深入了解的顶尖医生，开发创新的解决方案。在反复迭代针对患有妊娠高血压的离院产妇各种测试后，该团队与 Way to Health 的工程团队合作，部署了一款新颖的自动化应用。Way to Health 是宾夕法尼亚大学开发的一个联网医疗平台。团队最近进行了一项随机对照试验，显示结果得到显著改善，产妇的二次入院率降低了 80%，妊娠高血压导致的不良健康结果几乎全部消除。

最后，对于产科护士来说，抽取、追踪和清点母乳是一项耗时且容易出错的工作。每个新生儿重症监护室（NICU）每年花在母乳追踪上的时间，就高达 13 000 小时，且没有可靠的办法来追踪母乳供应量的下降。将宾夕法尼亚大学技术过硬的工科学生与深谙问题症结的哺乳护士联结起来，一家名为 Keriton 的初创公司应运而生。该团队开发了带有传感器、读取器和发射器的连接式瓶套，以实现母乳测量和跟踪的自动化。后来，它从早期的概念验证进入到完全基于软件的系统研发和应用，实现了母乳清点和跟踪全过程的自动化。最终，Keriton 系统为单个新生儿重症监护室节省的人工护理工作时间就高达 7 000 小时，接收的母乳量增加了 40%，过期母乳减少了 50%，消除了危险的喂养失误，捐献母乳的标注和统计成本大幅降低，护士和新生儿母亲都感到非常满意。这使得产科护士能够将更多的时间，投入到高价值的患者护理活动中。Keriton 也获得了众多突破性创新奖项的认可，最近还吸引了 Dreamit Ventures 和首轮资本公司（First Round Capital）创业基金的外部投资。

类似的成功，使得宾夕法尼亚大学医疗保健创新中心（Penn's Center for Health Care Innovation）能够扩展为三个独立的业务单元。加速创新实验室（Acceleration Lab）正在将大学临床医师在医疗领域的创新意见，转化为可交付的医疗服务的商业化创新。助推单元（Nudge Unit）正在应用大学的行为科学和设计专业知识，改善医疗的结果。数字医疗中心（Center for Digital Health）正在衡量数字医疗创新对患者群体的影响。

由考特尼·施赖伯（Courtney Schreiber）博士领导的 PEACE 团队，最近在 90 天内完成了 8 个针对妊娠并发症的试点项目，这个速度在受到严格监管的医疗保健等行业，简直是闻所未闻。这种实验节奏，最终催生了一种旨在替代急诊室的特别设计诊所，每接诊一位患者就能节省 1 000 美元的成本，并能显著改善患者就医体验。不墨守成规的领导者，加上跨职能的内部人才，结合选择性的外聘人才，这样的组合正在宾夕法尼亚大学医院系统取得成功。

不幸的是，这样的成功仍属罕见，每一位新任首席数字官

第八章　规则5：人才胜于技术

（CDO）的上任，就意味着旧首席数字官的离任，理由是工作缺乏令人满意的进展。那么，是哪里出了问题？贵公司如何才能利用人才扭转局势，逆袭数字颠覆者？让我们来看看你应该重点关注的六大人才战略。

尊重制度性知识

在数字化转型过程中，老牌企业倾向于过分强调技术。宣布任命一位大名鼎鼎的技术高管人员仿佛就是数字化的进展，就能带领公司走向数字化的未来。

然而，引进首席数据官可能就像把法拉利的发动机塞进一辆Yogo汽车（南斯拉夫生产的汽车），车子会轰鸣但速度还是提不起来。经过六个月的艰难磨合后，新上任的首席数据官感觉身心俱疲，准备另谋高就。与此同时，公司的核心业务一如既往地朝前推进，你可能会问，"这有什么好大惊小怪的？"

志存高远的巨人歌利亚正在建立一种双速模式，将快速学习与短期财务表现放在同等重要地位。他们将经验丰富的员工，整合到拥有来自公司外部（通常是行业外部）人才的团队中，利用双重奖励机制，激励重视学习和业务影响力的团队。

尊重制度性知识，可以防止掌握了数字技术的新员工，和不了解数字化的老员工之间出现文化鸿沟，这种鸿沟可能沦为数字颠覆者攻击的武器。请把这条原则作为公司的人才战略的出发点吧。

超越"3D"数字岗位

我们都听说过"2030年的工作岗位中,85%还没被发明出来"等类似的说法。如果这些预测是准确的,各个企业为什么还要固守以前的岗位定义和职业发展路径呢?志存高远的巨人歌利亚采用了不同的方法,他们招聘的是两类数字岗位——现存岗位和未来岗位。

现存岗位就是我们所说的"3D"岗位——即设计、开发和数据科学(design, development, and data science)。每一个岗位都是执行数字转型计划和取得数字成功的基础。"3D"岗位强化了公司用来应对数字化颠覆的核心业务,同时为我们在第五章中重点阐述的"颠覆式"创新团队提供支持。

在金融服务领域,高盛和摩根大通等领军企业,都投入了大量资源招聘"3D"方面的人才,而区域性银行则倾向于将数字需求外包。这两种方法都可以奏效,只需确保你有足够的内部"3D"人才,以快速进行实验,或确保你在购买外部数字服务时,是个明智买家。

不幸的是,"3D"人才已经不足以满足数字化转型的需求了。对于即将出现的未来岗位,比如产品孵化经理、行为科学家、体验旅程规划师、商业建模师、解决方案发现者和新兴技术专家的招聘上,你的公司可能已经落后于人。此外,这六类岗位很难外包,所以应该趁现在开始在公司内部配备相应人才。

第八章 规则 5：人才胜于技术

1. 产品孵化经理

企业常常把项目管理和产品管理混为一谈。在数字创新的环境中，随着产品生命周期的急剧缩短，从几十年到几年，从几年到几个月，产品管理面临了供不应求的问题。颠覆性技术、新兴使用场景以及新业务模式的复杂程度越来越高，进一步缩减了产品管理人才的储备。

无论你是一家致力于数字医药商业化的制药公司，还是一家提供基本建议聊天机器人的专业服务公司，这些产品和服务都超出了传统产品和服务的范畴。需要在如何推出、定价、营销、销售和服务方面得到特别关注。

产品孵化经理应也应具备超出常规产品管理技能的能力，需要接受敏捷方法的培训，善于定位内在（而不是显性）价值，并深谙数字潜在客户开发的独特触发因素。

2. 行为科学家

最有意义的创新机会的生死存亡，取决于人们是否真正改变了行为。你的创业目标，可能是降低慢性病的发病率、提高制造工厂的安全性，或者减少城市的碳足迹。所有这些创新机会，都植根于认知心理和行为的变化。

在消费市场，通过传感器和可穿戴设备进行被动数据采集技术的出现，再加上基于人工智能的模式识别，正在推动改变行为的个性化助推活动。苹果公司将其称之为"服务通知",你可能已经关闭了一些通知,以避免在阅读本书时被助推。

宾夕法尼亚大学医院系统、沃尔玛、晨星集团(Morningstar)、美国国际集团(AIG)和美国马瑞兹公司(Maritz)等志存高远的巨人歌利亚,已经成立了行为科学团队来提高改变用户行为的能力。因此动作要快,因为主修神经科学或行为经济学等专业的认知和行为科学家很快就会供不应求。最佳候选人还应具备与业务利益相关方就市场一线行为变化开展合作的咨询经验。

3. 体验旅程规划师

与传统的用户体验设计者相比,体验旅程规划师岗位的工作职责范围更广。这一新岗位整合了定性和定量的数据输入,以创造令人信服的产品故事,激发人们关于顽固问题的新想法。

在你的公司里,无穷无尽的数字交互数据痕迹已经无处不在,机器和深度学习工具已经得到部署以发现所有这些数据中的新模式。缺少的环节,往往就是体验旅程规划师。

体验旅程规划师运用科学、基于事实的方法,来理解应用场景,构建用户体验旅程。他们不会将体验旅程建立在少数通用的个人角色和场景的基础上,而是在个人层面定义用户情景。在自适应用户界面、视频分析、情绪检测和一系列新型传感器的帮助下,体验旅程规划师测试不同的假设、结合实时反馈完成快速迭代,以获得最佳的未来用户体验。

体验旅程规划师的学科背景包括设计、人种学、观察理论研究、数据科学、趋势探索、情境开发和叙事创作等。

4. 商业建模师

考虑到面临的复杂且快速变化的业务环境，老牌企业必须不断挑战自己的商业模式假设。正如在第五章中所讨论的，商业模式创新可以比单纯的产品或运营创新创造更多的价值。

虽然许多老牌企业都会开发业务案例、估算潜在创新的投资回报率，但很少有公司投入足够的时间，开发动态商业模式和进行严格的假设测试。

对精益创业（lean startup）和发现-驱动的规划（discovery-driven planning）而言，快速实验和去风险假设至关重要。商业建模师围绕使最重要的假设浮出水面的反向利润表（reverse income statements），开发适应性财务模型。然后，你的公司可以进行正确的实验，以最终确定未来的商业模式设计。

在实施敏捷方法的过程中，商业建模师可以帮助最大限度地提高每美元的机器学习效果。没有他们，这些冲刺项目和最小化可行产品，不过是灵光一闪的举措，缺乏获得有吸引力的业务回报的清晰路径。

最适合担任商业建模师的候选人，应具备强大的财务背景、丰富的概率模型经验、熟悉新兴技术和风险企业的创建、同时还应具备新商业模式方面的专业知识以及创业思维。

5. 解决方案发现者

正如第七章中美国国家航空航天局的案例所示，在转向开放式创新的过程中，解决方案的发现者和方案发明者同样重要。如果说专家要深入到相对细分的领域，那么解决方案发现者便是系统思考者，对多个学科有着敏锐的理解。他们将新兴模式中的各个点链接起来，形成解决未满足的需求的可能方案。

解决方案发现者能积极培养创新网络；利用 InnoCentive 和 Kaggle 等开放式创新平台；将原始发明转化为满足确定需求的完整解决方案。以美国国家航空航天局为例，这些解决方案的发现者已经是他们正式员工，只需要被人们承认他们为美国国家航空航天局的使命贡献的价值。

一直注重内部研发的公司，可能需要从外部雇佣这些解决方案发现者。解决方案寻找者需要善于利用外部创新者，与内部业务部门合作，拥有广泛的技术和业务知识，了解如何使用开放式创新平台，并表现出对商业影响力的持续关注。

6. 新兴技术专家

随着人工智能、物联网、区块链和沉浸式体验技术重塑数字格局，企业需要新兴技术专家随着时间的推移，帮助企业跟踪、转化和大规模测试新兴技术。新兴技术专家往往具备长远的视野，能确定颠覆性技术可能对你的公司产生怎样影响，不管是正

第八章 规则5：人才胜于技术

面或是负面。

以人工智能为例，目前只有16%的公司从机器学习和深度学习中受益。这并不是说这些颠覆性的技术行不通，而是人工智能的应用经常无法为业务提供明确投资回报率，这恰恰是人工智能专家能够避免的问题。

技术专家需要拥有深厚的专业技术知识，并了解技术最可能的用例和应用。这些专家通常被组织成卓越中心，以便其影响力可以在业务单元之间被放大，但也可以作为业务单元或职能部门的组成部分而发挥倍增效应。专家需要专注的是将可能性转化为商业影响力，而不是虚无缥缈的科学实验。

投资先发制人的技能培养

想要逆袭数字颠覆者，上面这些岗位角色，就是你在制定人才战略时需要考虑的东西，那么，你如何才能填补目前的人才缺口、为满足未来的人才需求而提前规划呢？唯一的办法就是采取先发制人的技能培养策略。

要大规模招募符合前述岗位要求的人才并不容易，因为市场上具备这些技能的候选人往往供不应求，而大学在培养这些专业人才方面还落后很多步。为了保障你的人才未来，不妨考虑先发制人的技能培养的四种并行模式：内部培养和流动、外部招聘、合作伙伴和自由职业者、技能嫁接。

1. 内部培养和流动

告诉大家一个可怕的事实——如果公司不能提供快速学习成长的机会，42%的千禧一代会选择离职，他们这一代人在职业发展方面缺乏耐心。你的公司提供的职业发展路径，必须能够让有才干的年轻员工在短时间内体验多个不同工作岗位，才能有效地减少人员流失，加快员工成长速度，并更快达到"知人善任"的效果。

这种快速轮岗的方法，需要积极指导和及时培训，以确保员工的工作富有成效。为每个新岗位发展内部社区或"部落"的同时，花时间开展"培训师培训"①。TalentSky等新的社交网络正在帮助老牌企业更好地表达它们在新兴领域的技能需求，并在人员配置决策中考虑更广泛的内部和外部人才库。

2. 外部招聘

虽然外部招聘的代价不菲，但这是克服公司盲点的最快方法。面对数字化颠覆，老牌企业的优势是资金充足，劣势是时间紧迫，因此，通过外部雇佣加快创新步伐，哪怕承担了所选的人并不合适的风险，也是值得的。

志存高远的巨人歌利亚，往往重点招聘适合邻近市场准入等关键领域的人才。例如，零售药店品牌CVS为了进入医疗保险

---

① 培训师培训：一种培训方法，旨在教授培训师如何更有效地传授知识和技能给其他人。——译者注

市场而收购了安泰保险（Aetna），从而获得了庞大的新型人才基础。同样，通用汽车公司借助收购和外部招聘，通过电气化、自动驾驶和共享交通获得了通往歌利亚的复仇之路。

3. 合作伙伴和自由职业者

时间紧迫的情况下，与他人合作补齐上述岗位的人才缺口，就成为了一个吸引人的选择。尽管一个合同工的成本，可能是一个内部员工的两到三倍，但是他们可以立即发挥作用。

Topcoder 和 Kaggle 等开放式创新平台，是找到符合上述岗位要求的人才的重要来源。研究表明，92% 的千禧一代希望远程办公，零工经济（gig economy）的劳动者甚至不需要出现在办公室也能高效完成工作任务。比如，普华永道等公司就通过其人才交流平台，充分利用了零工经济人才库。

4. 技能嫁接

通过嫁接提高植物的成活率、增加产量和选择新属性的历史，可以追溯到 4 000 年前的中国。就像植物的嫁接一样，要实现最佳人才结构从而最大限度地提高数字创新产出，也是一项艰巨的任务。一旦方法得当，就可收获显著的回报。

正如你在宾夕法尼亚大学医院系统的案例中看到的那样，找到两个技能互补的人并把他们组织起来，往往比大海捞针似地寻找既具备领域知识，又深谙技术的人才更容易。许多数字组织正在试验结对编程模式（paired programming models），尝试大规模的人才嫁接。

谷歌发现，产品团队的成功，既取决于硬技能和技术经验，也依赖于软技能和个性的组合。为了使技能嫁接发挥作用，要在软技能方面下功夫，把来自不同职能、公司和行业的人整合成高绩效的团队。

5. 按照重要性，对人才来源选项进行排序

我们已经讲述了"人才胜于技术"的前三项举措：尊重制度性知识，超越"3D"数字岗位，致力于先发制人的技能培养。借助表8.1，决定你的公司将如何为前面概述的九个岗位寻找人才。

表 8.1 先发制人的技能培养计划

		期望的人才来源组合			
		内部培养和流动	外部招聘	合作伙伴和自由职业者	技能嫁接
现有"3D"岗位	设计师	##%	##%	##%	##%
	开发者	##%	##%	##%	##%
	数据科学家	##%	##%	##%	##%
中期新数字创新岗位	产品孵化经理	##%	##%	##%	##%
	行为科学家	##%	##%	##%	##%
	体验旅程规划师	##%	##%	##%	##%
	商业建模师	##%	##%	##%	##%
	解决方案发现者	##%	##%	##%	##%
	新兴技术专家	##%	##%	##%	##%

想想每个人才来源（列）应占每个数字创新岗位（行）的百分比。所有行应加起来总数应为100%。完成后，将这些列的数值相加，你就可以看到每种策略的重要性如何。

重视创业型领导者

大多数公司都会培养出通才型的员工，希望随着时间的推移他们能独当一面，管理一个职能部门或业务部门。这种做法往往适得其反。由于缺乏数字化技能，公司通才型员工的职业发展，往往停滞不前。而才华横溢的专家，会从自己独特的专业领域调离，被迫成为通才。这两种情况都会让员工感到沮丧，给公司造成领导力鸿沟。

1. 力求实现T型领导层结构

如图8.1所示，在快速数字化的世界里，理想的领导层构成是我们所说的"平衡的T型"创业型领导者结构（图的右侧）。目前的培养模式，造就的要么是太过宽泛的通才，形成了浅短的T型能力组合（最左边）；要么是转岗的专家，形成了细长的T型能力组合（中间）。

风险资本家一直很看重这些表现平衡的T型创业型领导者结构。在中低岗位上，"质量不够，人数来凑"的方法可能奏效，但对于领导层而言，这个方法行不通。那些尝试过"两位一体"

式领导结构（two-in-a-box leadership structures）的公司，都因为决策过程太慢而苦不堪言。

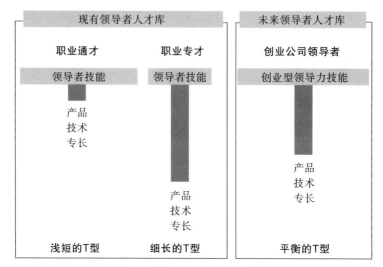

图 8.1　领导者角色的演变

举例来说，黑莓（Blackberry）在智能手机市场转型中落败的原因之一，就是其采用的联席 CEO 结构（dual-CEO structure）。苹果公司凭借单一首席执行官、责任到此止步的制度，轻松碾压黑莓。在"时间才是稀缺商品"的数字化颠覆时代，拥有唯一领导的重要性，只会与日俱增。

在 T 型能力结构的横向部分，风险资本家更青睐融资、设计思维、精益创业执行、深思熟虑的冒险、市场进入战略和企业扩张等技能。在其竖向部分，风险资本家寻找的是与目标市场直接相关的产品和技术专长。

除了能力之外，创业型领导者还要拥有创业者的心态。创业

第八章 规则 5：人才胜于技术

者秉承不同的信条行事：不惜一切代价推动创意的实现；宁可事后请求谅解，而不是获得事先许可才行动；抱着不怕被解雇的心态去完成日常工作；尽可能低调行事，做到闷声发大财。拥有这种心态的人，不太可能出现在你的公司里。然而，这是交付颠覆式创新所需的领导力结构。

那么，你如何找到这些创业型领导者，并让你的公司成为他们愿意奋战的下一站呢？在第五章中，我们谈到了一种方法——利用改进式创新找出公司内部的创新人才。如你愿意，打造本公司的一个"鲨鱼池"（Shark Tank）[①]。

虽然这样可以培养出一些未来的创业型领导者，但几乎可以肯定的是，你还需要更多这样的人才来守卫你当前的业务堡垒，同时进军邻近市场。第二种方法是创建一个并行的组织模式，在这种模式下，来自外部的创业型领导者可以与你的核心业务共存，并取得成功。思科提供了一个令人惊叹的成功范本。

2. 思科打造创业型领导者人才库

思科锐意创新模式的一贯做法，是让硅谷来完成大部分筛选过程：也就是说，让风投圈为许多相互竞争的公司提供资金，然后按照达尔文优胜劣汰的原则，从这些公司中挑选出硕果仅存的几个潜在赢家。思科并购业务前负责人迈克·沃尔普（Mike

---
① 美国创业真人秀电视节目，一个竞争激烈的环境，通常用于描述商业领域中的竞争对手之间的竞争。——译者注

Volpe）利用思科庞大的销售和渠道生态系统，大力推广通过并购新兴公司获得的技术，打造出新兴的市场领军者，成为幕后造王者的英雄。

思科与硅谷相互依赖的关系，带来了一个"甜蜜"的负担，即创业公司总经理人才的过剩。但思科的前首席执行官约翰·钱伯斯则认为，在完成创业公司的收购和整合之后，保留这些前首席执行官能够带来高阶的益处。钱伯斯认为，思科拥有无限的延伸市场机遇，而创业公司总经理的能力是把握这些机遇的必备资源，这恰恰是其他公司求之不得的稀缺资源。

思科一度有100多名创业公司前首席执行官为其工作。钱伯斯对待他们的态度，就像私募股权公司对待其常驻企业家一样，为他们提供了丰厚的报酬，并等待合适的机会出现，便派遣他们去开拓新市场、发展现有业务或者经营思科新收购的科技新贵公司。

这些前任首席执行官们都觉得自己是钱伯斯的直接下属，尽管他们和思科的一把手之间，还隔着两三个管理层级。钱伯斯"把他们外借出去"，担任思科公司旗下各个公司里的领导职务，但会与他们保持直接联系、给予指导，并认可他们的付出。这一大批创业公司总经理构成的人才库，是思科突破其自身网络服务的基础业务，拓展数据中心、在线协作、智能电网和思科网真等全新业务领域的关键推手。

目前，你的公司可能缺乏足够的财力像思科一样留任这么多的前任首席执行官，如果你有10个此类人才，就已经稳稳踏上通往"歌利亚的复仇"的征程了。关键是要把创业公司领导者视为实现颠覆式创新目标最重要的角色。

优化人工智能 – 人脑智能的平衡配比

奇点大学（Singularity University）创始人、谷歌工程部门主管雷·库兹韦尔（Ray Kurzweil）预计，人工智能将在 2029 年达到人类水平，并在 2045 年超过人类智能水平 10 亿倍。每一家老牌企业都已经踏上了认知能力发展的赛道，需要加速才能超过颠覆者。

企业界在机器学习和获取广泛数据访问权限方面的投资正在呈指数级增长。然而，要真正跟上基于人工智能的应用和创新机遇飞速涌现的脚步，你需要迅速在机器和人之间找到一个平衡点。

要真正地将数据变成货币你就必须搞清楚，机器、人工或者人机结合的模式，都应该分别优化什么活动，这些活动的分类，需要你直面人工智能主导的未来，做出一些艰难的决定，比如技能再培训、人才塑造、人力资源规模优化等。迟迟不开展这项工作，只会让竞争对手有时间获得算法的先发优势，日后你想追上就很困难了。

1. 人工智能变迁的三个阶段

在大多数行业，人工智能才刚刚开始产生真正的商业价值。

人工智能被部署在特定的使用场景：客户服务机器人、机器人过程自动化、个性化营销、建议式销售和自适应预测。

一些特定行业的使用场景，比如金融服务中基于人工智能的风险管理和欺诈监控，也开始获得回报。富有远见的公司甚至聘请首席人工智能官（Chief Artificial Intelligence Officer）来统筹工作。

如图 8.2 所示，人工智能的入侵分三个阶段展开，每个阶段都有可能导致力量从人类向机器倾斜。在所有这些阶段中，成功地维持人工智能与人脑智能的平衡，需要领导层高度重视。

	第一阶段:探索	第二阶段:冲突	第三阶段:平衡
人脑交互	■■■■	■■■■	■■■■
人脑决策	■■■■	■■■	■■
人脑分析	■■■	■■	■■
机器分析	▇▇	▇▇▇	▇▇▇
机器决策	▇	▇▇	▇▇▇▇
机器交互	▇	▇▇	▇▇▇

图 8.2　人工智能入侵的三个阶段

（1）第一阶段：探索

这一阶段是人工智能应用的"蜜月期"。人工智能在自然语言处理等领域取得了巨大的进展，其准确率在短短 5 年内，从 77% 提高到了 95%。然而，人脑的认知能力，仍然是世界上运算速度最快的超级计算机的 10 倍（1 000 千兆次 VS 100 千兆次）。但考虑到目前人工智能计算能力的增长速度，到 2020 年这一情况将出现反转。

探索阶段的重点是确定短期用例，构建训练人工智能模型所需的数据集，运行试点项目，以验证人工智能可带来的实际益处，以及重新设计业务流程，以充分利用新兴的人工智能应用程序。

第一阶段用例，往往具有以下 5 个特征：

- 重复性任务（垃圾邮件过滤）
- 需要分析许多变量的复杂问题（欺诈检测）
- 存在可用于训练人工智能模型的大量数据集（人脸识别）
- 错误可以接受（预测性维护，而非癌症诊断）
- 更优决策具有明确的投资回报率（聊天机器人自动服务大批量客户）

大多数老牌企业目前都处于第一阶段。他们正在体验人工智能工具（比如 TensorFlow 和 H2O），同时开发商业案例，以支持人工智能应用的更广泛的部署。大多数的交互、分析和决策仍然由人类来完成。人工智能被用作"3D"（设计师、开发人员和数据科学家）人才的生产力工具。

（2）第二阶段：冲突

情况在第二阶段发生了巨变。机器学习和深度学习的进步，不可避免地会使人工智能接管大多数分析任务和许多日常决策，包括审阅纸质表单上的内容，以及对潜在员工进行背景调查等。

随着人工智能承担基本的客户交互和共享服务功能，它将开始提供能够通过图灵测试（Turing test）的类人交互（human-like interactions）。由于全球可能有 8 亿员工面临被自动化取代的风险，许多员工将抵制自动化的推进。

志存高远的巨人歌利亚已经开始制定社会责任方案，旨在为人工智能发展导致的下岗员工提供安置和技能再培训服务。他们优先考虑使员工脱离人工智能可以胜任的常规任务，并重新部署到需要高级软技能（例如改善客户体验、创造新产品以及设计运营改进）岗位。

这就意味着，零售员工可能从店后的储藏室站到台前，成为服务客户的角色；卡车司机可能需要转变为客户服务代表；理财规划师可能需要成为财务教练和客服经理。相信你大概能够理解这个思路。在第二阶段，很多人利益将会被触动。如果你的公司应对得当，人工智能和人类可以开始高效合作，朝着更充实、更高效的未来发展。你的人才管理系统将能够适应工作任务从人到机器的逐步迁移，同时专注于那些机器不可能完成的新工作任务。

如果应对不当，你和你的公司就会被困在第二阶段，止步不前。人类和机器之间的紧张关系，会使你的公司陷入停滞状态、中断你的"歌利亚的复仇"之路、令你的公司陷入"摆烂式"泥潭，最终决定什么都不做。你将难以回答下面这些涉及伦理道德的问题，比如应该给被替代的员工多长时间来培养更高级的技能；何时应该通知客户，其数据正被用于培训人工智能应用程序，以及如果人工智能模型做出的决策，会产生负面影响，该怎么办。

（3）第三阶段：平衡

在第三阶段，老牌企业将在人工智能和人脑智能各自扮演的角色方面，取得新的平衡。各种不同的用例，将根据人工智能交付比人类更优异结果的潜力进行分类。其中许多用例，将需要在本文撰写之时，人工智能还远远没有达到的情商、创造力和细致入微的交互技能。

成功的巨人歌利亚，将积极训练人类劳动力，以充分利用机器做到以同样的人才资源做更多的事情，而不是因业务量没有变化而裁员。企业培训的重点，将是提高技术、解决问题和认知能力，而企业文化则要拥抱增长思维，而不是防御性思维。

随着计算机能够更好地编写代码和构建自己的预测模型，"3D"角色——设计师、开发人员和数据科学家的短缺，将在第三阶段得到缓解。牛津大学（University of Oxford）的研究表明，编程岗位被自动化取代的可能性为48%。产品负责人、营销专家和用户体验设计师，将不再需要排队等待稀缺的技术人员响应他们的请求。这将在一个自我增强的循环中，开启下一轮人工智能驱动的增长。

随着人工智能的入侵在这三个阶段展开，最好的办法就是主动出击。一旦人类工作者的常规工作被机器人取代才想到要采取行动，便为时已晚，那时就无法实现工智能与人脑智能之间的合理平衡。你需要赶在下一波人工智能驱动的变革浪潮来袭之前，认真规划人才的重新部署。

提高数字敏捷度

人才胜于技术的最后一步，是提高领导者和团队的数字敏捷度。数字技术是动态发展的领域，在过去，其焦点是电子商务和应用程序，但现在已经发展到囊括人工智能、混合现实、物联网和区块链等技术。

你的公司可能仍然错误地认为，雇用一位首席数据官或首席信息官就可以面面俱到，但这就像寻找独角兽或四叶草：可能性的确存在，但很渺茫。从基于人工智能的个性化客户服务，拓展到把区块链应用到全球制造业合规性认证，世界上几乎没有哪家数字领军企业能做到这一点。

志存高远的巨人歌利亚把数字化视为团队运动，要求每一位高层领导调整自己的工作重点，并将这些新规则付诸实践。高级管理人员岗位如何变化的示例，请参见表8.2。

逐步调整高管团队成员的岗位是一个好的开始，但还不足以实现"歌利亚的复仇"。我们需要一种全员备战的紧迫感。我们称之为数字敏捷度。

表 8.2　领导岗位的数字化

领导岗位	影响者	塑造者
首席信息官	定义和管理数字基础设施的赋能	拥有所有的数字基础设施和应用程序组合
首席营销官	设置营销相关的数字标准	拥有所有面向客户的数字机遇和孵化实验室
首席技术官	推荐数字架构	拥有数据产品开发实验室
首席数字官	宣传数字可能性，设置标准	引领整体数据组合和数据孵化器/实验室/初创企业
首席数据官	驱动数据获取，数据标准建模	拥有用于驱动人工智能/数据产品组合和创新的数据
首席产品/创新官	把数据融入产品开发/创新活动	拥有数据产品组合、实验室和生态系统/初创企业
业务单元数据负责人	把业务单元的要求同步至公司数据组合	拥有业务单元数据组合的开发和管理权
公司风投负责人	推荐和管理投资以支持数据化	拥有数字生态系统和外部产品孵化业务

发展数字敏捷度

数字敏捷度是一个衡量指标，用来评估领导者和团队在多大程度上体现出技术意识、以客户为中心、颠覆式创新、实验心态以及快速执行的激情。

数字敏捷度的评价基础，是成功的领导者和团队的研究。如图 8.3 所示，数字敏捷度关注的，是一个组织的数字战略家、数字创新者和数字驱动者，应该具备的诸多属性。

图中箭头所示的一些驱动因素和类型，代表了高绩效团队中个人的标准属性。

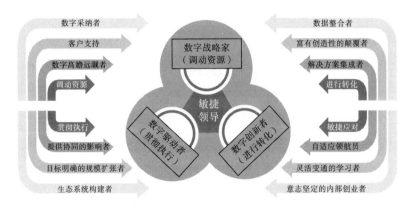

图 8.3　数字敏捷度的驱动因素

资料来源：改编自数字敏捷度领导框架，海德思哲国际咨询公司（Heidrick & Struggles），2018 年。

然而，在思考如何发展公司的数字敏捷度时，需要特别关注下面几个属性。

让我们从"目标明确的规模扩张者"开始——他们的特点是：严格执行优先次序、推动快速行动，并在实现创新计划的过程中迅速做出决策。无数数字化转型的尝试在试点阶段折戟沉沙，演示往往令人惊艳但最后商业影响力微乎其微。拥有目标明确的规模扩张者的团队，从第一天起就不仅仅局限于演示或概念验证，其创新的目标，就是为了实现大规模应用。

其次是"数字生态系统构建者"——他们能够从内部团队和外部合作伙伴中，发掘和构建灵活多样的最佳数字人才库，交付他人认为不可能交付的成果。数字生态系统构建者可以跨越组织边界，无缝地驾驭最佳资源库中的最佳人才。他们拥有超凡领导力，能激励公司各个角落的员工参与他们的计划，哪怕这意味着夜以继日地工作，放弃周末休息。

最后，"灵活变通的学习者"和"自适应领航员"对新的工作方式有着强烈的好奇心，而且注重快速调整，以适应创新领域的不断变化。数字技术发展如此之快，使得精通技术已经不够了，团队成员还需要思维敏捷、适应性强，才能跟上颠覆性技术、市场边界、竞争产品和客户期望不断变迁的步伐，还需要动态地调整执行，以反映这些外部变迁。

当你围绕最重要的颠覆式创新和改进式创新，汇聚内外部人才构建数字化行动团队时，可以将图 8.3 罗列的驱动因素作为检查清单。致力于寻求各要素之间的平衡，确保把每个团队的数字敏捷度发挥到极致。

"规则 5"公司和职业准备情况

现在，你已经了解如何做到重视人才胜于技术。贵公司已准备好尊重制度性知识，超越"3D"数字岗位，致力于先发制人的技能培养，重视创业公司总经理，优化人工智能与人脑智能的平衡配比，并提高数字敏捷度。在继续讨论最后一个新规则之前，让我们先完成公司和职业自我评估。

1. 公司准备情况自我评估

让我们从公司针对"规则 5"的准备情况开始。到目前为止，你对这个练习可谓是驾轻就熟了。在表 8.3 中的每一行表明你的公司的进展情况之前,请仔细阅读选项说明。

如果你就职于一家大公司,公司的某些部门可能在某些方面进展比其他部门快,如果是这样,可以尝试提供一个整体评价,代表公司的整体人才准备情况。你当然可以随时用这张表来评估团队或小组的准备情况。

表 8.3 "规则 5"公司自我评估表格

项目	0—20% 最低能力	20%—40% 有限能力	40%—60% 中等能力	60%—80% 高等能力	80%—100% 世界级能力
尊重组织知识	老员工正在破坏数字转型	经验老到的员工和初来乍到的数据人才开始彼此信任	一些团队中经验老到的员工和初来乍到的数据人才高效协同	经验老到的员工和初来乍到的数据人才投入大量时间彼此学习	老员工和外部聘请的数据人才无缝协作,共创未来
超越"3D"数字职位	面临设计、开发、数据科学人才的严重短缺	最需要的设计、开发、数据科学人才已到位且富有生产力	超越"3D"数字职位的 6 个岗位中至少有 2 个岗位已具备杰出人才	超越"3D"数字职位的 6 个岗位中至少有 4 个岗位已具备杰出人才	超越"3D"数字职位的 6 个岗位中有 5 个岗位或全部 6 个岗位已具备杰出人才
致力于先发制人的技能培养	公司在开发数字技能方面消极被动	依赖招聘作为获取数字技能的主要来源	通过强有力的员工流动项目进行数字技能内部培养	充分利用合作伙伴和自由职业者填补数字技能缺口	数字技能嫁接产生"1+1=5"的数字人才
重视创业型领导者	创业公司领导者岗位没有得到很好的理解和重视	意识到创业公司领导者人才储备正在限制增长	创业公司领导者人才储备在商业机会之间循环利用	创业公司领导者人才储备被视为竞争优势	创业公司领导者驱动多个爆发式增长项目

续表

项目	0%—20% 最低能力	20%—40% 有限能力	40%—60% 中等能力	60%—80% 高等能力	80%—100% 世界级能力
优化人工智能－人脑智能平衡配比	人类员工为了保护自己的工作积极破坏人工智能产品的推出	人类员工对人工智能持怀疑态度，为工作而忧心忡忡	迫于快速优化的人工智能，人类员工正在调整工作岗位	人工智能和人类员工完全适应了"新常态"，配合顺畅	通过让人工智能来承担基础工作，人类员工的影响力日益增长
提高数据敏捷性	不具备数据敏捷性驱动因素中的任何一项	数据敏捷性驱动因素中的12项，至少具备3项	数据敏捷性驱动因素中的12项，至少具备6项	数据敏捷性驱动因素中的12项，至少具备9项	具备所有12项数据敏捷性驱动因素，且能驱动结果产生

2. 职业准备情况自我评估

现在，评估的对象从公司变成你自己。在公司的人才准备方面，你个人有何贡献？在按照表8.4的内容进行评分时，请秉持严于律己的标准。评估的目标，是让你找出目前的职业发展的重点，所以知道自己的不足之处，非常重要。

表8.4 "规则5"职业自我评估表格

项目	0—20% 最低能力	20%—40% 有限能力	40%—60% 中等能力	60%—80% 高等能力	80%—100% 世界级能力
尊重制度性知识	尽管事实并非如此，有时候仍然被视为制造分裂，耍政治手段	如有要求，对于和来自不同组织人共事持开放态度	被证明有能力在与老员工和初来乍到的数据人才共事时同等对待，高效协同	被同事视为不同组织间的优秀联结者	领导团队带领老员工和初来乍到的数据人才构成的团队

续表

项目	0—20% 最低能力	20%—40% 有限能力	40%—60% 中等能力	60%—80% 高等能力	80%—100% 世界级能力
超越"3D"数字岗位	没有"3D"数字职位相关的经验,更别提6个新数字岗位	至少具备设计、开发、数据科学职位中一个职位的相关经验	完成了6个新数字岗位中至少1个岗位的轮岗	完成了6个新数字岗位中至少2个岗位的轮岗	具备6个新数字岗位中至少3个岗位的丰富工作经验
致力于先发制人的技能培养	不清楚针对未来的数据需求,你的专业技能差距在哪儿	了解你的技能差距,但是还没有采取行动进行处理	进行了横向的职业生涯变动以构建数字技能集	利用个人时间学习在线课程培养数字技能	已经开始进行匹配的工作从而进行数字技能的快速培养
重视创业型领导者	没有什么可以称道的领导者技能	仅具备成熟业务领域的通用型领导者技能	进行了横向的职业生涯变动以构建数字技能集	成绩斐然,领导众多创新团队	同事向你寻求指导以构建创业型领导者技能
优化人工智能-人脑智能的平衡配比	当被呈现人工智能项目和计划时心存戒备	当人工智能涉及未来的职业生涯时,对其持怀疑态度	曾引领交付承诺结果的人工智能项目	是促使人工智能和人类员工高效协同领域的专家	被视为深谙人类员工影响力的人工智能创新者
提高数据敏捷度	尚未展现任何数据敏捷性驱动因素	展现至少3项数据敏捷性驱动因素	展现至少6项数据敏捷性驱动因素	展现至少9项数据敏捷性驱动因素	展现所有12项数据敏捷性驱动因素

3."规则5"准备情况总结

现在你已经完成了针对"规则5"的公司和职业自我评估,可以在图8.4中写下评估的总结。与之前的规则总结一样,如果你利用www.goliathsrevenge.com进行了线上自我评估,那么总结将自动生成。

第八章 规则5：人才胜于技术

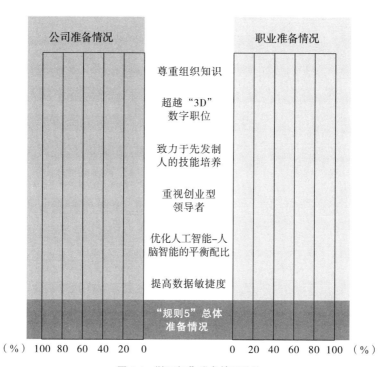

图8.4 "规则5"准备情况总结

下一章，我们将探讨逆袭数字颠覆者的最后一条规则：重新定义宗旨。

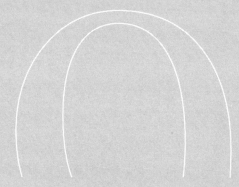

第九章

规则6：重新定义宗旨

> 既要仰望星空,也要脚踏实地。
>
> ——西奥多·罗斯福,
> 美国第 26 任总统

恭喜你,终于来到了最后一条新规则。我们可以想象得到,你可能不太愿意花时间重新定义宗旨。我们都曾经历过手舞足蹈、激情澎湃的"画大饼"时刻,但这些虚幻的构想,只会令我们想翻白眼,它们不会给公司带来任何重大变化。请保持开放的心态,因为本书提供的重新定义宗旨的练习,绝对不会白白浪费你的宝贵时间。

你会发现,重新定义宗旨实际上要求你的公司放开心态,考虑那些以前从未想过的发展路径。它意味着跳出当前的行业地位、商业模式和产品供应去看问题,从而使你的公司和同行企业,能够抓住数字化颠覆带来的邻近市场机会。

它也意味着,我们要学会吸引下一代。在对歌利亚的复仇进行研究的过程中,我们采访了几十位千禧一代的年轻人,了解他们如何决定为哪些公司工作。一个重要的发现是,这一代人更需要的是服务于更高使命的体验,而不仅仅是市场份额增长和股价上涨。如果他们构成了你的公司未来员工的核心群体，那么重新定义企业宗旨就变得至关重要。

重新定义宗旨需要你采取六项行动：提高眼界、回答五个为什么、拥抱竞食策略、吸引下一代员工、上下同欲、以身作则。

提高眼界

把第6条规则放在最后阐述是有原因的。虽然前5条规则允许快速迭代和实验，但老牌企业不可能拿企业宗旨来做测试，然后从测试中汲取经验教训。设定了正确的宗旨，老牌企业的创新机会、增长轨迹和人才获取将得到永久的逆转。一旦出错，你的公司可能沦为盲目地绕着商业世界既定轨道周而复始运行的存在，随着时间的推移，逐渐丧失生机。

重新定义宗旨，需要改变你的使命和愿景。使命决定了公司的基调和文化，确保公司日复一日地致力于为客户提供价值，而愿景定义了公司的远大目标，即如何解决造福人类和社会的重大问题。

极具感染力的使命和愿景声明，是创新的重要催化剂。表9.1提供了一些例证，说明了强大的宗旨如何提升整个组织的眼界。

宗旨就是一个公司存在的理由。不要以为宗旨就是大公司那些故弄玄虚糊弄人的声明，哪怕是规模最小的公司，也需要一个

第九章　规则 6：重新定义宗旨

明确的存在理由，需要知道其宗旨必定是比其当前能力范围更伟大的东西。提高眼界实际上为公司、你本人和你的员工提供了发展空间，也为探索、实验和突破性创新创造了空间。它将你的注意力集中在服务现有和新客户的需求上。

表 9.1　使命和愿景陈述示例

项目	巴塔哥尼亚（Patagonia）	领英（Linkedin）	卡特彼勒（Caterpillar）	比特币基地（Coinbase）
使命	制造最好的产品，避免不必要的环境伤害，通过创新的商业模式解决环境危机	连接全球职场人士，协助他们在职场事半功倍，发挥所长	通过基础设施和能源开发促进经济增长，并提供支持社区和保护地球的解决方案	为世界创造一个开放的金融系统
愿景	对荒野和美丽所在的热爱要求参与拯救它们的战斗，并帮助扭转地球急剧下滑的整体环境健康状况	为全球每一位职场人士创造经济机会	能够以一种环境可持续的方式满足所有人的基本需求，并作为一家公司不断改善环境质量和我们生活居住的社区	数字货币将通过建立一个开放的金融系统为世界带来更多的创新、效率和机会平等

你的公司或许已经具备了改进现有产品和运营模式的完善体系，然而，要彻底地创新业务是一个更大的飞跃，它将暴露出当前商业模式中固有的潜在风险和漏洞。只有那些提高眼界的公司，才具备成功所需的勇气。

举个例子也许会有所帮助。虽然大家可能认为苹果公司是一台产品创新机器，但恰恰是创新的能力，让这家在开始的 20 年里股价跌穿谷底，险些破产（如图 9.1）。

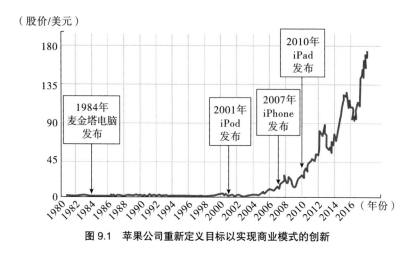

图 9.1　苹果公司重新定义目标以实现商业模式的创新

直到 2001 年,苹果公司的股价才一路高歌猛进,直冲霄汉。也正是在这一年,苹果公司放宽了眼界,并愿意进行商业模式创新。虽然麦金塔电脑(Macintosh)是创新产品,但个人电脑的商业模式,并没有因此而改变。

苹果公司借助 iPod,创新了一种呈指数级增长的双边商业模式。iTunes 应用程序以一种全新的方式,将艺术家与广大的苹果公司设备用户连接起来。凭借 iTunes 商店每首歌 99 美分的商业模式,苹果公司瓦解了音乐行业既定的商业模式——专辑。iTunes 这一创新重新定义了音乐行业的买卖模式,为音乐爱好者交付变革性的客户成果,即:只听所爱,不接受捆绑销售。

图 9.1 右侧飙升的股价曲线就是最好的证明。当苹果公司在 2007 年把"电脑"从公司名中删掉时,其眼界确实得到了充分的提升。苹果公司的企业宗旨,变为了"改善人们的生活"。App Store 是苹果公司的下一个商业模式创新,其帮助苹果公

司在成为第一家市值超过1万亿美元的上市公司的道路上不断壮大。

各行各业的志存高远的巨人歌利亚，也纷纷效仿苹果公司，提升眼界。通用汽车公司正在从一家高效汽车制造商，转变为可持续交通领域的领导者。Discovery保险公司正在将传统的保险商业模式，转变为基于与客户共享风险和回报的创新商业模式。万事达卡正在拓宽自己的业务范围，从经营信用卡网络，扩展到打造现代支付生态系统。约翰迪尔公司正在从制造农场设备，向利用精准农业创造更高作物产量转变。

所有这些公司从一开始就对世界的未来发展方向有着先见之明，放眼展望自己能够发挥的作用。花点时间反思一下你所在行业的数字化转型，以及可以为你的公司释放全新创新机会的更广泛的使命和愿景。

回答五个为什么

精益制造之父大野耐一（Taiichi Ohno）提出了"五个为什么"的概念，以帮助理解一家公司存在的真正意义。你可以将其视为一个剥洋葱的过程，五个问题将带着你深入探究公司存在的根本原因。我们首先从"我们为什么要做当前的业务？"开始，然后再更深入地回答下一个为什么，直到你已经深入宗旨的核心。要触及核心，通常需要回答全部五个"为什么"的问题。

歌利亚的复仇

但考虑到你只有一次机会重新确立企业的宗旨，那么花时间认真地回答"五个为什么"问题，可谓物超所值。让我们以运动鞋为例，如果你的公司的业务是生产运动鞋，那么你需要回答的是下面这五个为什么：

（1）我们为什么要做运动鞋？因为顾客想要运动鞋。
（2）为什么顾客想要运动鞋？为了进行体育运动。
（3）人们为什么要进行体育活动？为了竞争和提高。
（4）为什么人们想要竞争和提高？为了成就最好的自我。
（5）为什么要成就最好的自我？为了感觉幸福和激励他人。

这个练习的目标，是发掘我们在前文中讨论到的邻近市场。拓宽眼界，发现当前核心业务之外的新业务领域，那么"五个为什么"就能告诉你，如何找到真正的邻近市场，而不是沉迷于那些一厢情愿的想法。

如果将邻近市场的视角，与上面的运动鞋"五个为什么问题"示例结合思考，你将得到一张市场导向图，如图9.2所示。以耐克为例，耐克的使命是"将创新和灵感带给世界上每一位运动员"。正是出于这样的远大目标，耐克的每一家公司都在努力创新，推出了与运动鞋和服装相去甚远的新商业模式。包括培训服务，健身追踪设备、网络游戏、营养咨询、运动表现基准以及创新的订购商业模式（如Peloton）。

第九章　规则6：重新定义宗旨

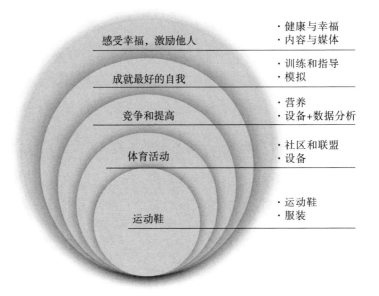

图9.2　拓宽市场范围的"五个为什么"

位智（Waze）是一款非常流行的导航应用程序，在185个国家拥有超过6 500万用户，它提供了另一个版本的"五个为什么"。如果你问位智的高管人员，公司的宗旨是什么，你会发现答案并不是提供更好的交通数据，而是把宝贵的时间交还给人们。它甚至在庆祝自己在这方面的出色表现——每年为每位客户大约节省了60个小时。通过设定一个宽泛的企业宗旨，位智愿意探索其他类型的业务，希望每天能交还客户更多时间。当前的示例包括基于客户的购物清单，动态地调整建议路线，以及预测用餐时间，从而确定在旅程中，为客户提供何时从何地预定外卖的建议。

关于你的团队、部门、业务单元或整个公司的宗旨，你能够回答"五个为什么"吗?你同事的回答,会与你类似吗?花点时间去探索吧。

拥抱竞食策略

说到"颠覆式"创新,大多数老牌企业都没有走上正确的转型之路,它们成为了失败的被颠覆者,而非成功的行业颠覆者。它们在数字时代面临的最大风险,就是担心现有盈利业务被蚕食,从而导致公司陷入瘫痪。

现在,你对不作为的种种教训,已经了然于胸了。柯达发明了数码相机,但为了保护其既有的胶卷业务利润,拒绝将其商业化;百视达为保护滞纳金带来的超额利润而输给了奈飞。两家公司最后都落得破产的悲惨结局。

即使对核心业务被蚕食的恐惧不再那么强烈,它也拖慢了老牌企业的脚步,使其本可以更快获得的成功姗姗来迟。例如,早期戴尔拒绝了收购苹果公司的机会、微软错过了收购谷歌的机会、洛克希德和波音都低估了"掠夺者"无人机对其核心业务的冲击。

1. 两档组织模式

拥抱竞食策略,要求企业采用能够充分参与新旧两波创新浪潮的两档组织模式。核心业务代表了你的一档组织。它就像一艘坚固异常、动力十足的远洋班轮,在可靠性、性能、效率和盈利能力方面,都进行了高度优化,但却几乎不可能改变其速度或航向。一档是你的员工可能感觉最舒适的速度,也是你现有业务主要焦点所在。

二档则意味着跟上数字化颠覆的步伐。人工智能、机器人、物联网、区块链和沉浸式体验等技术,正在改变你所在行业的竞争基础。新的竞争对手正在出现,而你们的许多传统竞争对手,却正在掉队。要实现二档运行,需要一定程度的组织敏捷性,目前只有少数老牌企业能够做到。

以下是开启二档运行所需的五大要素:创新文化、内部创业家部落、最低行政阻力、获得独家竞争优势和高层支持。我们在之前的章节中已经广泛讨论过这些问题,但现在请花点时间考虑一下,贵公司是否做到了全力以赴。

2. 创新文化

塑造和培养创新文化,对于一档核心业务中的改进式创新和二档创新计划中颠覆式创新的大胆决策,都至关重要。

所有员工都必须相信,自己正在帮助公司实现未来的愿景和宗旨。你的领导团队必须清楚,广泛的技能、专业领域和行业背景,将是你的公司能否数字化颠覆时代蓬勃发展的决定因素。

改进式创新和颠覆式创新需要得到同等的激励,避免对两档组织模式厚此薄彼。公司成功实现歌利亚复仇缴获的战利品,应该人人有份。

3. 内部创业家部落

仅仅雇佣风投圈的天才人物，并寄希望于他们能给你的公司注入初创公司的基因，让公司直接摇身一变成为二档组织模式的成功率很低。事实上，老牌企业正在缩减或解散其一次性创新实验室和设计工作室。

以万事达卡为例，企业可以通过识别、培养和留住具有内部创业家特质的雇员，建立内部创新系统，取代这些一次性的创新实验室。这些在过去被埋没的内部人才，更有可能尊重公司的核心业务，并为公司的长远发展做出积极贡献。

有了这些内部的创业领袖作为基础，你就可以吸纳外部人才，推动颠覆性业务的发展。这种由内及外的两档组织人才的培养方法，让你的公司拥有了跨越传统业务并开辟新战场的绝佳机会。

4. 最低行政阻力

1943年，凯利·约翰逊（Kelly Johnson）在美国加利福尼亚州伯班克成立了洛克希德·马丁（Lockheed Martin）公司的臭鼬工厂（Skunk Works），以迅速开发一种高速侦察机（SR-71黑鸟的前身）。约翰逊在距离洛克希德主厂房一英里的地方，搭起了一个圆形帐篷，要求团队能够在人力资源、采购、制造和质量方面创建自己的规则，以加快创新周期。

约翰逊的做法走在了时代的前面。在大多数老牌企业中，财务、法务、采购和人力资源等职能部门,都无意间造成了强大的创新障碍。这些职能部门给创新带来的行政阻力,很容易扼杀尚处于萌芽状态的两档组织架构。

约翰·钱伯斯和马丁·德·比尔借鉴了约翰逊的做法,在思科成立了新兴技术集团(Emerging Technology Group)。他们制定了所谓的"创新之路指南"。这些规则让思科的颠覆式创新可以在有限时间内,免受职能部门繁文缛节规定的限制。这促使思科内部创业者抓住机遇,在免受过多行政阻力干扰的情况下以及在有限的时间内,加速了思科的创新步伐。

5. 获得独家竞争优势

正如我们在第二章中所讨论的,老牌企业往往拥有众多独家竞争优势而不自知——自有资金创新、品牌影响力、现有客户关系、用户基数、数据集、封锁性专利和标准影响力。然而,这些资产往往与管理公司核心业务的一档组织紧密相关。

要充分利用在位企业优势带来的潜力,你必须克服技术和流程方面的双重障碍。在技术方面,部署一个类似第三方云的灵活基础架构;也就是说,可以通过一组可供消耗的应用程序接口,快速轻松地进行资源调配的灵活基础架构。这将最大限度地加快生态系统合作伙伴开发和试点创新解决方案时,利用数据集、算法和应用程序的速度。你的 IT 团队必须成为创新的推动者,而不是守门员。你的创新沙盒(在第七章中讨论过)将为这种迭代创新方法提供支持,同时保护既有生产系统和客户数据不受损害。

流程方面的挑战,可以通过将一档组织资产的试点项目的执行流程标准化来解决。仔细考虑一下你的"一档"和"二档"团队中最简单的付出和收获,避免以政治信用或收入分配为标准的一次性谈判。接下来,将应用于其他核心业务流程的精益思想,应用到试点项目中。通过克服技术和流程的双重障碍,加拿大一家银行将与生态系统合作伙伴启动试点项目所需的时间,从6个月缩短到了仅仅6周。

6. 高管人员的支持

当核心业务遇到困难时,领导者必须克制实施短期财务措施的下意识反应。你可能听过下面这些看似微不足道的决策,比如"我们想要缩减那项投资的额度","如果莎莉和弗兰克能保证兼顾原来的工作,他们才能参与你的创新项目",以及"招聘新人的工作,要等到这个季度结束后才能恢复"。

如果你不知道什么决策会扼杀二档业务,这些就是最佳的示范。杜绝的方法,就是来自公司高层的支持,高层的正确决策,才能避免公司为了眼前的利益、牺牲长远的未来。

路易斯·郭士纳(Louis Gerstner)对 IBM 新兴业务机会孵化器的坚持就是一个成功的例子。IBM 当时正处于从硬件制造商到软件和服务领导者的痛苦转型之中,郭士纳不畏艰险,坚

第九章 规则6：重新定义宗旨

持把颠覆式创新项目保留在IBM的孵化器内部进行孵化。在长达10年的孵化过程中，公司提供创新项目所需的保护和长期资金支持，让颠覆式的创新项目（比如Watson）有足够的时间成长和交付。

现在，不妨停下来想一想，贵公司如今在打造两档企业的过程中，已经具备五大促成因素中的哪几项？对于那些缺失的促成因素，你能不能至少确定，公司里有谁正在努力落实？

吸引下一代

如今，1.4亿所谓的"数字原住民"，也就是千禧一代和Z世代人群，占总劳动力的25%，这个群体拥有近2万亿美元的购买力。他们是你未来的员工，如果你的公司业务面向消费者，他们也是你未来的客户。

数字原住民的特点，是时刻相互连接、高度使命驱动。他们受社交图谱的影响很大，而且表现出类似蜂群的行为模式，即他们的影响力高低，取决于他们个人关系网络的规模大小。

数字原住民使用社交网络来发现和传播周围世界的重大问题，也相信自己有能力解决这些问题。如果他们认为现状存在问题，敢于仗义执言，尤其是其社交网络附和其观点，并肯定其坦率直言的行为时，他们会更愿意在网络上发声。

这一代人往往期望领军企业在移民、性骚扰、种族歧视和气候变化等重要问题上发挥影响力。他们渴望贡献自身理论，让世界变得更包容、更开放、更有社会意识、对环境更负责,并认为他们自身、朋友和雇主应对这些最终目标负责。

数字原住民倾向于认为,老牌企业都是"一丘之貉":一心追求理论,不惜牺牲员工和地球的利益。这是一种很危险的想法。他们不明白,为什么企业很难在取得财务成功的同时,履行企业社会责任。他们想知道为什么像巴塔哥尼亚(Patagonia,美国户外服饰品牌)帮助防止森林砍伐、瓦尔比派克眼镜公司(Warby Parker)帮助改善全球的眼部护理以及宜家(IKEA)积极招募多元化的员工这样的公司如此罕见。在他们看来,这些公司树立了一个标杆,即成功的企业要回馈社会,践行"回馈大于索取"的原则。

以数字原住民的特点为基础,重新定义企业的宗旨,因为他们代表着未来,而你希望重塑后的企业使命和愿景能够经得起时间的考验。数字原住民认为,如果一家企业的业务是益国益民的,就应该日进斗金,因此如果重塑的企业宗旨强调了公司对世界的贡献,那么数字原住民就会蜂拥而至,共襄盛举。

实现上述目标的一种方法是运用三重底线——即衡量成功的社会、环境和财务指标——来表达重塑的企业宗旨。道琼斯公司(Dow Jones)甚至还推出了衡量企业在这一整套指标上的表现的可持续发展指数(Sustainability Index)。

联合利华(Unilever)、巴塔哥尼亚和雀巢公司就是践行三重底线策略的绝佳例证。联合利华专门开发旨在满足全球发展中地区需求的环保产品。在以工作条件差和环境破坏而臭名昭著的服装行业中,巴塔哥尼亚正在通过推动服装回收、平等就业机会和可持续制造,面向数字原住民扩展其服装品牌的受众。雀巢公司致力于为全球每一个人提供清洁水可持续食品。

请你的孩子们和他们的朋友一起帮助测试重塑后的企业宗旨,这些新生代是否喜欢你的表述?确保重新定义的宗旨通过基本的测试,避免落入"陈词滥调"的俗套,并奉行三重底线,而仅仅是挑选其中一个。

上下同欲

只有上至董事会,下至一线员工都能认同新的企业目标,重新定义的宗旨才能发挥效用。大刀阔斧改革后的企业宗旨,能激发创新的信心,为员工注入活力,并吸引新客户、合作伙伴和人才。然而,改革注定要遭遇阻力,大胆的愿景和使命往往会触发抵触情绪,引发不适。

认真考虑如何获得自上而下的支持和共识,以充分释放新的两档组织的能量。按照下文论述的顺序,解决下面这些利益相关方的抵触情绪。

1. 领导团队

理论上讲,被选中成为企业领导的人,都具备了推动公司获得长期成功所需的能力和履历。在变革不大且行业稳定时,他们的确能够助力公司长远发展。

然而，我们生活在一个变化剧烈而迅速的时代。公司里许多领导者可能都是因为其推动一档业务的能力而擢升到现在的职位，但他们恰恰是最抗拒竞食策略的人，即便这个策略是公司迈向数字化未来必须的策略。

因此，你需要从预见性、适应性、韧性和学习能力等方面评估当前的领导团队。要实现重塑的企业宗旨设定的目标，领导团队就不仅要经营好当前的业务，并在必要时颠覆当前业务，以求长远的发展。

2. 董事会

说服董事会成员的难度，可能取决于公司当前董事会的具体构成。如果董事会的主要成员，是对当前行业和传统商业模式有深厚专业知识背景的退休高管人员，你就需要早早着手，经常教育他们让其了解不断变化的市场环境、客户行为、竞争态势和经济形势。

伊凡·塞登伯格（Ivan Seidenberg）在担任威瑞森公司首席执行官期间，每次召开董事会会议都要用大量时间来讨论无线和数字媒体领域的新兴趋势。他提前做足了功课，让董事会为行业价值从有线和广播向无线和内容流媒体的重大转变做好准备。塞登伯格知道，转型肯定意味着进行大规模收购，他希望董事会提前了解情况，这样在时机成熟时才能迅速采取行动。

在中型公司，邀请董事会成员进行实地考察，可以有效且直观地让他们了解变革的步伐，以及数字颠覆者的颠覆性本质。共享物流公司 Brachids 的前首席执行官汤姆·戈尔曼（Tom Gorman），就用这种方法取得了令人难以置信的成功。特别值得一提的是，他带着整个董事会和领导团队，从位于澳大利亚悉尼的大本营来到硅谷，考察正在经历数字转型的老牌企业（如通用电气和思科）以及可能成为 Brachids 合作伙伴生态系统成员的初创公司。这些考察坚定了董事会在 2015 年组建 BXB Digital 公司的决心。

你可以教育董事会成员，让他们理解何为数字化颠覆的投资，并将其视为一种反向支持，这会是你在数字化转型过程中，获得高层支持的先决条件。只有这样，你的董事会才会支持类似 IBM 的郭士纳和思科的钱伯斯所做的转型决策。他们的支持，可以保护"二档"业务，免受"一档"业务财务波动的影响。

3. 员工

正如我们在第五章中所讨论的，颠覆式创新需要核心业务中的员工认同企业的长期目标。致力于颠覆式创新计划的团队，很容易被其他员工视为"领导层的宠儿"，这将导致员工之间的紧张情绪，从而损害生产效率。

一个极具感染力的企业宗旨，可以通过强调改进式创新和颠覆式创新在帮助公司实现未来的增长和成功方面具备同等重要性，来弥合员工之间的心理落差。这个重新定义的企业宗旨必须激发所有员工的热情，同时提供一套完整的职业晋升路径，无论是改进式创新还是颠覆式创新团队的成员，都可以随着时间的推移，最大限度地发挥其影响力。

要确保每个员工真正地理解重塑后的企业宗旨，利用具体客户示例和竞争环境中的变化，由外而内地对创新平台进行宣传。不要粉饰太平、淡化企业面临的创新挑战，毕竟你的员工对搜索引擎了如指掌。切记，大多数人需要接触新鲜事物2—3次后，才能真正对其上心。因此，不要害怕过度沟通，要在员工内部建立一种紧迫感，并证明变革的必要性。

4. 合作伙伴

合作伙伴包括传统供应商和渠道合作伙伴，以及你在第七章中纳入创新生态系统的合作伙伴。适合的合作伙伴，能够帮助你加速重塑后企业宗旨的实现过程。实际上，他们可能制定了变革的新举措，踏上了"歌利亚的复仇"的道路。与它们合作，可以分享来之不易的经验教训，庆祝彼此的成功，借鉴彼此成功的经验，百尺竿头更进一步，这将巩固长期合作关系。

在数字颠覆中新兴的老牌赢家，都在大力投资合作伙伴关系。IBM正在将人工智能和区块链纳入为都乐（Dole）和马士基（Maersk）等行业领导者准备的供应链创新。通用电气正在大力投资其可扩展平台，希望其行业客户更容易应用机器学习和物联网。

第九章　规则6：重新定义宗旨

天气频道正在与苹果公司等企业进行合作创新，以便从用户设备中捕获更精细的气压数据。斯普伦克公司正在与几乎所有行业的客户合作，帮助他们识别和释放机器数据中的潜在价值。

5. 股东

通常情况下，股东与公司一起经历了漫长的风风雨雨，他们需要花费大量时间，才可能适应数字化颠覆带来的新现实。对于股东，和其他利益相关者一样要说服他们接受难以理解的决策（比如欣然接受可能损害短期收益的竞食策略），就需要巧妙地展示创新产品组合可能带来的好处。

打算长期持有股票的增长导向型股东会认同重塑后的企业宗旨，以及你在颠覆式创新领域的投资。许多短期投资者比如对冲基金，则需要你证明，企业能够在成功孵化出新的成长型业务的同时，履行短期内的财务承诺。

你需要帮助这两类股东，了解竞食策略如何在价值受到侵蚀之前，促使营收和利润持续增长。在这个过程中，股东成员可能会发生变动，毕竟，重塑后企业宗旨对三重底线的承诺，无法取得部分股东的认同，他们不认为改革能够带来伟大的业绩。

6. 客户

最后，最重要的是，你的潜在客户一定要认同重塑后的企业宗旨。企业眼界的提升，可能会令部分客户感到威胁，他们可能会觉得，在开拓邻近市场的创新过程中花出去的钱，其实并没有花在为他们开发下一款产品或服务上。

要打消客户的疑虑，我们可以借鉴对杰出合作伙伴的做法，确定与最优质客户协同创新的机会，这将是重新定义业务的关键举措。日立在此类协同创新项目上投入巨资，将其视为一种低风险的方式，可以在确保与长期行业客户保持继续合作的同时，共同创新未来的产品。

此外，可能会有一些当前客户涉及的一些业务，规模在不断缩减且难以盈利。对此问题，你需要通过企业宗旨重塑传递足够的信心，并表达在时机合适之际，与这些长久的客户重拾合作关系的强烈意愿。

你可能还有其他利益相关者，比如政府机构、监管机构、行业协会和非政府组织。果断把它们加到利益相关方清单上，并逐一沟通、解决。关键是建立一个广泛的支持网络，以确保重塑后的企业宗旨得以坚持下去并获得成功。

以身作则

现在，公司上下已整装集结、蓄势待发，准备投身数字化竞争中的浪潮，首席执行官和其他领导人理应身先士卒，冲锋陷阵。身处不确定性的时代，你的员工对言出必行领导者的需求，将前所未有地迫切。

第九章　规则6：重新定义宗旨

未来的领导者的生活方式，必须以反映公司未来的宗旨。工作和私生活泾渭分明的日子，早就已经一去不复返了。领导者必须全力以赴投身于重新定义的宗旨。玛丽·芭拉（Mary Barra）身先士卒，在领导通用汽车公司的"三零"（零故障、零排放、零拥堵）任务冲锋时，为我们树立了好榜样。

要实现大胆的企业宗旨宣言，除了自信，还需要谦逊。这是领导人在企业陷入困境时，从长计议的唯一途径。联合技术公司（United Technologies）前首席执行官乔治·大卫（George David）说得对："即便是公司的一把手，只要你在公司里干得足够久，便会心存谦卑、敬畏。切记，重要的是公司，而不是你——公司已经存在了好几个世纪，而你只不过是接管10—15年时间。"亨利·福特（Henry Ford）也讲过类似的话语："障碍就是，当你不再关注目标时，眼前看到的那些可怕的东西。"

最可靠的领导者在生活中遵循的个人准则，往往既符合公司的宗旨又进一步阐述了它。打造一份这样的个人准则，是一件极为困难的事情。它需要将你独特的才能或超能力，与你打心底认同的事业结合起来，也就是说，即使没有报酬，你也会追求这样一份事业。

亚里士多德（Aristotle）曾说过："自身的才能与世界的需求交汇之处，这就是职业使命感所在。"简而言之，你能留给子孙后代的遗产，将是你利用自身所长，满足周围世界尚未被满足的需求，而带来的成果。你的个人使命宣言，会成为一块强力磁铁，激励和吸引他人纷至沓来，共襄盛举。

正如比尔·盖茨（Bill Gates）和梅琳达·盖茨（Melinda Gates）致力于解决困扰社会已久的人道主义挑战时所表明的那样，明确定义并有效传达的个人使命宣言，同样可以带来全球影响力。在个人生活中也同样奉行三重底线的领导者们，将是寻求"歌利亚的复仇"的公司渴求的稀缺人才。

Discovery 保险：重新定义宗旨①

在南非，一家新型的保险公司悄然出现，该公司正在利用数字化颠覆并赋能终端用户，从而重新定义保险公司所从事的业务。

阿德里安·戈尔（Adrian Gore）不太符合常见大公司首席执行官的形象。当他于 1992 年创立 Discovery 保险公司时，南非正在经历从种族隔离到民主制度的历史性转变。给"团结一新"的民众的健康风险进行评估，是一个独特的挑战。例如，按人口结构细分的损伤和疾病发生率历史数据太少，导致发现保险公司难以依赖这些数据，合理地确定保险价格。

戈尔并没有盲目地照搬传统医疗保险模式，即：为客户管理健康风险而收费，而是彻底颠覆了这一模式。他重新定义了保险公司的宗旨：改善客户健康状况，提高客户生活品质。

戈尔和他的领导团队向客户发出信号，告知客户需要成为管理自身健康的合作伙伴。与此同时，Discovery 保险公司进行了

---

① 引自 2018 年 3 月，本书作者对 Discovery 保险公司活力集团产品与创新部总裁艾伦·波拉德（Alan Pollard）的采访内容。

第九章　规则 6：重新定义宗旨

一次规模空前的颠覆式创新，他们重塑了健康保险行业。业内同行都认为戈尔疯了。"为什么要打破一个所有人都有得赚的行业商业模式？"是同行们的共同心声。

艾伦·波拉德（Alan Pollard）却并不这么认为。作为第一批公司高层，波拉德被戈尔招进来后立即意识到 Discovery 保险大胆愿景的重要性。1997 年，戈尔、波拉德和一个由敬业的设计师及开发者组成的紧密团队，推出了 Vitality 活力计划，这是一款颠覆性的保险产品，旨在激励投保人接纳更健康的生活方式。

波拉德及其团队明白，吸烟、营养不良、缺乏体育锻炼等生活方式行为与慢性疾病（如糖尿病）直接相关，而慢性疾病则导致 50% 以上的过早死亡。然而，他们也秉持了一个实事求是的态度，因为他们知道，让人们改变根深蒂固的生活方式习惯是一项极具挑战性的任务。

Discovery 保险聘请了一些世界顶级专家，来研究如何推动显著的行为改变。该公司利用新兴的行为经济学原理，设计了 Vitality 活力计划首开先河的健康活动积分及身体状况奖励制度，这超越了健康保险的范畴，将健康生命奖励系统与人寿保险挂钩。

Vitality 活力计划为会员提供健康活动积分（如去健身房健身）以及购买健康食物折扣。这一消息在会员中迅速传开，他们很惊讶也很高兴地发现，自己的保险公司真的会为他们的健康进行投资。这个平台的规模迅速扩大，每天都有超过 7 万人去健身房健身，购买了数亿份健康食品。基于众多人群的健康数据，

Vitality活力计划获得了强大的先发优势。

Discovery保险很快就踏上了实现第三章所述的"长期算法优势"的征程。该公司继续优化活力平台的行为改变模型，以最低成本提升覆盖人群的健康水平。

产品推出大约10年后，智能手机、可穿戴传感器和健康相关应用相继兴起，但Vitality活力计划始终站在创新的前沿，成功地将这些新兴技术纳入其计划，并进一步拓展其覆盖范围、提升简洁性和吸引力。

事实上，Discovery保险是最早与苹果公司合作，并利用苹果手表（Apple Watch）中与健康相关突破性创新应用的健康公司之一。Vitality活力计划的会员只需支付少量预付款，就可以购买苹果手表。然后，他们可以在随后的24个月里，通过完成苹果手表上规定的体育锻炼目标或使用现金还清苹果手表的尾款。这种用健康生活方式交换实物产品的易货模式，已被证明是变革性客户成果，驱动超过60%的会员增加了体育活动量，实现了Discovery保险、苹果公司和vitality活力计划会员的三赢局面。

Discovery保险重新定义的企业宗旨，并没有止步于其核心市场南非，而是实现了国际扩张。目前，通过与美国的约翰·汉考克（John Hancock）、加拿大的宏利人寿（Manulife）、欧洲的忠利保险公司（Generali）、亚洲的友邦保险集团（AIA Group）和中国的平安保险合作，Discovery保险公司正在经营全球最具吸引力的保险市场。这种合作关系，反过来又会给Vitality活力计划输送更多数据，为下一阶段的创新提供动力。

在英国，Vitality 活力计划成为首家以会员健康生活方式为基准，灵活调整保费的人寿保险公司。哈佛商学院的迈克尔·波特（Michael Porter）教授，将 Vitality 活力计划列为价值共享产品的光辉典范——价值共享产品，指的是产品的创造者和用户，实现了颠覆性解决方案的风险共担和收益共享。

Vitality 活力计划成为了滩头堡，为 Discovery 保险进入汽车保险等其他保险细分市场提供了蓝本。在这个市场上，Vitality 活力计划正在帮助用户改善所谓的"驾驶基因"，成为更安全的驾驶者。Discovery 保险宽泛而令人信服的企业宗旨，再一次带来了发展机遇。该公司与两位远程信息处理专家——来自麻省理工学院的教授合作，利用其价值共享商业模式，推出了一项成功的、基于驾驶者行为的汽车保险产品。

戈尔挑战了保险行业的固有思维，即让用户改变行为实在太难了。他重新定义了保险的宗旨，即从管理风险转变到保持健康和更安全的生活。戈尔以身作则，他冒着职业风险，公开宣布 Discovery 保险重大创新目标，从而给团队带来了实现公司颠覆式创新的有益压力。

"规则 6"公司和职业准备情况

Discovery 保险案例的哪些方面，可以借鉴并应用于你的公司？请完成"规则 6：重新定义宗旨"的公司和职业自我评估，找到答案。

1. 公司准备情况自我评估

要完成公司准备情况自我评估，请花时间阅读表 9.2 中每一行中最低能力、有限能力、中等能力、高等能力和世界级能力的标准定义。

现在，按照每一行的标准，评估贵公司已证明的能力水平。在第一个练习中，请试着把你的公司看作一个整体进行评估。如果你还想评估自己的团队、群组或部门的准备情况，可以回过头再使用这张表评估。

表 9.2 "规则 6"公司自我评估表格

项目	0—20% 最低能力	20%—40% 有限能力	40%—60% 中等能力	60%—80% 高等能力	80%—100% 世界级能力
提高眼界	我们不相信所谓的使命/愿景	使命/愿景关于我们自己的内容太多，关于世界的内容不足	愿景很清晰，但并没有内化到使命中	使命是正确的，但是愿景从长期来看未必正确	使命/愿景引人入胜，人人皆可背诵
回答五个为什么	浅显的第一个"为什么"都难以回答	至少能就为什么做、做什么深入回答 2 个"为什么"	至少能就为什么做、做什么深入回答 3 个"为什么"	至少能就为什么做、做什么深入回答 4 个"为什么"	至少能就为什么做、做什么深入回答 5 个"为什么"
拥抱竞食策略	我们即将成为行业的柯达	仅在临近市场执行"二档"模式，而不是在自己所在的市场	"二档"模式可采纳竞食策略，但刚刚启动	"二档"模式已经到位，但还在解决"具备什么条件和不具备什么条件"的问题	"二档"组织模式已经到位，且运作良好
吸引下一代	并不认为数字原住民乐意为公司工作	开始理解千禧一代和 Z 世代员工的不同之处	支持员工在工作之外有所成就的想法	在财务目标之外增加了社会目标和环境目标	三重底线已经成为我们每天生活和呼吸的一部分

续表

项目	0%—20% 最低能力	20%—40% 有限能力	40%—60% 中等能力	60%—80% 高等能力	80%—100% 世界级能力
上下同欲	每个业务单元都有自己的使命和愿景，所以没有达成公司级别的共识	共识很浅显，没有转化为日常行动	董事会和高级领导层达成了共识，但是还没有触及员工层	中层管理者和一线员工已达成共识，但是高级领导层还待定	从董事会到一线员工，再到合作伙伴都取得了广泛的深度共识
以身作则	领导者似乎目光短浅，只着眼于实现近期利润	领导者可能有强大的个人宗旨，但是我并不了解内容	有些领导者有强大的个人宗旨，但是有些则不尽然	领导者有强大的个人宗旨，但是与公司宗旨可能不太契合	领导者的个人宗旨与公司宗旨相契合，且真实可靠

2. 职业准备情况自我评估

下面，把注意力从公司转移到你的职业生涯上来。你正在采取哪些步骤，来重塑你的个人使命感？在表 9.3 所示的内容上，标记自我评估情况。

表 9.3 "规则 6"职业自我评估表格

项目	0—20% 最低能力	20%—40% 有限能力	40%—60% 中等能力	60%—80% 高等能力	80%—100% 世界级能力
提高眼界	我的团队只顾埋头赶路，尽力完成业绩指标	我的团队遵从公司的宗旨，但没有自己的宗旨	我的团队起草了宗旨宣言，但是还在进行润色	团队的使命/愿景引人入胜，但不知是否与公司的整体的使命/愿景相契合	团队的使命/愿景引人入胜，且与公司的使命/愿景相契合
回答五个为什么	公司正在努力回答"五个为什么"，但我不知道这对我有什么影响	我的职业生涯路径围绕帮助公司实现第 2 个"为什么"进行构建	我的职业生涯路径围绕帮助公司实现第 3 个"为什么"进行构建	我的职业生涯路径围绕帮助公司实现第 4 个"为什么"进行构建	我的职业生涯路径围绕帮助公司实现第 5 个"为什么"进行构建

续表

项目	0—20% 最低能力	20%—40% 有限能力	40%—60% 中等能力	60%—80% 高等能力	80%—100% 世界级能力
欣然采纳巧妙的蚕食策略	公司有两档组织模式，我却一无所知	我有供职"一档"团队的深厚经验，但是没有"二档"团队供职经验	我有供职"二档"团队的深厚经验，但是没有"一档"团队供职经验	我有供职"一档"团队和"二档"团队的经验，但资历程度不一样	我是多面手，供职"一档"团队和"二档"团队表现都很优异
吸引下一代	我不知道这些社会和环境问题有什么值得大惊小怪的	开始理解数字原住民是一缕清新空气	我长时间调整工作风格，从而与数字原住民更好相处	不管在现在的团队内部还是外部我都是数字原住民的活跃导师	我把三重底线重点融入团队管理的日常
上下同欲	并不认为有必要去达成共识，为什么不能每个人干好自己的工作就行了	团队开始讨论达成共识，但不知道如何实现	团队内部达成了共识，但还未与其他同事或上级达成共识	与团队内部和其他同事达成了共识，但是对上级的影响力有限	我个人驱动了与职位相关的全方位共识
以身作则	那些所谓的个人宗旨宣言就是浪费时间	我已经准备花费时间和精力思考我的个人宗旨是什么	对于我的个人宗旨有思路但是还没有正式书面陈述出来	我的个人宗旨引人入胜，但是不确信是否与公司的宗旨高度契合	我的个人宗旨引人入胜，且与公司的宗旨高度契合

3."规则6"准备情况总结

现在，你已经完成了对最后一个规则的公司和职业准备情况自我评估，你可以在图9.3中填写准备情况总结。如果你利用www.goliathsrevenge.com进行了在线进行自我评估，总结将自动生成。

第九章 规则6：重新定义宗旨

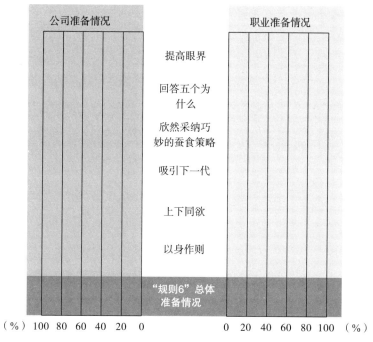

图9.3 "规则6"准备情况总结

你已经完成了决定能否成功完成歌利亚的复仇的六条新规则的理解与评估。下面，你需要将所有规则结合起来，按照第十章和第十一章的引导，分别为你的公司和你的职业生涯制定一个行动计划。

第十章

颠覆者行动手册

> 紧张也没关系，让紧张情绪听从统一指挥就行。
>
> ——弗朗西斯科·洛佩兹，音乐家

读到此处，不妨肯定一下自己的成就，你已经盘点了赋予在位企业优势的独家竞争优势，明白了为什么在数字竞争中，赢家往往近乎"通吃"，并根据"歌利亚的复仇"的六条规则，分别对自己的公司和职业的准备情况，进行了自我评估。

现在，你应该化知识为行动了，在本章中，你将了解如何为你的公司制定一本所谓的《颠覆者行动手册》，它将帮助你成功逆袭数字颠覆者。在下一章中，你将聚焦自身职业的转变，以及循序渐进地缩小差距，为数字未来做好职业准备方。

在公司战略方面，弗朗西斯科·洛佩兹给出了正确的建议，即跨职能、部门和地区的一致性行动，是促成实现"歌利亚的复仇"所需变革的首要因素。

这是一项类似足球的团队运动，而不是网球一般的单打独斗。让一个团队（例如，数据科学团队或研究实验室中的少数选定成员）执行战略，是不够的。要在创新方面超越数字颠覆者，老牌企业需要利用其集体技能、精力和知识。

为时未晚

无论你就职的公司规模是大、小或中等,现在就确立一项战略,按照前文制定的六条原则行事,还为时未晚。要知道,在应对数字化颠覆方面,每个公司可能处于不同的准备阶段。为了撰写本书,我们采访并调研了汽车、医疗保健、工业设备、国防、包装消费品、酒店、零售、招聘和电信等行业的 50 多家公司,了解它们是否做好了实现"歌利亚的复仇"的准备。下面是我们了解到的情况。

1. 如何平衡数字之战的攻与守

图 10.1 展示了所谓的企业"数字创新姿态"。如图所示,无论规模大小,这些公司在数字创新方面的努力倾向于两极分化,要么固守当前的核心业务,无视数字化创新需求;要么大举进军邻近市场,希望实现足够快的增长,以抵消冲击导致的核心业务下滑。这两种规模的公司中,真正平衡了两个极端的公司尚属少数。

但是,我们对你期望甚高。正如老话说的,最好的防御就是进攻。《颠覆者行动手册》要求,必须找到攻守之间的平衡。如果你只是试图将数字创新套用到当前的核心业务和传统商业模式之中，你的做法可能跟大多数汉堡连锁店使用番茄酱的方法一样：仅将其视为一种调味品，意在让原本口感不佳的食材变得尚可入口。

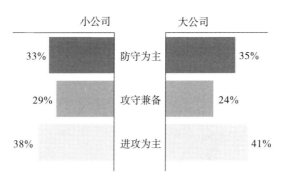

图 10.1 企业的数字创新姿态

此外，如果你在执行"六条规则"的过程中只关注如何打入邻近市场上，那么你将面临来自利益相关者"告诉我怎么盈利"的问题。想象一下，在公司的全员会议上，首席执行官正在展示新数字业务增长得有多快（以百分比计），但一个残酷的事实是，股东们只关心以绝对值计算的增长和盈利能力。太多的公司忽视了这个重要的细节，最终往往导致公司高层领导被解雇。避免核心业务每年下滑 5%，在短期内就绝对价值而言，可能意味着在邻近市场的小规模基数上，实现超过 100% 的增长。

在这个问题上，你可以寻求折中方案，也就是通过数字创新投资组合，在保护核心市场和打入邻近市场之间，实现五五开的平衡。这是将客户、员工和合作伙伴的长期目标，与股东们往往只关注眼前利益的导向统一起来的唯一途径。

2. 押注颠覆式创新

在第五章中，我们提出了这样一个观点：你应该采用的创新投资组合管理方法，需要同时取得颠覆式创新和改进式创新的成功。如图10.2所示，受访的公司中，愿意为颠覆式创新提供资金的大公司不足一半，而小公司则略超一半。

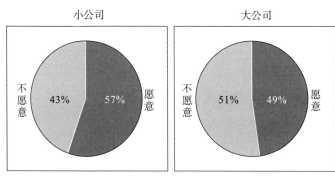

图10.2　企业为颠覆式创新提供资金的意愿

也就是说你的一半竞争对手，都在"玩"改进式创新的游戏，这就像是踢足球时——在美国称为英式足球——从不射门。只有在你产品类别的购买标准稳定并且竞争强度较低时，这种策略才有效。在赢家近乎"通吃"的数字竞争中，颠覆式创新应该成为投资策略的基本元素。

你可能已经想到，那些愿意进行"颠覆式"创新的公司，也是最有可能专注于大力进军邻近市场的公司（如图10.3所示）。

这个推论也是正确的。那些只注重改进式创新的老牌企业如今的做法，和穆罕默德·阿里（Muhammad Ali，美国拳王）的

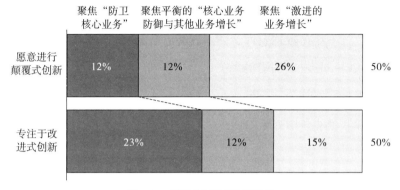

图 10.3 颠覆式创新者偏爱增长

"以逸待劳,防御为主"的策略如出一辙,它们把绝大多数的数字创新努力,都用于自卫。也许它们觉得,自己核心业务中的"颠覆式"创新很早之前就已经出现了。优步对出租车行业的重塑,以及爱彼迎与酒店业的竞争都表明,即便是长期稳定的经济领域,也为颠覆式创新做好了准备。

3. 充分利用数据资产

赢家近乎"通吃"格局形成的潜在驱动力量,是长期算法优势。在第六章中,你学习了如何有效地将数据用作货币,从而为公司提供一条路径,并利用数据长期获取市场力量和盈利能力。正如你在图 10.4 中所看到的,当前能够广泛使用其数据资产的竞争对手仍是少数。

虽然小公司在投资"颠覆式"创新的意愿方面稍有优势,但在利用数据实现算法优势方面,它们却远远落后于大公司。事实上，近一半的受访小公司如今在利用数据上投入的努力微乎其微。经过多年在数据仓库、商业智能、数据分析和数据科学方面的投入，三分之二的受访大公司至少在利用数据方面，取得了适当的进展。不管公司规模大小，好消息是云部署和商业模式正在大大降低企业利用数据的成本。

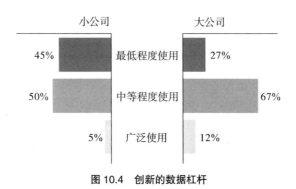

图 10.4　创新的数据杠杆

4. 开放式创新

正如第七章的例证所示，"集思广益"尤为适合创新。也就是说，不管公司规模有多大，外部世界的整体创新力会让你的内部团队相形见绌。然而，就是数字化创新一般，找到平衡点才是正确的做法。如图 10.5 所示，到目前为止，只有三分之一的公司找到了这种平衡。

整体来看，小公司过度依赖外部创新，可能会面临把所有鸡蛋都放在他人篮子里的风险，而大公司则更有可能过度依赖内部的研发努力。

第十章　颠覆者行动手册

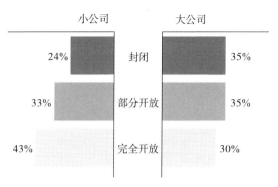

图 10.5　对外部创新的开放程度

5. 落地正式的创新流程

在数字创新计划中实现平衡的一个方面，是拥有一个结构化的创新流程。如图 10.6 所示，大多数大公司如今都已经形成了制度化的创新方法；而几乎一半小公司的创新仍然是随性而至，毫无章法。

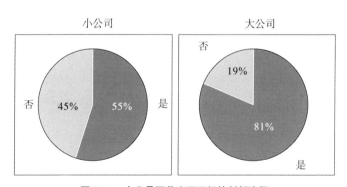

图 10.6　企业是否落实了正规的创新流程

《颠覆者行动手册》的一个关键内容，是创新产品组合管理

歌利亚的复仇

模型，及其相关的阶段性绩效考核指标。对部分企业来说，这将帮助改善现有的创新流程。对于那些从零开始创新的企业来说，这将帮助它们在未来的创新中获得最大的回报。

6. 人才升级

在第八章中，我们向你展示了最优秀的老牌企业是如何在寻求"歌利亚的复仇"时，将人才的价值置于技术之上的。如果你觉得这是六条新规则中最难实现的一条，你并非孤例。如图 10.7 所示，只有不到三成的大公司，认为自己储备了数字竞争所需的合适人才。

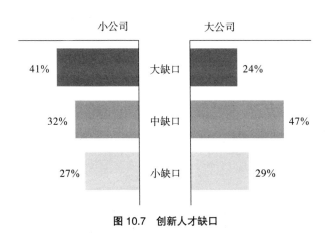

图 10.7 创新人才缺口

在我们的调查中，41% 的小公司在创新人才库方面存在巨大缺口，鉴于小公司占据了发达经济体全部就业机会的半壁江山，这个比例着实令人担忧。相比之下，存在巨大人才缺口的大公司比例仅为 24%。如图 10.8 所示，尽管小公司创新人才库储备不足，但更高水平的员工参与度，在某种程度上弥补了这一点。

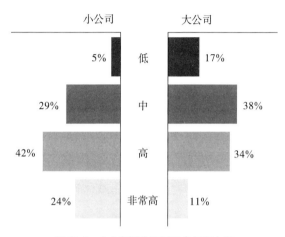

图 10.8　企业创新方面员工参与度水平

小公司员工高度参与创新计划的可能性，是大公司的两倍以上。超过一半的大公司表示，其员工参与度不是低等就是中等。鉴于应对数字化颠覆和创造创新文化需要团队的努力，解决这个问题至关重要。

7. 围绕新宗旨统一行动

在第九章中，你重新定义了职业宗旨和企业宗旨——提升眼界。但如图 10.9 所示，要让你的同事采取统一行动，还有许多工作要做。如你所料，小公司在凝聚人心方面比大公司容易，因为其内部的架构更简单。三分之一的受访小公司认为，它们实现了较强的创新一致性，且数据几乎是大公司的两倍。然而，公司上下围绕未来创新战略的一致性，在一半的大公司和近一半的小公司中，不是弱等就是中等。考虑到所在行业数字颠覆者的飞速发展，决不能存在缺乏组织一致性的问题。

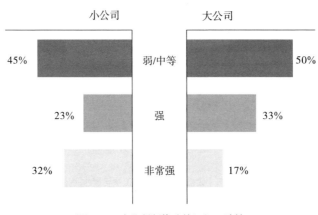

图 10.9　企业创新战略的组织一致性

颠覆者行动手册

那么，怎样才能凝聚全公司上下之力？你要如何做，才能让所有人都理解创新六大原则的要义和案例，并把它们运用到跨职能团队中，加速本公司的创新？在制定《颠覆者行动手册》时，你需要将自己关于"歌利亚复仇"的决策，融入其中。

帕特农神庙（Parthenon）是世界上最经久耐用的人造建筑之一，它傲然矗立于卫城山上，俯瞰着今天的希腊雅典。帕特农神

第十章 颠覆者行动手册

庙建成于 2 500 年前，既是一座神庙，同时也是市政府的金库，是存放黄金的地方。历经地震、大火、战争和劫掠，帕特农神庙至今依然屹立不倒。面对行业中的数字颠覆者，你可以将它们视为劫掠你的黄金、客户和工作的盗金贼。

你要做的，就是建造一座"歌利亚的复仇"式帕特农神庙了。换句话说，确定你的公司将采取什么举措，以捍卫当前的核心业务，同时进军邻近市场，将这些举措按照重要性排序并确定下一步行动的重点。在下一章中，我们将讨论你个人应该如何确定职业发展的顺序与重点，但现在，让我们以终为始，凝聚全公司的力量，围绕创新战略采取一致行动，实现逆袭数字颠覆者的伟大目标。

如图 10.10 所示，你制定的《颠覆者行动手册》时，必须明确解决团队每个成员都会提出的三个问题：

（1）我们的最终目标是什么？
（2）我们将如何实现这一目标？
（3）我们为什么要实现这一目标？

如果你不能回答其中的任何一个问题，那么要获得将想法转变为行动所需的组织凝聚力，将变得极具挑战。

在反思创新的六条规则时你可能已经意识到，它们并不具备同等重要性，尽管每条规则在《颠覆者行动手册》中都扮演着不可或缺的角色。

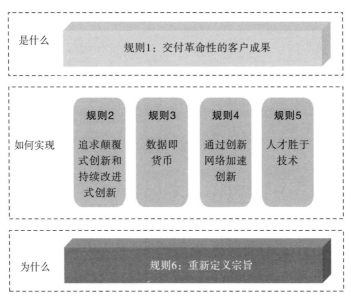

图 10.10 "歌利亚的复仇"式帕特农神庙

1. 我们的最终目标是什么

"规则 1（交付变革性的客户成果）"将回答每个团队成员都会思考的"是什么"的问题。数字颠覆者正在重新定义你所处行业的客户购买标准，有时甚至会重新定义行业之间的界限。要取得组织上下的一致认同，团队成员必须首先认同一个最终目的地，然后才能确定到达目的地的路径。"规则 1"提供了一个框架，供你借助价值阶梯和整体产品台阶，从以客户为中心的视角，对目的地进行描述。这就是你的宏伟、艰难、大胆的目标（BHAG）。

2. 我们将如何实现目标

一旦整个团队都认同了最终目标，你还需要取得他们对实现路径的认同。如图10.10所示，"规则2"至"规则5"在这里扮演着关键的支持角色——但这依然是一个沉重的任务。"规则2（追求颠覆式创新和改进式创新）"旨在将你的创新计划组合，扩展到团队当前舒适范围内的创新计划之外，这些计划的特点是改进式的、略好于去年的。我们不可能同时投资于太多的颠覆式创新，因此你需要充分研究，挑选出一两个既能够充分利用在位企业独家竞争优势，又能在很大程度上体现"规则1"中描述的"变革性的客户成果"领域。

"规则3（数据即货币）"就像是一个力量倍增器——想象在一场军事战斗中，空军力量如何放大地面部队和舰艇的影响力。让数据发挥作用，将大大提升整个创新产品组合的回报。它将成为推动内部生产力提升的关键因素，继而保护当前利润。当你致力于为四个客户角色交付变革性结果，吸引新的创新合作伙伴，并从其他志存高远的巨人歌利亚和颠覆行业的大卫创新者手中抢夺市场份额的时候，数据也将成为一个关键因素，为全新的整体产品提供差异化竞争的优势。

"规则4（通过创新网络加速创新）"回答了"如何实现"这个问题的时限需求。也就是说，需要多长时间才能到达你在"规则1"中设定的目的地（目标）。学习约翰·钱伯斯的"并行处事的力量"，成为了解决问题的关键。这与外部创新是否比内部创新"更好"无关,这是一个实用主义的观点:当存在多条通往目的地的途径时,团队应该选择最快捷有效的那一条。如果这意味着要利用内部研究机构、数据科学团队或机器学习实验室的创新,那就放手去做。然而,如果一所顶尖大学的学术团队、一家初创公司里通宵达旦加班的程序员,甚至是规模不如你的竞争对手内部的创新者,可以让你更快地到达目的地,那么你需要保持开放心态,无论是通过战略合作伙伴关系、交叉许可协议、少数股权投资,还是潜在收购等方式,都要尽快加速创新。你回答这个问题时传达的信息,可能以超乎你想象的方式,传递了你的公司寻求歌利亚复仇的认真程度。

最后,"规则5(人才胜于技术)"是回答"如何实现"问题的关键因素,原因有二。一是,那些已经在逆袭数字颠覆者的老牌企业,在吸引、培养和留住具备数字化技能组合的人才方面的投入,已经翻了一番或两番。正如你在第八章中看到的那样,这些人才远远超出了设计、开发和数据科学技能的范畴,还包括全新的职位,如产品孵化经理、行为科学家、体验旅程规划师、商业建模师、解决方案发现者和新兴技术专家等。

二是,人才胜于技术,才能帮助你的公司紧密团结所有的组织机构,共同安然度过剧烈变革的时期。帮助在职员工培养新领域的技能和能力,这本身就发出了一个强有力的信号,告诉他们应该如何在本公司的文化背景下,做到"实现目标"。它强化了这样一条人才原则:表现出承担新任务所需的开放心态和投入度,不执着于旧工作模式的老员工,仍然会得到重视。这种"如何实现目标"的温情一面,将避免在团队中造成"数字技术掌握者"和"数字技术淘汰者"之间的对立,毕竟,外部竞争已经足够激烈的了——你不能再被内部竞争所拖累。

3. 我们为什么要这么做

如果说《颠覆者行动手册》对"是什么"和"如何实现"这两个问题的回答,解决了团队成员理性层面的顾虑,那么对"为什么"这个问题的回答,则是基于感性认同的感召。对于大多数老牌企业来说,实现"歌利亚的复仇"至少需要 3—5 年的时间。在这段时间内,确保员工能保持认同感和提供变革所需的能量,意味着需要在战略和逻辑之外吸引住员工。你和你的同事,需要来自比公司未来的市场份额、收入增长率和利润率更崇高使命的感召和鼓舞。

"规则 6(重新定义宗旨)"就是对"为什么"问题的回答。它提高了公司全体员工对企业使命和愿景的眼界。这种对宗旨的重新界定,也为变革找到了明确的理由,证实了为什么应该暂且牺牲眼前的利益,以谋求长远的发展。"规则 6"中所述的拥抱竞食策略至关重要。在通往"歌利亚的复仇"的道路上,只有牺牲眼前的现金牛业务,才可能取得变革的进展。

反过来,我们也见过很多行业巨头,因为担心变革会蚕食当前的核心业务而拒绝变革,最终导致覆灭的例子。百视达长期对滞纳金"恋恋不舍",最终在奈飞的冲击下覆灭;诺基亚和摩托罗拉

歌利亚的复仇

长期拘泥于电信运营商的手机补贴政策，错过了苹果公司和谷歌在智能手机上，向终端客户销售应用程序的颠覆性商业模式创新。

重新定义宗旨，使得上层、中层和一线管理者，获得了进行创新所需的自由。也就是说，如果嘉信理财、先锋集团、富达投资、摩根士丹利和德美利证券等公司，为了在财富管理行业的智能投顾未来占有一席之地，需要把高利润率的包管型费用（wrap fees）业务置于风险之中，那么它们重新定义的宗旨就回答了"为什么"的问题。在寻求"歌利亚的复仇"的过程中，它们举全公司之力，投入帮助客户保障其金融期货安全的长期事业中，尽管这可能在短期内导致季度收益的损失。

一些明星公司全心全意致力于践行这六条规则。自2006年上市以来，万事达卡的股价，已经上涨了4000%以上。这样的飞速增长，要归功于万事达卡核心业务的持续改进和核心业务之外的突破性创新。

一切都得从"规则1"说起，即为万事达卡的全球客户网络，交付变革性的客户成果。由创新主管黛博拉·巴尔塔精心策划的独创性 Start Path 项目，旨在为初创公司提供运营专业知识和商业渠道。目标是让这些初创公司通过万事达卡及其客户进入市场。例如，万事达卡与 Mobeewave① 的试点项目，已经在三个不同市场中，使智能手机转变为支付终端。

在第五章，我们概述了万事达卡如何同时充分地实现了"规

---

① Mobeeware：加拿大的一家 NFC 支付服务提供商。——译者注

则 2"中的颠覆式创新和改进式创新。其独特的"主动作为"计划，通过提供首席执行官级别的支持与保护，推动了创新想法开花结果，转变为突破性的解决方案和创新企业。

就"规则 3"而言，万事达卡将其 25 亿持卡人面临的数据隐私和保护的挑战，转化为新标准和安全创新的机遇。通过匿名交易数据的分析，万事达卡提出了面向未来的服务和客户体验。

考虑到万事达卡采用网络商业模式起家，利用"规则 4"所述的创新生态系统赢得竞争，是其与生俱来的能力。巴尔塔及其团队培养了 Start Path 大使，使万事达卡能够紧跟最新技术的步伐，并赋能员工，使他们与世界各地的创新者建立联系。

就"规则 5"而言，万事达卡持续预测员工需要掌握的未来关键技能。万事达卡设置了创新大师（Innovation Masters）项目，为渴望开发内部创业才能的员工提供支持。万事达卡还在全球开设了设计思维研讨会，让员工了解外界的创新视角，使员工具备与外部客户合作的最佳条件。

现如今全球仍有 85% 的交易以现金完成，万事达卡正不知疲倦地致力于将其数字化。就"规则 6"而言，在整个万事达卡内部，全体员工有着明确的使命感：成于至善。2015 年，在比尔及梅琳达·盖茨基金会的支持下，该公司成立了万事达卡金融普惠实验室，旨在通过农业、微型零售和教育领域中变革性创新，让更多的人融入主流金融模式。[①]

---

① 引自 2018 年 8 月，本书作者与万事达卡创新渠道管理和创业项目高级副总裁黛博拉·巴尔塔的访谈内容。

万事达卡等公司通过将"歌利亚的复仇"的六大原则付诸实践，推动着企业不断创新，实现超高速增长。现在，让我们仔细考虑一下，对于这六大原则，你将如何确定行动的先后次序，构建专属于你的"帕特农神庙"（经久不衰的盈利模式）。

确定行动的顺序与重点

现在，你在第四章至第九章中投入的努力，到了收获回报的时候了。经过长时间的思考和评估后，你手上应该有关于公司准备情况的 6 张自我评估表，每张表分别对应六大原则中的一条原则。把这些表格拿出来，将每张表格底部的整体准备情况评级信息，输入表 10.1 中。如果你在 www.goliathsrevenge.com 完成了线上自我评估，系统将为你自动生成表 10.1 的内容。

这份公司准备情况总结，将让你知道，公司当前的战略和组织能力，与实现歌利亚的复仇的六条规则的要求的匹配度如何，以及你打造属于自己的帕台农神庙的准备情况如何。这是一种立竿见影的检验方法。切记，如果你的公司在六条规则上的准备程度不一致，也不必感到沮丧。事实上，你的许多竞争对手也同样会发现，他们的总体准备情况，至少在三条规则上低于 50%，远未达到成功地自我颠覆的水平。

因此，这些评估表格的目标，与其说是给你一个评分，不如说是让你更清楚地意识到，接下来的精力应该集中在哪些方面。在短期内，这些准备情况总结，将帮助你确定当前应该重点投资哪些领域。从中期来看，它将推动一个季度流程，跟踪贵公司在《颠覆者行动手册》各个维度的进展情况。

在查看表 10.1 的信息时，应该牢记两个目标——为每条规则要求的能力建立坚实基础，并至少围绕其中一条规则构建世界级的能力。

表 10.1 公司准备情况总结

项目	0—20% 最低能力	20%—40% 有限能力	40%—60% 中等能力	60%—80% 高等能力	80%—100% 世界级能力
规则1：交付变革性的客户成果	■	■	■		
规则2：追求颠覆式创新和改进式创新	■	■	■	■	
规则3：数据即货币	■	■			
规则4：通过创新网络加速创新	■	■	■		
规则5：人才胜于技术	■	■	■	■	
规则6：重新定义宗旨	■	■	■		

1. 底注

在《颠覆者行动手册》中，你应该关注的第一个重点事项，必须是准备好一组举措或投资，确保公司在六项规则中的每一项上，至少达到第三列（即 40%—60% 的准备程度或中等能力）的水平。

如果你是扑克玩家，这就是加入赌局的底注，没有底注，就得出局。

在所有六条规则上，都取得中等能力，为短期内捍卫核心业务，远期进军邻近市场提供了平台。对于表 10.1 所示的公司，提高数据的利用率应该成为其最重要的任务。这家公司需要尽快在"规则 3"方面，达到中等能力级别。

正如第六章中所述，改进将数据用作货币的方式有几种途径。如果你恰好在这家公司工作，你要做的就是回顾第六章内容，学习其中的成功故事，并构思一套举措，缩小本公司能力表现差距，使其至少达到中等能力水平。这通常意味着，你需要为"规则 3"职业准备情况自我评估表格（表 6.3）的每一栏内容单独制定一个策略，以确保整体能力的提升。显然，起点越低，需要针对性制定策略并采取行动的内容就越多。

2. 制胜法宝

你的第二个目标是，从六条规则中挑出一条作为你的制胜法宝，它能使你的公司与行业中那些数字颠覆者大卫和其他志存高远的巨人歌利亚区别开来。你选择的规则，将成为最重要事项，也是你加大投资，以达到世界级能力级别的规则。该规则将帮助构建你的帕特农神庙，使你与竞争对手区分开来。

在表 10.1 的示例中，"规则 2"和"规则 5"都代表了所示公司取得这种竞争性差异的机会。就"追求颠覆式创新和改进式创新"，以及"人才胜于技术"这两条规则而言，按照第五章和第八章的"公司准备情况自我评估表格"的标准，示例公司已经处于体现为 60%—80% 成绩标准的高等能力级别。

正如建立能力基础一样，你要做的，是回顾那些讨论哪些规则可以成为制胜法宝的章节内容，阅读根据该规则取得成功的公司的案例，然后在每条规则能力表格上，逐行检查你的公司当前的准备情况。

3. 计划

现在，从歌利亚复仇的六大规则中，你已经选定了一条或两条规则拟达到中等能力水平，并选定了一条旨在追求世界级能力水平的规则。下面，请你为这几条选定的规则，分别制定行动计划。

在你落笔之前，仔细思考以下四个问题：

（1）我们能否通过推出新举措，增强我们在选定规则方面的能力，从而将案例中的经验教训，应用到我们的公司？

（2）在选定规则能力表格中，我们是否已经制定了变革计划，帮助我们通过招纳贤才或追加投资，来增强特定规则要求的具体能力？

（3）我们当前的哪些计划，与特定规则能力不一致，应该停止或重新调整重点？

（4）我们的新计划所需的人力和财务资本中的哪些部分，可以通过在既有计划之间调配人员和资金，自主解决？

歌利亚的复仇

回答这些问题,将会为以上每一个重点关注的规则,产生一个开始、停止和调整重点的决策草案清单。表 10.2 展示了围绕"规则 5(重视人才胜于技术)"构建的示例。示例公司希望随着时间的推移,从中等/高等级能力发展到世界级能力。

你应该为六条规则都完成一个表 10.2,每条规则一张表。你还需要为上面列出的重点规则填写表右侧三列,并为其他特定规则的行动计划,填写"停止"列(右数第二列)。这六个行动计划,代表了你的团队对于如何从想要实现"歌利亚的复仇",转变为实际建造"帕特农神庙"的最佳思路。这些行动计划决定了你现在要执行六条规则中的哪一条,以及每条规则的哪些维度想要你优先关注,以确保可以参与竞争(中等能力),赢得竞争(高等能力),实现差异化竞争(世界级能力)。

表 10.2 "规则 5"行动计划示例

项目	现有能力水平	近期能力目标	要开始的新计划	要停止的现有计划	要重新调整重点的现有计划
尊重组织知识	中等能力	中等能力	—	计划名称 计划名称	—
超越"3D"数字职位	中等能力	高等能力	—	计划名称 计划名称	
致力于先发制人的技能培养	中等能力	世界级能力	计划名称 计划名称	计划名称 计划名称	计划名称 计划名称
重视创业型领导者	中等能力	中等能力	—	计划名称 计划名称	
优化人工智能–人脑智能平衡配比	中等能力	世界级能力	计划名称 计划名称	计划名称 计划名称	计划名称 计划名称
提高数据敏捷性	中等能力	中等能力	—	计划名称 计划名称	—

从示例中可以看出，这些行动计划，将要求你为拟改进的每项能力，都制定具体的举措，以将其划分为启动、停止和重新调整重点的计划。对于那些只需要保持当前能力水平的表格内容，你只需要在"停止计划"一栏填写内容。这将让你释放创新举措所需的人力物力，实现自给自足。

现在，对老牌企业来说，启动新计划，要比停止或重新调整现有计划容易得多。每一家老牌企业都既有惰性也有动力。过去的重点业务，以及为这些业务制定的各项举措，都有其自身的意义。因此，与你宣布的新计划一样，你和你的团队取消、合并或更改的计划，同样表明了你为实现"歌利亚的复仇"付出的努力。因此，不要回避表10.2中右两列的内容。

4. 反馈回路

不管你选定了那条具体的规则，都可能会发现有很强的自我增强驱动力在发挥作用。表10.2中的示例公司就是一个很好的例证，该公司选择围绕"规则2"和"规则5"，追求世界级能力水平。要在改进式创新计划与改变游戏规则的颠覆式创新努力（"规则2"）之间取得平衡，几乎总是需要在人才招募、培养、薪酬和组织方面进行重大变革（"规则5"）。这个推论也是正确的。那些愿意在颠覆式创新上进行多年大胆投资的老牌企业，要求自己考虑之前根本不考虑的一类人才。

对该示例公司来说，这些自我增强的驱动力可能也解释了为什么围绕"规则 2"和"规则 5"努力变革并实现世界级能力,意味着大量的投资。实现这样的目标显然需要推动多项新计划,同时在战略意义不大的领域进一步削减投资。只有在完成了针对选定规则的行动计划模板后,你才能从全局进行审视,并确保避免"贪多嚼不烂"的情况。

5.《颠覆者行动手册》总结

综上所述,示例公司决定将围绕"规则 3"构建的能力提升一个级别(从有限能力提升到中等能力);同时将围绕"规则 2"和"规则 5"构建的能力,提升一个级别(从高等能力提升到世界级能力)。对于这三条选定为变革重点的规则,针对每条规则制定的行动计划(如表 10.2 所示)将在右侧三列中,总结已经明确的重点计划和资源分配决策。

在这三条规则的能力构建目标达成之前,示例公司已决定推迟"规则 1""规则 4"和"规则 6"的改进式创新能力投资。但它也将为这些优先级被降低的规则,完成针对性的行动计划,以确定需停止的计划内容(表 10.2 右数第二列)。正如上文所讨论的,明确决定未来需要停止投资的领域,与制定新计划同等重要。

这份《颠覆者行动手册》总结得到公开讨论、验证和改进。员工参与构建的计划,参与度往往会更高,所以在制定公司举措时,确保包容性和开放包容的心态。但一下子要落实六大创新规则，看起来有点不堪重负。但正如一个老笑话说的那样："怎么吃掉一头大象？一口一口地吃"，请你先选择 2—3 条规则，并在一、两个季度内取得有意义的进展，要比试图一夜之间落实六条规则，却让公司失去了保持长期发展所需的动力，要好得多。

进行中期调整

有人说，没有一个作战计划能在与敌人交战后幸存下来。同理，缺乏及时的调整，你制定的《颠覆者行动手册》也无法在数字竞争的压力下幸存下来。现在，你需要建立起适当的管理机制，有效地监控外部环境的变化（包括第三章中的期农户望棘轮），跟踪每条规则的能力级别变化，以及特定规则的行动计划中重点事项的进度。

虽然每家公司的情况都不尽相同，但在表 10.3 中，我们概述了围绕《颠覆者行动手册》建立合理管理节奏的出发点。

表 10.3　颠覆者行动手册管理节奏

项目		一季度			二季度			三季度			四季度		
		1	2	3	4	5	6	7	8	9	10	11	12
年度战略回顾	测量变革性用户成果的客户采纳度												
	按照客户价值阶梯的台阶按需调整整体产品										▲		
	摈弃整体产品中的第三方元素，以提高利润率												

续表

项目		一季度			二季度			三季度			四季度		
		1	2	3	4	5	6	7	8	9	10	11	12
季度能力自我评估	在每一个特定规则表格中更新能力评估情况												
	调整围绕特定规则行动计划的开始、停止和重新调整重点决策		▲			▲			▲			▲	
月度计划检查点	回顾每项计划的绿色、黄色、红色状态	▲	▲	▲	▲	▲	▲	▲	▲	▲	▲	▲	▲
	在各项计划间调整人力和财力资源的分配												

我们在管理节奏草案中,假设了以自然日历为周期的会计年度,如果有所不同,你可能需要调整月份,以反映你的真实财年周期。我们建议你设置三种不同周期的跨职能工作盘点,以便随着时间的推移跟踪进度,并根据需要,调整《颠覆者行动手册》。

1. 月度计划检查点

通过自下而上的工作方式,你和你的团队应该以月为单位,针对特定行动计划中每个计划的进度进行检查。为了简化检查程序,你可以制定每个计划都适用的、包含2—3张幻灯片的标准化检查模板,这样,跨职能团队就能快速掌握每个计划的进度概要,避免纠结于不必要的细节。

前两张幻灯片应该是重点内容,第一张幻灯片应列出上一次月度会议就特定计划做出的决议、针对每项决议已经完成的后续行动，以及仍然需要跨职能部门讨论的任何未决问题。在这一周期中，每个计划的负责人明确地承担责任，遵照历史的阅读检查结果采取行动变得至关重要。换句话说，没有人想要错过这个检查会，因为他们不想错过任何一个决议的制定或执行过程。

第二张幻灯片应列出每项计划的关键工作流程，提供绿色（正常推进）/黄色（存在风险）/红色（偏离计划）评估。并针对黄色或红色计划，提供后续的行动建议。作为备用的第三张幻灯片，可以更详细地介绍制约黄色或红色工作流程的障碍、针对每个"改善"计划已经采取的措施，以及需要更快执行的任何拟定管理决策。

理想情况下，每个计划占用的会议时间不超过15分钟。即便如此，在大公司中，《颠覆者行动手册》的月度审查，可能需要一整天的时间。在小公司中，可能只需要1小时。不管怎样，会议都应该重点探讨黄色或红色的工作流程，并明确阐述可以采取哪些措施来追回进度。

需要警惕的是，一些计划负责人，为了降低未按照进度推行的风险，在临近月度检查点的时候，请求获取额外资源。毕竟，没有哪个项目经理，希望在下一次月度会议上，听到关键工作流程被评定为红色和黄色的坏消息。然而，公司最好打造所谓的狼性文化，确保员工在资源有限，时间紧迫的情况下，仍能够高效推进工作。

2. 季度能力自我评估

所有计划都旨在提升公司围绕选定规则构建的能力。在季度计划中，你应该暂时放开月度检查的内容，重新评估公司在每个特定规则能力表格的每一行上取得的能力评级。

六大规则的能力构建表，总共代表了 36 种能力——六大规则的每一个表格上有六行内容。我们曾经提及，对于一家典型的老牌企业来说，其"歌利亚的复仇"之旅，可能需要 3—5 年的时间，如果公司规模小这个过程可能会稍短一些，如果公司规模大这个过程可能会稍长一些。现在，假设你的《颠覆者行动手册》设定了一个 4 年计划。

由于大多数老牌企业改革的出发点，都是一半以上的能力处于表格的最低能力或有限能力级别，因此它们可能需要提升 15 个特定行或能力塑造过程，才能达到中等能力等级（请参见上面的"底注"部分）。此外，你已经选择了至少一个规则，成为你的 制胜法宝。在这条规则上，你至少需要完成 4—5 个特定行或能力塑造过程，才能提高多个能力级别。因此，你的制胜法宝的练成，有可能需要 10 个额外的单项能力进阶。

总体而言，这意味着在四年计划的 16 个季度中，你需要在执行《颠覆者行动手册》方面，实现 25 项单级能力进阶。因此，每个季度，你都需要将表格中两个基于行的能力，提升一个级别。如果你觉得这样的要求不高，那么请切记，光是实现其中一些能力的单级进阶，就可能需要三到四个季度的时间。

季度能力自我评估，往往需要持续一整天。应该提前分配的前期工作，包括对公司当前能力逐行更新评估。可以使用不同颜色，标注能力在上一个季度与本季度的差距。在会议期间，让每个规则的指定负责人，讲解最新能力评估的依据，以及每个计划为实现能力提升所做的贡献。

最后，讨论一下在改进特定规则的能力方面，哪些进展落后于计划、导致出现落后的根本原因是什么。更新特定规则的行动计划，以反映获得跨职能团队一致认同的，对计划层级的开始、停止和重新调整重点的决策，以及每个计划的相关资源配置决策。此外，一定要清楚地记录已经做出的决策，确保这些决策执行的情况，可以成为下一季度的能力自我评估会议的工作重点。

3. 年度战略回顾会

你需要在以下两者之间取得适当的平衡：让"歌利亚的复仇"战略保持足够长的稳定性，以便在战略执行中取得实际进展，同时又不错过要求改变战略本身的重大市场变化。对于大多数老牌企业而言，召开年度战略研讨会不失为重新审视战略根基，以及有助于执行战略的《颠覆者行动手册》的最佳时机。

这种年度战略回顾会通常是异地进行，持续多日，至少要有公司领导团队的最高两级领导参加。思科称这一过程为长期规划（LRP—long-range planning）。通用电气公司称之为"增长行动手册"（GPB—growth playbook）。几乎每家公司都已经制定了年度

歌利亚的复仇

战略回顾和下一财年预算的会议安排。在本书中，此举旨在为公司的年度规划流程（无论如何称谓），加入歌利亚的复仇的重点元素。

歌利亚的复仇的议事项目应该集中在三个方面：首先，请记住，你逆袭数字颠覆者的战略，植根于你在第四章中列为首要事项的变革性客户成果。一年一度的会议，是深入接触客户，盘点你对客户的业务（B2B 商业模式）或生活（B2C 商业模式）产生的影响力的一个适当节奏。你越是能够量化客户从变革性客户成果中获得的价值，就越能从这个价值核查过程中，获得更好的洞见。你是否实现了在 BHAG 目标中设定的 10 倍价值？如果你实现的价值不是 10 倍，那是多少倍？你的 BHAG 目标是否仍然正确，还是说目标设定得过高或过低？现在是时候坦诚地面对过去一年中所学到的东西，并为接下来的一年做出必要的调整。

其次，请记住在价值阶梯的四级台阶中，你指定了 10—12 个整体产品（图 4.5）。把你的市场反馈下钻一个层级。按价值阶梯的台阶来划分，这四种客户角色，分别对哪些整体产品的采纳速度快？哪些整体产品似乎停滞不前，或更糟糕的是，被目标客户拒绝？价值阶梯第 1 级台阶和第 2 级台阶（主要是保护当前的核心业务），和价值阶梯第 3 级台阶和第 4 级台阶（在核心业务以外的领域实现增长）之间的用户采纳，是否实现了平衡？通过年度战略回顾，按照价值阶梯的层级，调整全产品组合，以反映市场的变动。

最后，如果不能随着时间的推移，提高利润率和盈利能力，

第十章 颠覆者行动手册

仅实现了收入增长是不够的。在谈到"产品"和"整体产品"之间的区别时,我们给你列举了一些示例,说明你必须如何协调第三方能力,来填补自身能力缺口(想想优步廉价的、自动化的出行整体产品中的司机及其车辆)。在年度回顾时,你都希望明确地寻找机会,优化掉那些曾经帮助你快速进入市场的第三方能力,因为随着你的创新型解决方案的规模化运作,它们将消耗你的毛利。优步为了摆脱与人类合同营运者相关的费用和责任,把客户出行服务的费用更多留在公司内部,而大力投资自动驾驶汽车上的巨额投资,就是一个很好的例子。关于每一个整体产品组合,你每年都应该以下面的方式思考:你可以进行哪些投资,从而帮助你在行业利润池中获得更大份额?就这么简单,评估你制定的《颠覆者行动手册》不需要第四种类型的会议。请把握这个管理节奏:每年召开17次会议,涵盖这三种类型的会议——年度战略回顾、季度能力自我评估、每月计划检查点,就能助你稳步实现"歌利亚的复仇"的目标。

第十一章

自我颠覆

机遇偏爱有准备的头脑。

——路易斯·巴斯德，发明家

你现在已经完成了制定《颠覆者行动手册》这项艰难工作，以帮助你的公司实现"歌利亚的复仇"。关于公司的论述，到此为止，我们接下来谈谈你个人以及你的职业发展。具体来说，就是在这个令人迷惑的数字化颠覆时代，你如何找出最值得追求的职业、应该培养的技能，以及应该执行的计划，从而最充分发挥自身的职业影响力。

每个人都要调整，以适应工作角色的改变。一个世纪前，农民为自己的职业感到自豪，因为每三个人中就有一个人从事农业耕作。如今，这个比例不足百分之一。然而，与农耕相关的全新职业，如自动化工程师、农学家和生物技术研究员等，已经出现，不断地提升1%仍在从事农业耕种的人的生产力。

现代农业，看起来和一个世纪前迥然不同。我们用极少数的劳动力养活了更多的人。转基因种子、机器人耕作设备和基于人工智能的作物种植规划，已经成为常态。现代农民们坐在精密的计算机前，根据传感器数据和无人机视频远程控制拖拉机。算法会决定在哪里播种何种作物，什么时候收获，从而最大限度地提高产量，保持土壤肥力。

每个行业都在上演同样的故事，现有的职业生涯路径正在被重塑，新的职业正在出现。正如哲学家埃里克·霍夫（Eric Hoffer）所说："在快速变化的时代，未来属于不断学习的人，故步自封者只会发现，自己如鱼得水的世界已经不复存在"。

如果你正在阅读本书，我敢肯定，你是一个不断学习的人，那么现在，请你学习如何让"歌利亚的复仇"为你的职业生涯发挥作用。这意味着需要了解你在六大规则方面的准备程度，平衡你的三重底线，撰写个人使命声明，定义个人行动计划，从而实现长期职业发展目标。

如何实现自我颠覆

拿出你在第四章至第九章结尾处完成的职业自我评估表格，在表 11.1 中，按规则填写整体评估情况。如果你利用 www.goliathsrevenge.com 完成了线上自我评估，网站将为你自动生成准备情况总结。

如果你的表格内容与下方表 11.1 的示例相比，空白更多、条形图更小，也请不要气馁。相较于示例中的虚拟员工，你可能仍处于职业生涯早期阶段，或者你在一些规则方面，有深厚的工作经验，但对于其他规则而言，可能毫无工作经验，这些都不是大

第十一章 自我颠覆

问题。回顾你在阅读本书过程中完成的自我评估表格内容，了解在六大规则的哪些方面，你的能力得到充分培养，在哪些方面，你的能力尚处于萌芽阶段。要正确地理解二者之间的差距，取决于你在当前公司中所处的职位高低。

表 11.1 职业准备情况总结

项目	0—20% 最低能力	20%—40% 有限能力	40%—60% 中等能力	60%—80% 高等能力	80%—100% 世界级能力
规则1：交付变革性的客户成果	▓	▓	▓		
规则2：追求颠覆式创新和改进式创新	▓	▓	▓	▓	
规则3：数据即货币	▓	▓			
规则4：通过创新网络加速创新	▓	▓	▓	▓	
规则5：人才胜于技术	▓	▓	▓	▓	
规则6：重新定义宗旨	▓	▓	▓		

0　　　20　　　40　　　60　　　80　　　100（%）

1. 高层管理者

如果你是首席执行官或高级管理人员，表现却如以上表格所示，则是不可原谅的。要意识到，你的能力不足将影响到整个公司的发展，而能力缺口的影响程度，会因为规则不同，而迥然不同。

歌利亚的复仇

在"是什么"和"为什么"相关的规则方面的欠缺是不可接受的,分别是"规则1(交付变革性的客户成果)"和"规则6(重新定义宗旨)"。作为高层领导,你的工作就是为公司定义其宏伟、艰难、大胆的目标(BHAG),帮助每一位员工理解这些目标的重要性。所以,如果你在这些方面的能力,没有达到高等能力水平,那么针对性地提升这些能力,就是你的当务之急。

在剩下的与"如何实现"有关的规则中,请将"规则5(人才胜于技术)"作为职业发展计划中的下一个重点事项。正如我们在第九章中所讨论的,你的个人使命宣言与公司宗旨宣言的一致性越高,你对人才的吸引力就会越大。尤其是,如果你把职业生活的重心,放在明确的三重底线上(将在下文详述),就能与你想要招揽、培养和激励的千禧一代和Z世代员工产生共鸣。

如果你在"规则2"和"规则4"上存在能力缺口,可以考虑招揽那些在该能力方面独树一帜的同级管理者或下一级经理。就"规则2(追求颠覆式创新和改进式创新)"而言,你的首要任务是灌输创新文化,同时提供自上而下的支持,让团队有信心承担风险,迅速试错,并通过快速迭代,不断迈向成功。

对于"规则3(数据即货币)",你极有可能已经拥有了一个技术团队和外部合作伙伴,帮助提供变革所需的数据整合、数据分析和机器学习等专业技能。你的职责,是确保投资力度够强,新能力建设够快,确保公司获得算法优势。与此同时,你还应该了解机器学习、深度学习领域最尖端的技术,在伟大机遇出现时能发现它。

最后，关于规则 4（通过创新网络加速创新），一定要定下基调，明示"非我发明，与我何干"和"我们无所不知"的态度，是未来职业生涯发展的限制因素。除此之外，在成为一名高级管理人员的道路上，你肯定已经建立了一个强大的同行关系网络。继续将这个网络，扩展到风投圈和初创公司圈，先人一步地随时感受已经涌现的颠覆式创新。

2. 中层管理者

中层管理者才是终极对决成败的关键。具有较强 T 型能力履历和深厚制度性知识的领导者，往往都是中层管理者。也正是在中层，传统的思维模式、文化和衡量标准，有时甚至会扼杀最激动人心的创新机会。

作为中层管理者，职业发展重点应该放在新规则的"如何实现"方面，也就是"规则 2"至"规则 5"。中层管理者往往是防止公司因不能快速行动，而无法实现歌利亚复仇的最后一道关卡。虽然在规则 1 中你可以影响公司如何对变革性客户成果进行重点排序，在"规则 6"中，你可以为公司重新定义宗旨献计献策，但最终的决定可能来自你的老板或老板的老板。

对于"规则 2"，请发挥你的优势。正如大家在第五章中看到的那样，颠覆式创新和改进式创新，对公司的长期发展同样重要。因此，如果你擅长推动改善现有产品、体验和运营的"守成式"创新，那就要专注于领导改进式创新团队。如果你每天早上醒来的目标，就是寻找下一个高风险/高回报的突破，那就要抓住支持颠覆式创新计划的机会，指导相关团队，或者辞去目前的职务，担任颠覆式创新项目的创业总经理。至少，你要学习创新工具（如设计思维）和新业务构建方法（如精益创业）等。

如果你没有数据行业的背景，那么"规则3"很可能意味着你需要转变思维。通过线上和线下的管理人员教育计划，培养你的统计和数据分析技能。虽然你可能不是那个亲自动手处理数据或建模的人，但你需要理解数据和算法如何实现日常流程的自动化，从而在短期内提高利润，同时作为未来颠覆式创新的跳板。

就"规则4"而言，通过让你的公司投入到开放式创新平台（比如Topcoder或Kaggle）的小规模的实验中，积累你与外部创新网络的合作经验。通过帮助解决你个人专业范围内的问题，把自己变成这些平台的专家。像高级管理人员一样，继续拓宽你的职业人脉网络，与你认为随着时间的推移，可能会影响公司业务的风险投资家、初创公司、企业孵化器和研究型大学建立联系。如果你是一名技术专家，可以考虑转型成为一名解决方案发现者，而不是发明家，因为一旦你的公司完全拥抱开放式创新，解决方案发现者的角色会更有优势。

对于"规则5"而言，如果你存在能力缺口，那么抓紧时间就非常关键。因为随着时间的推移，你将需要教授一线经理如何寻找、招聘、培养、激励和留住人才。将个人时间投资于先发制人的技能发展，永远都是最佳的决策。就好比购买自家股票的期权,永不会亏。最后,仔细考虑如何在你的团队中不断推进人机平衡。鉴于人工智能和机器人技术的飞速发展,将"是什么"转化为"如何实现"是一个不断变化的目标。因此,请保持灵活性。

3. 初级员工

本书的两位作者都有刚刚大学毕业的孩子,他们做着人生中第一份或第二份工作。因此,我们非常理解你们在规划职业时,一想到需要跨越多次数字化颠覆浪潮,而产生的那种焦虑和不确定性。

如果你刚刚步入职场,但却读完了本书,那么恭喜你,能够跳出目前角色的束缚,进行更长远的思考。就像个人投资中的复利效应一样,你现在为扩展自身技能所做的任何额外努力,都有可能在以后带来巨大收益。这六条规则中的每一条规则,都为额外的学习和加速职业发展提供了机会。

就"规则1"而言,花点时间内化第四章中的价值阶梯和基于客户角色的成果。无论你当前的岗位是什么,如果有机会参与面向客户或者面向合作伙伴的市场试点项目,毫不犹豫地抓住这个机会。这些计划为你提供了围绕未满足的客户需求,以及可以满足这些需求的颠覆式创新计划,形成自己观点的机会。很快,你对公司业务增长策略的理解,将远超那些入职时间比你长久的前辈。

对于"规则2"而言,即使没有任何技术背景,也要积极参与"黑客马拉松"或创新挑战,数据分析和编程工具越来越好,掌握它们的任何人,都可以为团队做出贡献。积极获取参与改进式创新和颠覆式创新项目的工作经验。你可能觉得颠覆式创新更有吸引力,是推动事业发展的更好方式。不要那么天真,老牌企业非常看中本年度财务目标的实现,如果没有源源不断的改进式创新的成功,大多数公司都无法实现颠覆式创新的目标。如果你在大学时期就有创业经验,一定要让你的老板、导师和人力资源代表知道,这样你入选颠覆式创新项目的几率会更高。

就"规则3"而言,如果你已经拥有强大的统计学或数据科学背景,就已经处于领先优势,应该从事利用数据分析和机器学习的岗位。如果你还没有掌握这些技能,现在就投入工作之余的时间,通过在线学习平台[比如课程时代(Coursera)和优达学城]获得基础性的了解。

对于"规则4"而言,你当前接受的学术教育,将助你一臂之力,请确保和从事有趣研究的教授,以及在其他创新公司工作的同学保持联系。换句话说,你拥有充满可能性的人际关系圈,不要浪费掉。同时继续寻找机会,与公司外部从事颠覆式创新和改进式创新计划的人士进行交流。你永远不会知道,他们正在做的事情和你听命参与的新项目,何时会出现交集。建立合作伙伴网络和生态系统,既是一个过程,也是一种思维模式。你在这方面的能力越强,对现在和未来的雇主就越有价值。

就"规则5"而言,不要背负来自非数字世界的负担,转变视角,从数字化的角度预测哪些角色是你需要扮演的,哪些角色会让你兴奋不已。在第八章中，我们为大家列出了一些需要优先考虑的重点岗位：产品孵化经理、行为科学家、体验旅程规划师、商业建模师、解决方案发现者和新兴技术专家。如果你对任何一个前述角色感兴趣，去找你公司中扮演此等角色的人，请他们共进午餐，搞清楚这些岗位到底都是做什么的。

此外，平衡你的 T 型能力履历。如果你是业务员，考虑积累更多的技术、数据和设计技能。如果你是技术人员，那么就要培养产品管理和业务建模方面的能力。但这并不意味着你应该成"样样通，但样样不精"的人。无论如何，要成为某个领域的专家，但同时也要全面发展，确保自己对未来不可避免的职业颠覆做好充分的准备。

就"规则 6"而言，起草你的个人使命宣言（我们将在下文详述），越早越好。但你可能仍在探索自身世界观，不确定哪些挑战会令你感兴趣，不妨敞开心扉，毕竟俗话说得好："如果不知道路在何方，条条大路皆为通途"，这句话绝对适用于你。

三重底线：收入、成就与影响力

就公司而言，三重底线意味着找到社会、环境和财务指标方面成功的平衡点。下面是职业生涯版三重底线：请参见图 11.1，了解如何在人生的每个 10 年中，找到终身收入、终身成就和社会影响力的平衡。

职业生涯三重底线，意味着你能够活出充实而有意义的人生。如果你和那些步入晚年，但只在某一个维度上取得了令人瞩目的成就的人交谈，会发现他们的人生满意度，低于那些在至少两个维度，甚至三个维度上都取得了成功的人。

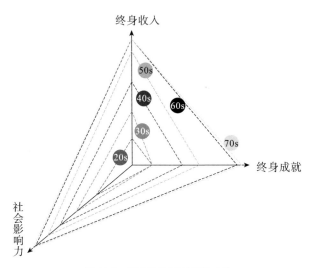

图 11.1　提升你的三重底线成就

相反，那些试图在人生的任何特定十年内，在这三个维度上均实现重大飞跃的人士，则会因为精力太过分散而承受巨大的压力。

让我们举个例子——我们叫她琼。如图 11.1 中的三角形所示，琼的人生中大事小事都跨越了三重底线的三个维度。在她 20 岁出头上大学期间，琼选择了社会影响力专业，因为还是个穷学生，她的主食就是加鸡蛋的微波炉拉面，以保证廉价蛋白质的摄入。琼在 30 多岁时，入职了一家著名的咨询公司，收入大幅上升；先从工作任务繁重的高级咨询顾问助手做起，然后成为了项目经理，总体来说实现了职业生涯的大跨越。

第十一章　自我颠覆

现在琼已经是公司合伙人了，四五十岁的她，在收入和成就方面都实现了巨大飞跃。琼为公司的管理人员提供咨询意见，帮助他们加快职业生涯发展，她越来越享受这样的工作。就像最好的外部顾问一样，下属们获得的成功她都与有荣焉，仿佛自己亲身经历一般。在个人生活中，琼把大部分的时间，都花在如何给身边的人带来持久、积极的影响。在展望六七十岁的人生时，琼计划重新调整生活的重心，把精力从如何挣更多的钱，转向如何更好地帮助他人成功、施加积极社会影响力上。

你的生活轨迹肯定与琼不同，毕竟她只是一个示例，但她的人生轨迹，也说明了如何从三个维度思考自己的人生规划。为了帮助你绘制从二十啷当岁开始，直到七十古稀之年的职业生涯三重底线三角形和人生规划，让我们深入探讨一下这三重底线的轴线到底意味着什么。

1. 终身收入

现在，你可能会想，"为什么要把钱放在这三个维度的首位？"道理很简单，因为金钱是人类行为的最强的驱动力。不管你喜欢与否，金钱都是衡量职业成就的最通用标准。金钱购买改善生活和养育家人所需的商品和服务的手段。金钱之所以重要，理由如下。

一是必要之恶。

让我们面对现实吧——社会的大多数进步，都是通过资本主义实现的。个人接受教育，企业家开创企业，投资者承担风险，都是希望随着时间的推移，增加财富。没有这种经济激励制度，就没有人愿意努力工作了。

二是体现技能的市场价值。

如今的孩子在未来从事的职业，大多还没有发明出来。但这就很难把有吸引力的职业，与那些即将商品化的职业区分开来。市场就是一台奖励稀缺能力（比如现今的人工智能）和贬低其他能力的无情机器。这样一来，收入的高低，就成了判断哪些技能是稀缺的，哪些技能即将消亡的默认指标。

三是创新的动力。

真正的创业家，追求超出常规的丰厚回报。对他们而言，要么收获暴利，要么三振出局。他们属于少数派，如果能投身事业，分享成功，则甘愿接受大幅减薪。获得改变阶层的巨额财富的可能性（尽管几率很低），仍在吸引新的创业家加入获得风投资本的公司，这就是为什么硅谷永远人头攒动。

四是为伟大的事业积累资本。

你当然可以投入时间，参与社会影响力项目，来产生影响力，但要改变数千甚至数百万人的命运，你需要海量的资源如果你愿意，成功的职业带来丰厚的收入，让你拥有足够的资本底气，为你投入更伟大的人类事业做好准备。比尔·盖茨和沃伦·巴菲特等人，通过资助提供清洁水、医疗保健和远程教育的项目，正在切切实实地让世界变得更美好。

2. 终身成就

成就是指实现所期望的、承诺的或预想的事情，它给我们的人生带来了一种目标感。成就感可以来自工作，也可以来自生活。如果你在一个重要项目上做出了令人难以置信的成绩，而受到认可，又或者你女儿在一场排球季后赛中，带领团队获得了胜利，你就会沿着图11.1中的终身成就水平轴继续前行。那么，如何继续提升自己的终身成就感呢？请看下面四种方法。

一是创造积极的交汇。

就像分子在密闭的容器中跳跃一样，你的生活中充满了与他人和人生经历的、看似随机的碰撞，而正是这些碰撞塑造了你的未来。然而，这些碰撞并不像你想象的那么随机。只需四步，就能增加正确碰撞的几率：追求多元化的职业发展路径，具有独立见解，建立牢固的私人和职业关系，并践行与他人产生共鸣的人生使命。正如著名的罗马哲学家塞涅卡（Seneca）所说："运气就是机遇与准备相结合的产物。"

二是求知若渴。

学习就像氧气，一旦停止，你也就死亡了。当今世界，变革的步伐正在加快，人人都在努力避免被人工智能和自动化淘汰的时候，持续学习变得至关重要。然而，你可能在大学毕业后就关闭了学习模式。当然，你可能会读书，或参加在职培训，但是你还记得上一个让你沉浸其中的全新话题是什么吗？当然，这并不是说你应该像埃隆·马斯克那样，在业余时间自学火箭科学原理。只希望你让求知欲的火焰持续燃烧，让你能够攀上人生成就的巅峰。

三是适时转变。

圣雄甘地（Mahatma Gandhi）曾说过："欲变世界，先变其身"。回顾一下你在图11.1的三角图形上的进程。你能准确指出哪些关键决策，在某一维度推动了进步，却牺牲了另外两个维度？也许，当时的决定，是大学休学一年去欧洲旅游；也许感觉自己的能力被低估了而过早离职；也许是因为牵头为孩子的学校筹款，才建立了一种新的职业关系，请明确地指出哪些决策，让你的人生朝着前人未探索过的领域发展。请切记你的最终目标，就是过上成就斐然的一生，对周围世界产生的你想要施加的影响力。

四是视危为机。

如果你玩过扑克牌，就会知道，因为觉得没有拿到好牌，而放弃下赌注，进而搞砸把每一手牌，就一定会最终让你输个精光。因为盲注（扑克术语，指的是在扑克游戏中被逼下注的注码）会置你于死地。生活也是如此，要知道，人生中大多数的成功，都是建立在过往失败的基础上的，所以你的一些转变，很可能会令你陷入困境。但不妨采取玩扑克的人的思维，当面前呈现出一个有风险的机会时，想一想，"这个赌局，值得我投入所有的筹码吗？"如果你的豪赌获得了回报，那么接受这个充满风险的机会，你在个人或职业发展成就上，会有多大的跃升？成为一个能看透风险，及其潜在回报的人。

3. 社会影响力

穆罕默德·阿里曾经说过:"服务他人,就是你在地球上生活应支付的租金"。我们都想做有意义的事情。在上一辈人为了养家糊口,什么工作都干的年纪,数字原住民已经有意识地投身于社会事业的创业运动之中。在三重底线的社会影响力维度,它在你的排序中是否重要,没有对错之分。话虽如此,请看看下面四个可以让你加速产生社会影响力的行动。

一是行有意义之事。

这一点很好理解,将你的才能和资源,投入到解决能改善人类状况的问题中去。如果你想知道什么样的问题属于这个范畴,可以参考联合国提出的七个重点事项:获得清洁水、妇女权利和教育、气候变化、获得医疗保健服务、粮食短缺、人权以及个人安全和保障。在以上任何一个领域推动进步,你就一定能加快社会影响力。

二是拥有感染他人的激情。

激情要表露于外,而非藏秀于内。要在任何值得解决的问题上取得进展,一定需要进行团队合作。把你在职业生涯中学到的领导力知识,应用到社会影响力这个新领域。激励并动员其他人跟你一样,追寻一个能够改变世界,让世界更美好的愿景。

三是寻找交集。

个人三重底线的各个维度,会相互强化。找出社会影响力轴线和另外两个轴线的交点。例如,你在解决社区面临的问题时,培养出的那些鼓舞人心的新领导技能,可以应用到你的日常工作中。运用这些新能力,更好地激励那些不为你工作的人,让他们支持你正在推动的计划。有一颗准备好的头脑,能够预测风险和机会。要善于沟通协调,提出真知灼见,洞悉解决全球重大问题所需的行业关联性。

四是践行价值观。

伟大的人物之间会自然而然地相互吸引。在提升社会影响力的过程中,你要清楚自己的个人价值体系,与你选择解决的问题有哪些契合点。寻找那些同样想要解决这些问题,拥有与你相似的价值体系和潜在动机的志同道合者。你的价值观,就是将个人的使命宣言,转化为鲜活的人生的指南针,而不仅仅落在纸面的空谈。

你已经理解了三重底线的三个维度分别意味着什么,花点时间仔细想想,你在实现终身收入、终身成就和社会影响力目标方面的进展如何。模板见表11.2。

表11.2 评估你的三重底线进展情况

1=表现不及目标　　3=表现正常　　5=表现优于目标					
终身收入得分(1-5)		终身成就得分(1-5)		社会影响力得分(1-5)	
必要之恶	■	创造正确的碰撞	■	行重要之事	■
技能的市场价格	■	求知若渴	■	具有富有感染力的激情	■
创新的动力	■	适时转变	■	寻找交集	■
追求更加宏伟事业的资本	■	视危为机	■	践行价值观	■

第十一章　自我颠覆

如果你的三重底线中，有任何一个方面的进展达到了预期，那就给自己打 3 分。4 分或 5 分意味着你领先于目标，而 1 分或 2 分则意味着你落后了。在进度追踪表的一角注明日期，一年后再回过头看，自己是否在进展不如预期的领域赶上了进度。

我们知道这不是一个令人舒适的练习，而大部分普通人都不喜欢不适。不过，我们非常确定，阅读本书的人本就不"普通"。在三重底线的每个维度上取得的进步，能够为你补充能量，并推动你前进，还能证明你付出的努力和承担的风险，都没有白费。

在开发留声机时，托马斯·爱迪生（Thomas Edison）曾说过："我没有失败，我只是找到了一万种行不通的方法"。如果你在评估自己在三重底线目标的进度时，打了 1 分或 2 分，那也没关系。把这些都算作你的过往经验，然后在下个月或下一年投入更多时间和精力，提升滞后的人生维度的进展。

穿越波涛汹涌的水域

想象一下，你和九个陌生人以及一位向导在激流中漂流。你正在五级急流中翻腾回转。向导告诉你，要眺望下游，提前在足够远的距离观察种种威胁，才能提前规避。向导还告诉你，要学会借水流之势，这样就能节省划桨的力气。

在离岸之前，你做了一些重要的决定，而这些决定可能会最终导致你要么置身筏上，要么置身水中。你是否花了足够的时间锻炼身体，学会驾驭波浪的技能？你和谁结伴同行？他们的健康状况和技能组合，是否为这样一次动荡不安的旅程做好了准备？

如果这段描述看起来说的是你最近经历的一个项目，你并不是唯一产生这种感觉的人。管理自己的职业生涯，有点像这段乘风破浪的旅程。哪怕有一些重要的决定在你的控制范围内，但很多重要的决策，都是你无法控制的。

在过去的几十年里，面对不确定的未来，情景规划一直是惯用的决策方法，其目标是做出笼统但正确的决策，而不是精准但错误的决策。情景规划能扩展你的思维，挑战你的假设，让你在充满不确定性的时代，能够继续前行。

按照三重底线目标来规划人生进程，首先你要预测可能将你的职业发展推向不同方向的浪潮。回到本书开头的通用汽车公司的故事，假设你的理想职业，是交通运输的未来。为了做出正确决定，你可以思考一下，交通运输行业，未来可能会发生怎样的变化。关于2023年汽车行业面临的三种可能情境（见图11.2）。

现在仔细考虑在每种情景下，哪种类型的角色、技能和经验最受重视。无论呈现出哪种行业演进情景，特定能力都会受到重视，而其他能力则仅在其中一两种情景下受到重视。有关图11.2汽车行业情景中这两种能力的示例（见图11.3）。

因此，如果你的职业生涯目标，是塑造汽车行业的未来，那么无论行业如何发展，在远程遥测、电力动力系统或在线营销等

第十一章　自我颠覆

领域的技能，都将得到高度重视。如果你把技能培养的重点，全部放在车队网络设计或自动驾驶的机器视觉等领域，则意味着你在情景 B 和情景 C 上，分别下了风险更大的赌注。

情景A	情景B	情景C
与过去无异	社区汽车规则	自动驾驶汽车规则
· 由于低油价，汽油动力汽车仍然占主导地位 · 电动汽车和无人驾驶汽车仍是精英阶层的玩具 · 驾驶辅助功能成为标配 · 汽车整体变得更安全，汽车保费下降 · 豪华车仍然是重要的地位象征	· 廉价的汽车和卡车车队大量涌现 · 汽车可以完全连接并通过手机访问 · 社区汽车与公共交通和谐共处 · 随着按需用车服务成为主流，城市汽车保有量骤减 · 汽车不再是重要的身份象征	· 完全自动驾驶汽车是所有人都能负担得起的 · 出租车和优步司机已成为过去式 · 出现了汽车管家这样的新职业 · 汽车被优化以获得最佳的娱乐体验 · 超快的5G网络带来沉浸式体验

图 11.2　2023 年汽车行业情景

	情景A	情景B	情景C
	与过去无异 	社区汽车规则 	自动驾驶汽车规则
通用技能	· 远程遥测 · 安全工程 · 电力动力系统	· 移动应用程序设计 · 机器人自动化 · 预测性维护	· 车内娱乐系统 · 品牌 · 在线营销
特定情景技能	· 工业设计 · 性能工程 · 新车及二手车销售	· 行程优化 · 车队网络设计 · 拼车协同	· 机器视觉 · 娱乐策划 · 新车及二手车销售

图 11.3　情景分类的未来技能需求

当我们谈到下面的个人行动计划时，请确保你考虑到交通行业未来最需要的技能和能力。这是确保第九章介绍的"先发制人的技能培养"策略发挥效用的前提。

使命和未来

使命就是每天早上起床的动力。它超越了你承担的任何特定角色、培养的技能或为之工作的公司。希望你的人生使命与公司的宗旨之间存在显著的一致性（第九章）。二者的相合，将使你的人生变得更轻松，但如果你的人生使命，与公司的宗旨格格不入，那么你或许应该考虑去找一份更适合你的工作了。

1. 人生使命宣言

下面是一些人生使命宣言的示例，每一个都回答了一个极其重要的问题："生存的意义到底是什么？"

- 通过预防性医疗保健服务，让慢性病和痛苦成为过去。
- 通过创新、领导力和人类理解力，释放周围世界的潜力。
- 通过消除工业污染，为子孙后代留下一个更美好的星球。
- 通过技术和人际互动，提高最需要金融知识的人群的金融素养。

现在停下来，写一份你的人生使命宣言草案，请用一句话描述，并反思一下你期望在职业生涯中产生什么样的影响力。这个使命宣言，将成为你职业发展生涯的标记目的地。

2. 你希望描述你的未来新闻用什么标题？

现在，让我们规划一条理想的职业路径。假设现在是五年后，你接到了一个电话，来自所在行业最重要出版物的编辑，他表示想写一篇文章，介绍你对行业的影响，你希望这篇文章用什么样的标题呢？

回到前文汽车行业的情景，如果你的职业发展，以实现汽车行业情景 B 为目标，并在公共部门工作。那么这篇文章的标题可能是：

"琼·史密斯（Joanne Smith）市长让社区共享汽车成为了现实。她在削减繁琐程序，重新规划停车场，促进充电基础设施公共投资方面的不懈努力，使得丹佛市的交通拥堵减少了 50%，空气污染减少了 80%。"

如果你的身份是一名财务经理，职业目标与琼一样，那么这个新闻报道的标题可能是：

"创新者詹姆斯·弗雷德里克（James Frederick）开发了开创性的分式产权商业模式，使得汽车共享成为主流。拥有汽车部分所有权的人，不仅可以收获利益回报，还能获得信用点，允许其使用车队中的任何一辆汽车。"

关于你的未来标题，不仅会展现你所在行业的一个或多个可能的发展趋势，还会体现你的职业生涯成就。同时也简明扼要地回答了这个问题：即"你打算怎么做？"每年至少回顾一次自己的人生使命宣言和设想中的新闻报道标题，以确定你设定的长期和中期奋斗目标是否仍有意义。如果你觉得它们已经不适用了，请根据你对未来的新规划，重新设定。

个人行动计划

看起来你需要思考很多东西：以前文论述的六大规则为标准，评估自身的职业能力缺口；设定职业发展的三重底线目标；设想多个不同行业的未来发展情景，并确定哪些技能将得到重用；最后还要写下个人的使命宣扬和未来的新闻报道标题设想。

然而归根结底，所有这些工作，只是为了让你安全地穿越职业生涯中汹涌的暗涛。数字化颠覆可能会让人迷失方向。制定行动计划，明确你在接下来的1个月、6个月，甚至1年中打算做什么，能够有效地简化整个过程，不要设置超过一年的行动计划。

不管时间周期是1个月、半年或1年，都要详细规划你要采取的具体步骤，以推进终身收入、终身成就和社会影响力目标。现在，你不需要远大的志向，而是脚踏实地行动。请确保你写下的计划浅显易懂，即使是只看过一遍的朋友，也能够轻松地判断你能否执行。

行之有效的行动计划应该是什么样子？下面这个例子，展示

第十一章　自我颠覆

了一家老牌出版公司的中层产品经理贾克琳（Jaclyn）制定行动计划的内容和过程。她目前负责管理一家传统出版物，但希望成为创新型数字和人工智能新产品领域的内部创业负责人。

一个月行动：

- 更新个人使命宣言
- 参加用户体验设计的网络课程
- 找到有创业背景的导师
- 调研内部和外部的开放式创新竞争
- 感谢五位迄今为止给我提供过职业生涯的指导人

六个月行动：

- 每月从创业导师那里获得反馈
- 与从事数字产品开发工作的人士共进六次午餐
- 完成用户体验设计网络课程的学习
- 参加当地学院的入门级机器学习认证课程
- 至少参加10场排球队的比赛

一年行动：

- 通过大学校友关系网络和公司同事关系网络，与初创公司的负责人建立联系

- 完成人工智能试点项目,提高当前职位数据清理工作的效率
- 参与内部创新竞赛,学习经验,并在高管人员面前获得有效曝光度
- 在数字创新小组中,谋得数字产品经理一职
- 在当地的动物救助中心做20个小时的志愿者

请注意,所有行动都非常具体,只有做了和没做两种结果,不存在模棱两可的状态。也就是说,贾克琳正在通过明确界定的行动,要求自己严格执行,借此走上实现其长期目标的道路。

只争朝夕

你不能无止境地等待下去,如果你还是20多岁的小年轻,当然有无限的精力和体力,可以完成任何事情。你可以一天工作12个小时后,依然能整夜狂欢,睡在地板上,然后喝一罐红牛,第二天照常工作。你可能缺乏经验、人际关系网和财力,无法充分发挥你渴望获得的影响力,但仍是满腔热忱。

如果你已经50多岁了,那么你已经饱经历练,具有识人之慧眼。如果你已经取得了事业的成功,还可以利用广泛的人际关系和职业关系网络。最后,你可能有大量的资金部署到你最关心的项目中。然而,你可能再也没有精力熬夜,无法承受一周工作7天的高强度节奏。虽然曲线的斜率或曲线的交点可能

第十一章 自我颠覆

不同于图 11.4 的描述,但"长寿悖论"对大多数有才能的人都适用。

你可能在 18 岁 [比如马克·扎克伯格(MarkZuckerberg)或马拉拉(Malala)] 就已经对社会施加了重大影响力,也有可能过了 80 岁耄耋之年(比如沃伦·巴菲特)才产生重大影响力。长寿悖论意味着你需要与年龄图谱另一端的某个人合作,与你形成互补。只要从曲线中的某个地方开始行动,你就有机会留下具有影响力的遗产。

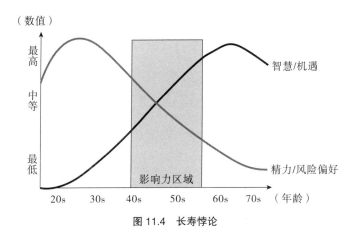

图 11.4 长寿悖论

现在,你已经读完了本书想要提供的所有信息,请你放下书本,付诸行动吧,让你对未来的设想,成为现实。让你的企业成为歌利亚巨人,让你自己成为企业内部的颠覆者,加入数字颠覆者大卫发起的赌局,然后将其击败。

祝你好运!

附 录

歌利亚的复仇规则模板

为了让你和你的公司成功地逆袭数字颠覆者，我们在书中做了大量铺垫。但为了方便你掌握整体的框架和信息，我们分别在附录1和附录2中，列出了六大规则的详细定义和评估记分卡。

此外，在第十章中，你围绕每项具体的规则所需的行动计划，制定了《颠覆者行动手册》。为了帮助你制定手册，我们在附录3至附录8中，为每个规则都提供了一个空白的行动计划模板。

附录1 歌利亚的复仇规则：定义

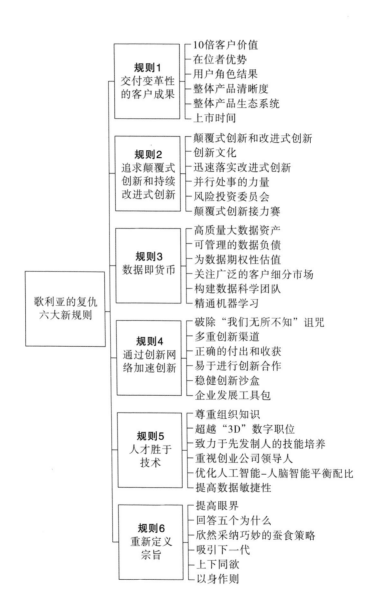

附　录

附录2　歌利亚的复仇规则：评估记分卡

附录 3 "规则 1"行动计划模板

特定规则行动计划模板——规则 1：变革性的客户成果

项目	现有能力水平	近期能力目标	要开始的新计划	要停止的现有计划	要重新调整重点的现有计划
10 倍客户价值					
在位者优势					
用户角色结果					
整体产品清晰度					
整体产品生态系统					
上市时间					

附录 4 "规则 2"行动计划模板

特定规则的行动计划模板——规则 2：颠覆式创新和改进式创新

项目	现有能力水平	近期能力目标	要开始的新计划	要停止的现有计划	要重新调整重点的现有计划
颠覆式创新和改进式创新					
创新文化					
迅速落实改进式创新					
并行处事的力量					
风险投资委员会					
颠覆式创新接力赛					

附录 5 "规则 3"行动计划模板

特定规则的行动计划模板——规则 3：数据即货币

项目	现有能力水平	近期能力目标	要开始的新计划	要停止的现有计划	要重新调整重点的现有计划
高质量大数据资产					
可管理的数据负债					
为数据期权性估值					
关注广泛的客户细分市场					
构建数据科学团队					
精通机器学习					

附录6 "规则4"行动计划模板

特定规则的行动计划模板——规则4：通过创新网络加速创新

项目	现有能力水平	近期能力目标	要开始的新计划	要停止的现有计划	要重新调整重点的现有计划
破除"我们无所不知"的诅咒					
多重创新渠道					
正确的付出和收获					
易于进行创新合作					
稳健创新沙盒					
企业发展工具包					

附录 7 "规则 5"行动计划模板

特定规则的行动计划模板——规则 5：人才胜于技术

项目	现有能力水平	近期能力目标	要开始的新计划	要停止的现有计划	要重新调整重点的现有计划
尊重组织知识					
超越"3D"数字职位					
致力于先发制人的技能培养					
重视创业公司领导者					
优化人工智能－人脑智能平衡配比					
提高数据敏捷性					

附表 8 "规则 6"行动计划模板

特定规则的行动计划模板——规则 6：重新定义宗旨

项目	现有能力水平	近期能力目标	要开始的新计划	要停止的现有计划	要重新调整重点的现有计划
提高眼界					
回答五个为什么					
拥抱竞食策略					
吸引下一代					
上下同欲					
以身作则					

索 引

（所注页码为英文原书页码）

ABC, 56, 107
Accelerate through innovation networks
　(Rule 4), 11–12, 127–145
　action plan template, 255
　become easy to innovate with, 132–136
　in entry-level employees' careers, 233
　expand corporate development toolkit,
　　136–140
　to identify how to achieve goals, 210–211
　in midlevel managers' careers, 231–232
　NASA example of, 140–142
　open up innovation channels, 130–132
　overcome curse of "we know
　　everything," 128–130
　readiness for, 142–145
　in senior executives' careers, 230
Acquisitions, 139–140, 158, 163–164
Action plans:
　based on prioritized initiatives, 217–220
　for personal career, 243, 245–246
　templates for rule action plans, 252–257
Adaptive financial models, 156
Adaptive mind-set, 170–171
"Adaptive navigator," 170–171
Administrative friction, 183–174
Adobe, 10, 88, 100
ADT, 129
Advertising, 56

Advisors, 100
Aetna, 158
Agile development, 149–150, 154, 156
Agricultural age, 106
AI, - Artificial intelligence
AIA Group, 194
AIG, 154
AI-human balance, optimizing, 164–168
Airbnb, 203
Albertsons, 52
Alfred Angelo, 42
Algorithms:
　building, 118–121
　categories of, 118
　in farming, 228
Algorithmic advantage, 32
　from data science, 119
　for digital customer segments, 16–117
　for Discovery, 194
　jump-starting self-reinforcing cycle for,
　　113–114
　leveraging data assets for, 203–204
　by mastering machine learning,
　　117–121
　perpetual, 55–60
　preparing for second wave of, 32–33
　in rail industry equipment, 48–49
Ali, Muhammad, 239

Alignment:
  around reframed purpose, 207
  around strategy, 208–209
  of personal and company purposes, 230, 243–244
  of strategy execution, 199–200
  top down, 187–191
AlphaGo (Google), 114
AltaVista, 58
Amazon:
  Amazon AI, 120
  in continuous machine learning race, 120
  as digital disruptor, 2, 8
  e-commerce revenues of, 42–44
  Netflix's outcompetition of, 94
  public cloud of, 72
  step-change customer outcome of, 65
Amazon AI, 120
Amazon Web Services (AWS), 26
American Apparel, 42
Amgen, 36
"And," power of, 10, 91–92, 210
Android smartphones, 9
Annual strategy review, 224–226
A&P, 42
Apple:
  Apple Watch, 194
  App Store, 178
  Dell's chance to buy, 181
  as digital David, 4
  as digital disruptor, 2, 9
  iPads, 62, 99
  iPhones, 3–4, 30, 31, 62, 99
  iPod, 178
  iTunes, 178
  name change for, 4, 178
  "notifications" of, 154
  as partner of TWC, 190
  reframing of purpose by, 177–178
  single CEO structure of, 162
  step-change customer outcomes at, 62
Apple Computer, 3, 4
Apple Watch, 122, 194
App Store (Apple), 178
Aquascutum, 42
Aristotle, 192
Artificial intelligence (AI), 168. *See also* Machine learning
  AI-based pattern discovery, 154
  AI-clinician healthcare model, 149
  and algorithmic advantage, 32
  in continuous machine learning race, 120
  in crop planting, 228
  data needed for, 114
  and human intelligence levels, 164
  in IBM's supply chain, 190
  optimizing AI-human balance, 164–168
  and perpetual algorithmic advantage, 55–60
  phases of migration to, 164–168
  specialists in, 157
  Watson and AlphaGo, 114–115
Asda, 98
Assessment scorecard, 251
Assets. *See also* Data assets; Incumbent's advantage
  domain knowledge, 25
  installed base, 30–31
  optimization of, 118
  as source of incumbent advantage, 24–25, 36–37
Asset performance management, 48
AT&T, 27, 135
Authenticity, 192
Automation, displacement by, 167, 168
AutoML, 120
Automobiles, 4
  car sharing and ride sharing, 6–7
  customer expectations of cars, 46–47
  driving DNA improvement, 195
  electric cars, 3–5
  scenarios for 2023, 242–243
  self-driving cars, 6, 34, 113
Average, end of, 40–41
AWS (Amazon Web Services), 26
Azure, 26
Azure Machine Learning, 120

Baidu, 120
Balance:
  AI-human, 164–168
  of Big I and Little I innovation, 83–85, 219
  of digital offense and defense, 200–201
  of internal and external innovation, 204
  of triple bottom line in personal life, 234–241

索 引

Balanced T profile, 161–162
  for entry-level employees, 234
  for midlevel managers, 231
Banga, Ajay, 99
Bankruptcies:
  among retailers, 42
  of Blockbuster, 181
Barcodes, 34, 52
Barnes & Noble, 129
"Barney" deals, 131
Barra, Mary, 7, 191
Barta, Deborah, 213
BBVA, 10, 91
Behavioral economics, 193
Behavioral scientists, 154
BEREC (Body of European Regulators for Electronic Communications), 35–36
Betterment, 26, 54, 55
Bezos, Jeff, 142
BHAGs (big, hairy, audacious goals), 63–65
  delivering on innovations required for (*see* Pursue Big I and Little I innovation [Rule 2])
  on stairway to value, 73–74
Big, hairy, audacious goals, *see* BHAGs
Big data, 111
Big I avoidance syndrome, 91–92
Big I innovation:
  balancing Little I innovation and, 83–85, 219
  Big I avoidance syndrome, 91–92
  cannibalization for, 181
  CEO-level big bets for, 10
  challenges with, 86
  channels for, 130–131
  at Cisco, 184
  culture for, 182, 183
  differentiating Little I from, 84–86
  executing, 95–99
  funding, 201–203
  at General Motors, 6
  at IBM, 185
  protection for, 92
  pursuing (*see* Pursue Big I and Little I innovation [Rule 2])
  spin-outs, 138–139
  venture investment board for, 92–95
Big I relay race, 95–99
Bill and Melinda Gates Foundation, 213
Blackberry, 162

Blockbuster:
  bankruptcy of, 181
  destruction of, 2
  lack of change at, 9, 45, 212
  protection of established business by, 13
Blockchain, 168, 190
Blocking patents, 33–34
Bloomberg, 55–58
Bloomberg, Michael, 56, 57
Blue Origin, 142
Blumenthal, Neil, 127
Board of directors, aligning reframed purpose and, 188–189
Body of European Regulators for Electronic Communications (BEREC), 35–36
Boeing, 182
Boise Cascade, 129
Bolt, Usain, 95
Borders, 42
Bottom-up innovation, 10. *See also* Little I innovation
Brambles, 188
Brand reach, 27–28, 37
Brand value, 27, 28, 37
Branson, Richard, 142
BrightHouse Group, 42
Broadcom, 35
Brookstone, 42
Bryson, 123
Buffett, Warren, 237, 247
Built to Last (Jim Collins and Jerry Porras), 63
Business, redefining, *see* Reframe your purpose (Rule 6)
Business incubators, 137–138
Business model(s):
  of Apple, 178
  for Big I innovation, 95, 96
  of Discovery Insurance, 179
  freemium, 137
  of healthcare, 149
  for insurance, 193
  of Netflix, 93
  of Nike, 180, 181
  open innovation inhibited by, 128
  risks and vulnerabilities in, 177
  shared-value, 195
  of Tesla, 47
  two-sided, 178

Business modelers, 155–156
Business model innovation, 45, 47
BXB Digital, 188
BYD Auto, 4

Cannibalizing core businesses, 181–182. *See also* Smart cannibalization
Capabilities:
  for all six rules, 215–216
  building, in new roles, 157
  coding, 76
  quarterly self-assessments of, 223–224
  as source of incumbent advantage, 24–25, 36–37
  Tesla upgrades of, 46–47
  third-party, 226
  tracking, 220
  for whole offers, 76–77
Capital:
  corporate venture capital, 136–138
  for making a social impact, 237
  for personal projects, 247
Cars, *see* Automobiles
Careers, digital divide in, 40–41
Career disruption, 227–248
  balancing triple bottom line, 234–241
  for entry-level employees, 232–234
  and longevity paradox, 247–248
  for midlevel managers, 231–232
  navigating, 241–243
  personal action plan for, 245–246
  readiness under six Rules, 228–234
  for senior executives, 229–230
  and your future headline, 244–245
  and your purpose, 243–244
Career paths, 153, 158
Career readiness self-assessments, 80
  in personal career disruption, 228–229
  Rule 1, 77–78, 80–82
  Rule 2, 100, 102–104
  Rule 3, 123–125
  Rule 4, 142–145
  Rule 5, 171–174
  Rule 6, 195–198
Car-sharing, 6, 7
Carven, 42
Caterpillar, 177
CBS, 56, 107
CDOs (chief digital officers), 152, 168
Cellular Telecommunications and Internet Association (CTIA), 35–36

Center for Health Care Innovation (Penn Medicine), 151
Centers of excellence, 157
Center of Excellence for Collaborative Innovation, 142
Central innovation group, 84, 87
CEOs, *see* Chief executive officers
Chambers, John, 10, 91, 163, 184, 210
Charter, for Little I opportunities, 89
Chevrolet brand, 37
Chevy Bolt, 4, 37
Chevy Volt, 4, 37
Chief artificial intelligence officers, 164
Chief digital officers (CDOs), 152, 168
Chief executive officers (CEOs):
  of acquired startups, 163–164
  Big I innovation bets of, 10
  career disruption for, 229–230
  single vs. dual, 162
  of venture-funded startups, 24
Chief information officers (CIOs), 168
Cisco, 91
  annual strategy review of, 224
  best practices of, 100
  Brambles' meetings with, 188
  Emerging Solutions Council, 94
  Emerging Technology Group at, 184
  former CEOs working for, 163
  innovation portfolio management by, 9
  installed base of, 31
  venture general manager talent at, 163
City Sports, 42
Classification of AI and human activities, 164
Clemens, Samuel (Mark Twain), 4
The Climate Corporation, 114
Cloud computing, 72
Coaching, 100
Cognitive capacity:
  of humans vs. computers, 166
  race to increase, 164
Cognitive science, 154
Coinbase, 177
Collaboration, at Penn Medicine, 149
Collins, Jim, 63
Collisions, creating, 237–238
Commercial terms, leveraging, 59–60
Commitment:
  to open innovation, 133
  to preemptive skill development, 157–160
  to triple-bottom-line, 190
Communication of reframed purpose, 189–191

索 引

Community-healthcare model, 150
Company(-ies):
   assessment of, 14–18
   building disruptor's playbook for (*see* Disruptor's playbook)
   digital divide in, 41
   innovation culture, 87–89
Company readiness self-assessments:
   Rule 1, 77–80, 82
   Rule 2, 100–102, 104
   Rule 3, 123–125
   Rule 4, 142–145
   Rule 5, 171–172, 174
   Rule 6, 195–198
Competition, changing basis of, 182
Competitive differentiation, 39, 216–217
Conceptualization of Big I innovations, 97
Confidence, in reframed purpose, 191
Connect+Develop program, 129–130
Connected Innovation Program, 133
Conservative customers, 51, 52
   data-center-as-a-service, 72, 73
   on stairway to value, 70
   whole offers for, 77
Consumer purchasing data, 59
Continual improvement, 83–85
Continuous machine learning, 119–121
Contract talent, 158–159
Core businesses:
   aligning employees with goals of, 189
   cannibalizing, 181–182 (*See also* Smart cannibalization)
   data sets from, 32
   self-funding of innovation by, 25–26
   as speed-one organization, 182
Corning, 138
Corporate development toolkit, 136–140
Corporate incubation, 137–138
Corporate venturing, 136–137
Credit reporting, 56
Crest SpinBrush, 130
Crossing the Chasm (Geoffrey Moore), 68
Crown jewels, 24–25, 36–37. *See also* Incumbent's advantage
   access to, for two-speed organization, 184–185
   fully leveraging, 94–95
   in picking step-change customer outcome, 66–67
Cruise Automation, 5–6
CTIA (Cellular Telecommunications and Internet Association), 35–36

Culture:
   and AI-human balance, 168
   of exploration, 135–136
   of innovation, 10, 87–89, 182–183
   of midlevel managers, 231
   new-hires and legacy employees in, 152
   at Penn Medicine, 149
   of startups, 23–24
   in two-speed organization model, 182–183
   of The Weather channel, 122
Currency, using data as, *see* Use your data as currency (Rule 3)
Customers:
   aligned with reframed purpose, 190–191
   data from, 110
   digital segments, 115–117
   existing relationships with, 28–30
   parabolic adoption by, 50–55
   personas of, 68, 69, 77 (*See also* Stairway to value)
   segmentation of, 68
   validation from, 68, 77
Customer expectations:
   of existing customers, 29
   ratcheting up of, 43, 45–50
Customer-in thinking, 63–68, 76
Customer outcomes, *see* Deliver step-change customer outcomes (Rule 1)
Customer service systems, data sets of, 33
Customer value metrics, 65–67
CVS, 158

Dalai Lama, 247
Dare to Try initiative, 10, 88
Dark data, 111
Data:
   as currency, 164 (*See also* Use your data as currency [Rule 3])
   dark, 111
   fragmented, 33
   lasting value of, 106
   maximizing return on, 114–121
   measuring quantity and quality of, 108
   perpetual algorithmic advantage, 55–60
   true costs of acquiring/protecting, 111
   value of, 10–11
   valuing optionality of, 113–114
   virtuous cycle of, 11

327

Data analytics:
  and algorithmic advantage, 32
  in remote preemptive equipment adjustments, 48–49
  using machines for, 58–59
Data assets, 108–110
  leveraging, 203–204
  rating quality of, 111–112
Data balance sheet, 108–113
  data assets on, 108–110
  data liabilities on, 110–111
  data produced at the edge, 112–113
  rating quality of data assets, 111–112
Data Café, 123
Data capture:
  passive, 154
  preemptive, 56–58
Data-center-as-a-service, 72–73
Data.gov, 135
Data liabilities, 110–111
Data Never Sleeps analysis, 112
Data Over Cable Service Interface Specification (DOCSIS), 36
Data science, 118–121. *See also* 3D (design, development, and data science) digital roles
Data sets, 32–33
  of Data.gov, 135
  locations of, 108–110
  for railroad digital twins/avatars, 49
David, George, 191–192
Davis, Jeff, 140–142
Day, George, 84
De Beer, Marthin, 94, 184
Decision-making process:
  scenario planning in, 242–243
  by venture investment board, 93
Deep learning, 166
Deere, 110, 179
Deliver step-change customer outcomes (Rule 1), 9, 61–82
  action plan template, 252
  in entry-level employees' careers, 232–233
  to identify end goal, 209
  in midlevel managers' careers, 231
  readiness for, 77–82
  in senior executives' careers, 229–230
  stairway to value, 68–74
  think customer-in, 63–68
  whole offers by step, 74–77

Dell, 65, 181
Designer roles, *see* 3D (design, development, and data science) digital roles
Detroit Electric, 4, 5
Development roles, *see* 3D (design, development, and data science) digital roles
Digital age:
  data as substitute for mental labor in, 108
  value of data in, 106 (*See also* Use your data as currency [Rule 3])
Digital Banking, 10, 91
Digital customer segments, 115–117
Digital dexterity:
  drivers of, 169, 170
  improving, 168–171
Digital disruption:
  educating board about, 189
  keeping pace with, 182
  mind-set for, 108
  shareholders' adjustment to, 190
Digital disruptors, 2–3
  early examples of, 8
  game-changing customer impact by, 9
  and government/industry standards, 35
  knee-jerk reaction to, 62
  mind-set of, 66
  new customers of, 28
Digital divide, 40–41
"Digital ecosystem builder," 170
Digital head fake, 8
Digital innovation posture, 200–201
Digital natives, engaging, 185–187
Digital roles, 153
Digital value stack, 115
Digital visibility, 48–50
Digital yield, 30–31
Dillman, Linda, 52
Discovery Insurance, 179, 192–195
Disney, 29
Disruptive innovation(s), 83–85
  within the company, 93
  in established companies, 91
  leadership profile to deliver on, 162
Disruptive potential scorecard, 85
Disruptor's playbook, 199–226
  making mid-course adjustments, 220–225
  Mastercard example of, 212–214
  prioritizing your initiatives, 214–220

索　引

questions addressed by, 208–212
readiness for Goliath's Revenge, 200–207
DOCSIS (Data Over Cable Service Interface Specification), 36
Dole, 190
Domain knowledge, 25
Domo, 112
Dorm Room Fund (First Round Capital), 151
Dow Jones Sustainability Index, 186
Dreamit Ventures, 151
DuPont, 36

Early adopters, 29
Early mover advantage, 50–60
　and parabolic customer adoption, 50–55
　and perpetual algorithmic advantage, 55–60
Earnings, lifetime, 235–237
Eaton's, 42
E-commerce, 42–44
Ecosystem:
　"digital ecosystem builder" role, 170
　for innovation, 133
Edison, Thomas, 241
Electric cars, 3–5
EMC, 65
Emerging Business Opportunity incubator (IBM), 185
Emerging Technology Group (Cisco), 184
Emerging technology specialists, 157
Emotions, reframed purpose and, 189
Emotional quotient (EQ), 149
Employees:
　aligned with reframed purpose, 189
　entry-level, career disruption for, 232–234
Employee development, rapid-rotation approach to, 158
Endomondo, 140
Engage the next generation, 185–187
Engineering pride, open innovation inhibited by, 128
Entertainment content, production of, 106–107
Entry-level employees, career disruption for, 232–234
EQ (emotional quotient), 149
Equifax, 56, 111
Equilibrium phase (AI), 165, 167–168

Equinix, 26
Etisalat, 27
EV1 car, 4, 37
Executing strategy, 199–200. *See also* Disruptor's playbook
Executives:
　air cover from, 185
　board as air cover for, 189
　career disruption for, 229–230
Existing customer relationships, 28–30
Experian, 56
Exploration, culture of, 135–136
Exploration phase (AI), 165–166
External digital customer segments, 116, 117
External disruptors, in Big I ideation, 95–96
External recruiting, 158

Facebook, 56, 59–60, 111, 114
Facebook Messenger, 59
Failure:
　of acquisitions, 139
　risk of, 86
Fast followers, 30
Federal Communications Commission (FCC), 35, 36
Feedback loops, 219
Fidelity, 54, 55, 212
Finance function, innovation and, 183
Financial advisors, 52–55
Financial models, adaptive, 156
Financial services, 52–55
First-movers, 29, 30
First Round Capital, 151
Five Whys, 179–181
Flexibility, 90
"Flexible learner" role, 170–171
Flexible technology infrastructure, 184
Forbes, 112
Ford, Henry, 192
Ford Motor Company, 37
Foundry, 135
Fox, 56, 107
Fraud monitoring, 164
Freelancers, 158–159
Freemium business model, 137
Friction, 100
Fulfillment, lifetime, 235, 237–239

329

Funding:
  of Big I innovation, 201–203
  self-funding by core businesses, 25–26
  venture-funded startups, 24
Future headline, 244–245
Future user experiences, in Big I ideation, 95, 96

Gandhi, Mahatma, 238
Garcia, Russ, 138
Gartner, 112
Gates, Bill, 192, 237
Gates, Melinda, 192
GE, *see* General Electric
GE Digital:
  branding by, 28
  under CEO Ruh, 94
  Predix IoT, 10, 91, 113
Genentech, 36
General Electric (GE):
  annual strategy review of, 224
  best practices of, 100
  Brambles' meetings with, 188
  brand reach of, 28
  cross-selling approach of, 29–30
  extensible platform investments at, 190
  innovation portfolio management by, 9
  rail industry digital solutions, 49, 50
  step-change customer outcome of, 71
  switch technology spin-out of, 138
Generali, 194
Generalists, 161, 162
General Mills, 10, 88, 100, 133
General Motors (GM), 2
  acquisitions and external recruiting by, 158
  cross-selling approach of, 29–30
  crown jewels of, 36–37
  Cruise Automation acquisition by, 5–6
  electric vehicles, 4–5
  Hertz Drive-Ur-Self System acquisition by, 6
  innovation culture at, 87
  as leader of disruption, 45–46
  Lyft investment by, 6–7
  positioning of, 16
  purpose reframed by, 179
  resurgence of, 3–7
  ride-sharing business, 6, 7, 91
  Sidecar acquisition by, 6

  stock price and enterprise value of, 7
  zero-zero-zero mandate at, 191
Gen Z, 185–187, 230
Gerstner, Lou, 185
GE Transportation, 71
GE Ventures, 138
Gig economy workers, 159
GlaxoSmithKline (GSK), 127, 139
Globe and Mail, 56
GM, *see* General Motors
Gmail, 114
Goals:
  aligning employees with, 189
  BHAGs, 63–65, 73–74
  dialing back on, 127
  of digital customer segmentation, 116
  identifying end goal, 209
  from inside-out perspective, 63, 64
  with Little I innovations, 86, 90–91
  from outside-in perspective, 63–68
  path toward achieving, 210–211
  raising your sights, 176–179
  reasons behind, 211–212
  10X, 66
  valued by digital natives, 186
  of your triple bottom line, 242
Goldman Sachs, 29, 153
Goliath's Revenge, 2–3. See also *specific topics and companies*
  major questions in, 18
  readiness for, 200–207
  self-assessment for, 14–18
  six rules of, 8–13
  time required for, 13–14
Good Time Stores, 42
Google:
  AdWords, 58, 65
  AlphaGo, 114
  AutoML, 120
  in continuous machine learning race, 120
  as digital David, 4
  as digital disruptor, 2
  early BHAG of, 64
  Gmail, 114
  IP licensing, 137
  Lyft investment by, 7
  Microsoft's opportunity to buy, 181
  PageRank, 58
  perpetual algorithmic advantage of, 56–58

索　引

product teams at, 159
public cloud of, 72
TensorFlow, 120, 137
Uber's patent infringement, 34
Google AdWords, 58, 65
Google PageRank, 58
Gore, Adrian, 192, 193, 195
Gorman, Tom, 188
Government regulation, 35–36
Government standards, 35
GSK (GlaxoSmithKline), 127, 139
Gymboree, 42

H2O, 166
Hastings, Reed, 93
Headline, of your future, 244–245
Healthcare:
　algorithms in, 118
　business model of, 149
　community-healthcare model, 150
　cost of, 149
　customer value in, 65
　patient-centric, 86
　Penn Medicine's innovation, 148–152
　super-utilizers in, 150
Health insurance, 192–195
Hemingway, Ernest, 1
Hertz Drive-Ur-Self System, 6
HH&P (Human Health and Performance Directorate; NASA), 140–142
Higher calling, being in service to, 176
High-performing teams, 159, 169
Hitachi:
　broad portfolio of, 26
　cocreation projects of, 191
　innovation culture at, 87
　Lumada platform, 113
　rail industry equipment, 49
　step-change outcome of, 64
Hoffer, Eric, 228
Honda, 37
Honoring institutional knowledge, 152
Hotmail, 114
HP, 65
Huff, Chris, 122
Huffington, Arianna, 83
Human-AI balance, 164–168
Human Health and Performance Directorate (HH&P; NASA), 140–142

Human resource function, innovation and, 183
Humility, 191–192
Hyatt Hotels, 129
Hyperledger, 137
Hyundai, 37

IBM, 65
　Emerging Business Opportunity incubator of, 185
　Hyperledger, 137
　innovation culture at, 87
　IP licensing, 137
　supply chain innovations at, 190
　Watson, 114, 123, 137
Ideation, in Big I innovation, 95–96
iIPads, 62, 99
IKEA, 186
IMPaCT, 150
Implementation, of Little I innovations, 90
Incentives:
　for accelerated innovation, 149
　open innovation inhibited by, 129
Incremental innovations, 50–52, 202, 203. See also Little I innovation
Incumbent's advantage, 23–37
　blocking patents, 33–34
　brand reach, 27–28
　connecting step-change customer outcome and, 66–67
　data sets, 32–33
　existing customer relationships, 28–30
　installed base, 30–31
　realizing full potential of, 184
　self-funding innovation, 25–26
　standards influence, 34–37
　your crown jewels, 24–25, 36–37
Industrial age, 106
Industrial Internet, 94
Industry standards, 35
Industry trade groups, 35–36
Infoseek, 58
Ingenix, 138
Initiatives:
　monthly checkpoints for, 222–223
　prioritizing, 214–220
　sequencing, 208
InnoCentive, 141, 156

331

Innovation:
    around how you make money, 177
    Big I and Little I (see Pursue Big I and Little I innovation [Rule 2])
    in business models, 45
    culture of, 10, 87–89, 182–183
    ecosystem for, 133
    formal process for, 205
    fuel for, 237
    incremental, 50–52, 202–203
    pace of, 120
    self-funding, 25–26
    spoils of, 39
    stress-testing innovation program, 100
Innovation channels, opening, 130–132
Innovation culture, 10, 87–89, 182–183
Innovation funnel, 84–85, 87–89
Innovation Masters program (Mastercard), 213
Innovation networks:
    acceleration through (see Accelerate through innovation networks [Rule 4])
    of solution finders, 156
Innovation sandbox, 135, 184
Instagram, 59
Installed base, 30–31
Institutional knowledge:
    development of, 8–9
    at General Motors, 4–7
    honoring, 152
    of midlevel managers, 231
    value of early mistakes for, 3–4
Intel Capital, 137
Intellectual property (IP), 33–34, 37
    licensing, 137
    with open innovation, 135
    open sourcing, 137
Internal make-it teams, 115, 116
Internal sell-it teams, 115, 116
Internet of Things (IoT), 26, 168
Intersections, looking for, 240
Intrapreneurs:
    Little I innovation as audition for, 97, 162
    in two-speed organization model, 183
Investment committee, 134
Investment managers, 52–53
IoT (Internet of Things), 26, 168
IP, see Intellectual property
iPhones, 3–4, 30, 31, 62, 99

iPod, 178
IRI, 56–59, 114
IT function, step-change customer outcome in, 72
IT team, 184
iTunes, 178

Jaeger, 42
Jamaican Olympic team, 95
Jennings, Ken, 114
Jobs:
    and AI-human balance, 164–168
    post-3D digital roles, 153–157
    3D digital roles, 153
Jobs, Steve, 4, 61–62, 99
John Deere, 110, 179
John Hancock, 194
Johnson, Kelly, 183–184
Joint ventures, 139
Journey mappers, 155
JPMorgan Chase, 153
Just-in-time training, 158

Kaggle, 156, 159, 232
Kangovi, Shreya, 150
Kenny, David, 121, 122
Keriton system, 151
Kickbox process, 10
Knowledge:
    domain, 25
    of existing customers' needs/expectations, 29
    institutional (see Institutional knowledge)
Kodak, 13, 45, 93, 181
Koehler, Bryson, 121, 122
Kundra, Vivek, 135
Kurzweil, Ray, 164

Lafley, A. G., 129
Lakhani, Karim, 141
Leadership. See also Chief executive officers (CEOs); Executives
    air cover from, 185
    aligned with reframed purpose, 187–188
    authentic, 192
    balanced T profile, 161–162
    digital dexterity of, 168–171
    by example, 191–192
    by ex-CEOs of acquisitions, 163–164

索 引

humility in, 191–192
important issues addressed by, 186
two-in-a-box, 162
venture general managers, 161–164
Lean process, 134–135
Lean thinking, 184–185
Learning. *See also* Machine learning
  deep, 166
  "Flexible learner" role, 170–171
  Little I innovation goals for, 90–91
  staying obsessed with, 238
Legacy, of leaders, 192
Legacy mind-set, 231
Legal friction, 135
Legal function, innovation and, 183
Lemonade Stand program, 10
Leveraging:
  commercial terms, 59–60
  crown jewels, 94–95
  data assets, 203–204
Lewis, Michael, 107
Licensing, IP, 137
Licensing data, 110, 111
Life, three-dimensional, 234–235
Lifetime earnings, 235–237
Lifetime fulfillment, 235, 237–239
The Limited, 42
Linens 'n Things, 42
LinkedIn, 177
Little I innovation:
  acting fast on opportunities, 89–91
  as audition for intrapreneurs, 97, 162
  balancing Big I innovation and, 83–85, 219
  central innovation group for, 87
  culture for, 182, 183
  differentiating Big I from, 84–86
  innovation channels for, 130–131
  pursuing (*see* Pursue Big I and Little I innovation [Rule 2])
  wisdom of crowds for, 10
Living your values, 240–241
Lockheed, 182, 183
Longevity paradox, 247–248
Long-term investors, smart cannibalization and, 190
López, Francisco, 199
Lumada platform, 113
Lyft, 4, 6–7

Machine learning, 32–33. *See also* Artificial intelligence (AI)
  in AI takeover of analysis tasks/decisions, 166
  in building entertainment content, 107
  continuous, 119–121
  data needed for, 114
  investments in, 164
  mastering, 117–121
  and perpetual algorithmic advantage, 55–60
  in remote preemptive equipment adjustments, 48–49
  Watson and AlphaGo, 114–115
McLaren, 139
Maersk, 190
Mahraj, Katy, 150
Major League Baseball, 10, 107
Make-it teams, internal, 115, 116
Malala, 247
Manulife, 194
MapMyFitness, 140
Maritz, 154
Market reach, Five Whys and, 180
Mass-market customers, 29
Mastercard, 99–100, 179, 183, 212–214
Mastercard Labs for Financial Inclusion, 213
Matrics, 34
Maven, 6, 7, 91
Measurement, 108
Menlo Micro, 138
Mentoring, 158
Metrics:
  of customer value, 65–67
  for employee recognition/reward, 10
  of midlevel managers, 231
  phase-specific, 205
  of startup investors, 24
  two-speed, 152
Microsemi, 138
Microsoft:
  Azure Machine Learning, 120
  in continuous machine learning race, 120
  delay in success of, 181
  early BHAG of, 64
  Hotmail, 114
  public cloud of, 72
  self-funded innovation at, 26

Mid-course adjustments, 220–225
Midlevel managers, career disruption for, 231–232
Millennials, 158, 159, 175–176
　engaging, 185–187
　triple bottom line and, 230
Mind-set:
　about behavior change, 195
　adaptive, 170–171
　and AI-human balance, 168
　of digital disruptors, 66, 108
　of innovation networks, 11
　legacy, 231
　of midlevel managers, 231
　shift in, 3, 7
　of venture general managers, 162
Mission, 176
　as driver for digital natives, 186
　making changes to, 176–179
　of Nike, 180
　reframing, 13 (*See also* Reframe your purpose [Rule 6])
Mission statements, 63, 64, 176, 177
MIT, 195
Mixed reality, 168
Mobeewave, 213
Money:
　digital natives' view of, 186
　lifetime earnings, 235–237
Moneyball (Michael Lewis), 107
Monsanto, 36, 114
Monthly initiative checkpoints, 222–223
Moore, Geoffrey, 68, 69
Morgan Stanley, 54, 212
Morningstar, 154
Motorola, 9, 212
Musk, Elon, 142, 238
MyFitnessPal, 140
MyOrder, 139

NASA, 127, 140–142, 156
NASA@work, 141
NASDAQ, 129
National Post, 56
Natural language processing, 165
NBC, 56, 107
Nestlé, 187
NetApp, 65
Netflix:
　and Blockbuster's demise, 212

as content producer, 107
as digital disruptor, 2, 9
industry purpose reframed by, 45
smart cannibalization at, 93
step-change customer outcome of, 66
Networks of innovation, *see* Accelerate through innovation networks (Rule 4)
Networks of relationships, 247
Ng, Andrew, 147
Nielsen, 56–59, 114
NIH (not invented here), 128, 230
Nike, 89, 113, 180, 181
Nine West, 42
Nokia, 2, 9, 212
Normal distribution, 40
Not invented here (NIH), 128, 230

Oakland Athletics, 107–108
Obama, Barack, 135
Objectives, for open innovation, 133–134
Ohno, Taiichi, 179
On-demand talent, 159
OnStar, 37
Open innovation:
　best practices for, 133–136
　channels of, 130–131
　in disruptor's playbook, 204
　gives and gets of, 131–133
　inhibitors of, 128–130
　at NASA, 140–142
　networks for (*see* Accelerate through innovation networks [Rule 5])
Open innovation platforms, 156, 159
Operations optimization, 48, 118
Opportunity, viewing risk as, 238–239
Optionality of data, valuing, 113–114
OptumInsight, 138
Organizational model:
　for innovation, 91
　parallel, 163
　two-speed, 152, 182

Pace of business, open innovation and, 129
Packaged goods industry, 56
PacSun, 42
Paired programming models, 159
Paladin Capital, 138
Panera Bread, 111
Parabolic customer adoption, 50–55
Parthenon, 208

索 引

Partners:
    aligned with reframed purpose, 189–190
    for Bramble, 188
    to fill new roles, 158–159
    at opposite end of age spectrum, 248
    reducing role of, 74
Passion, 239–240
Passive data capture, 154
Pasteur, Louis, 227
Patagonia, 177, 186, 187
Patents:
    with "algorithm" in title/description, 118
    blocking, 33–34
Payless Shoes, 42
PEACE team, 151–152
Pemex, 27
Penn Medicine, 148–152, 154
Perpetual algorithmic advantage, 55–60
    jump-start self-reinforcing cycle for, 113–114
    leverage commercial terms, 59–60
    preemptively capture data, 56–58
    use machines for analytics, 58–59
    in winner-takes-most dynamics, 203
Personal career action plan, 243, 245–246
Personal purpose, 243–244
Personal purpose statements, 192, 230, 244
Pfizer, 10, 88, 100
P&G (Procter & Gamble), 127, 129–130
Pilot Big I ideas, 98
Ping An Insurance, 194
Pivoting, 238
Plank, Kevin, 105, 140
Polaris, 123
Pollard, Alan, 193
Porras, Jerry, 63
Porter, Michael, 195
Portfolio management, 9, 93, 201, 205
Power of "and," 10, 91–92, 210
Pragmatist customers, 29, 51, 52
    data-center-as-a-service, 72, 73
    on stairway to value, 69–71
    whole offers for, 77
Pragmatist in pain customers, 70, 72, 73
Pragmatist with options customers, 70–73, 77
Precision Planting, 114
Predator drone, 182
Predix IoT platform, 10, 91, 113
Preemptive data capture, 56–58
Preemptive skill development, 10, 157–160. See also Value talent over technology (Rule 5)
Pricing optimization, 118
Prioritizing initiatives, 208, 214–220. See also Deliver step-change customer outcomes (Rule 1)
    action plans based on, 217–220
    foundation initiatives/investments, 215–216
    spike rule for differentiation, 216–217
Privacy breaches, 111
Process barriers, 184–185
Process for innovation, 205
Procter & Gamble (P&G), 127, 129–130
Procurement function, innovation and, 183
Products, shared-value, 195
Product incubation managers, 153–154
Product management, project management vs., 153
Professional readiness:
    self-assessments, 228–229 (See also Career readiness self-assessments)
    under six rules, 228–234
Progressive Insurance, 114
Project management, product management vs., 153
Purpose:
    alignment of personal and company purposes, 230, 243–244
    digital natives' focus on, 186
    future, 191
    personal, 243–244
    as reason for being, 176
    reframing (see Reframe your purpose [Rule 6])
"Purposeful scaler," 170
Purpose statements, 191, 192, 230, 244
Pursue Big I and Little I innovation (Rule 2), 10, 83–104
    act fast on Little I opportunities, 89–91
    action plan template, 253
    differentiate Big I from Little I, 84–86
    in entry-level employees' careers, 233
    to identify how to achieve goals, 210
    innovation culture, 87–89
    launch venture investment board, 92–95
    Mastercard example of, 99–100
    in midlevel managers' careers, 231
    readiness for, 100–104
    run the Big I relay race, 95–99
    in senior executives' careers, 230
    stress-test innovation program, 100
    unlock the power of "and," 91–92

Qualcomm, 35
Quality of data assets, 111–112
Quarterly capabilities self-assessments, 223–224
Questions in Goliath's Revenge, 18
　addressed in disruptor's playbook, 208–212
　in creating action plans, 217
Quicksilver, 42

Rabobank, 138–139
Rackspace, 26
RadioShack, 42
Railroads, 48–50, 71
Raising your sights, 176–179
Ramamurthy, Shanker, 128
Rapid-rotation approach, 158
Recruiting, 158
Redbox, 139
Reframe your purpose (Rule 6), 12–13, 175–198
　action plan template, 257
　align top down, 187–191
　answer the Five Whys, 179–181
　as answer to "why," 212
　Discovery example of, 192–195
　embrace smart cannibalization, 181–185
　engage the next generation, 185–187
　in entry-level employees' careers, 234
　lead by example, 191–192
　in midlevel managers' careers, 231
　raise your sights, 176–179
　readiness for, 195–198
　in senior executives' careers, 229–230
Regulatory compliance, 110–111
Reinforcement learning, 120
Remote monitoring and diagnostics (RM&D), 48
Remote telemetry, 48–50
Repeatable solutions, 74–77
Resources:
　for Big I opportunities, 93
　dedicated to innovation, 134
　for Little I opportunities, 89–90
　to solve social problems, 239
Resource allocation, 220
Resource recycling, 12
Retailing, 42–43, 56–59
Return on data:

digital customer segments, 115–117
machine learning mastery, 117–121
maximizing, 114–121
Reuters, 55, 58
Revenue growth:
　of disruptors vs. established companies, 28–29
　in percentage vs. in dollars, 201
Reverse P&L, for Big I ventures, 96–97
RFID tags, 34, 52, 69
Ride-sharing, 6–7, 91
Risk, as opportunity, 238–239
Risk aversion, open innovation inhibited by, 129
Risk management, AI-based, 164
Risk optimization, 118
RM&D (remote monitoring and diagnostics), 48
Robo-advisors, 52–55
Rockport, 42
Roles:
　in career paths, 158
　changes in, 227–228
　definitions of, 153
　digital, 153
　for digital dexterity, 170–171
　new, building capabilities in, 157
　3D digital roles, 153, 168
Roosevelt, Theodore, 175
Rosin, Roy, 148–150
Rowling, J. K., 23
Ruh, Bill, 94
Rules of Goliath's Revenge, 8–13. *See also individual rules*
　accelerate through innovation networks (Rule 4), 11–12, 255
　action plans based on, 217–220
　action plan templates for, 252–257
　assessment scorecard for, 251
　deliver step-change customer outcomes (Rule 1), 9, 252
　detailed definitions of, 250
　discussion of, 19
　in Goliath's Revenge Parthenon, 209
　pursue Big I and Little I innovation (Rule 2), 10, 253
　readiness under, 228–234
　reframe your purpose (Rule 6), 12–13, 257

索 引

self-assessment against, 14–18
templates for, 252–257
use your data as currency (Rule 3), 10–11, 254
value talent over technology (Rule 5), 12, 256
Ruth, Babe, 39

Safeway, 52
Sainsbury's, 52
Saks Fifth Avenue, 111
Sales optimization, 118
Salomon Brothers, 57
Samsung, 27, 45
Sasson, Steven, 93
Scaling:
  Big I innovations, 98–99
  "purposeful scaler" role, 170
Scenario planning, 242–243
Schreiber, Courtney, 151
Schwab, 26, 54, 55, 212
Sears, 42
Sedol, Lee, 114
Seidenberg, Ivan, 188
Self-assessment for Goliath's Revenge, 14–18
  accelerate through innovation networks (Rule 4), 142–145
  defining your crown jewels, 25
  deliver step-change customer outcomes (Rule 1), 77–82
  disruptor's playbook, 200–207
  in prioritizing initiatives, 213–219
  pursue Big I and Little I innovation (Rule 2), 100–104
  reframe your purpose (Rule 6), 195–198
  use your data as currency (Rule 3), 123–125
  value talent over technology (Rule 5), 171–174
Self-disruption, *see* Career disruption
Self-driving cars, 6, 34, 113
Self-funding innovation, 25–26
Sell-it teams, internal, 115, 116
Seneca, 238
Senior executives, career disruption for, 229–230
Sequencing initiatives, 208
Services, installed base, 30–31

Shallow T profile, 161, 162
Shared-value products, 195
Shareholders, reframed purpose aligned with, 190
Shark Tank, 97
Shopycat, 123
Short-term investors, smart cannibalization and, 190
Shot clock, 42, 50
Sidecar, 6
Sidekick, 139
Skewed barbell distribution, 40–41
Skills:
  favored by venture capitalists, 162
  by future scenarios, 243
  market price of, 236
  preemptive development of, 10, 157–160
  soft, 159, 167
  technical, overweighting of, 152 (*See also* Value talent over technology [Rule 5])
  unique to you, 24–25, 36–37
Skill grafting, 159
Skinny T profile, 161, 162
Skunk Works (Lockheed), 183
Smart cannibalization, 13, 20–21
  for Big I innovation, 93
  embracing, 181–185
  necessity of, 212
  shareholders' attitudes toward, 190
  two-speed organizational model for, 182–185
  in wealth management industry, 55
Smart Net Total Care, 31
Social Genome project, 123
Social impact, 235, 237, 239–241
Social networks:
  digital natives' use of, 186
  and expression of skill demand, 158
Social responsibility plans:
  for AI-driven worker displacement/reskilling, 167
  digital natives' interest in, 186
SoftBank, 1
SoftBank Vision Fund, 7
Soft skills, 159, 167
Solution finders, 156
Solution Mechanism Guide (NASA), 142
Son, Masayoshi, 1
Sony, 45

337

S&P 500, 128
Space Life Sciences Directorate (NASA), 140
SpaceX, 142
Specialists, 161, 162
Speeds one and two, 182
Spike rule, for differentiation, 216–217, 223
Spin-outs, 138–139
Splunk, 33, 190
Sponsorship, 100
Sports Authority, 42
Spreadsheets, data sets from, 33
Stairway to value, 68–74
　applications of, 71–73
　fitting BHAGs to, 73–74
　height of steps in, 73
　pragmatists in pain versus pragmatists with options on, 70–71
　visionaries versus conservatives on, 69–70
　whole offers by step, 74–77
Standards influence, 34–37
Standard operating procedures, open innovation inhibited by, 129
Start Path program, 213
Startups:
　culture of, 23–24
　setting objectives for, 133–134
　success rate for, 94
Step-change customer outcomes. *See also* Deliver step-change customer outcomes (Rule 1)
　and customer adoption behavior, 50–55
　getting customers' reactions to, 68
　in rail industry, 50
　in Tesla cars, 47
Step-change innovation, as tomorrow's must-have capability, 46
Sting, 138
Strategy:
　aligned execution of, 199–200
　aligning entire company around, 208
　annual review of, 224–226
Stress-testing innovation program, 100
Supply chain partners, 116, 117
Swatch, 139
Swiffer, 130
Symantec, 129
Symbol Technologies, 34

Systems of engagement applications, 33
Systems of record applications, 33

Take Initiative program, 99–100
Talent. *See also* Value talent over technology (Rule 5)
　anticipating need for, 213
　behavioral scientists, 154
　business modelers, 155–156
　emerging technology specialists, 157
　identifying, 100
　intrapreneurs, 97, 162, 183
　journey mappers, 155
　on-demand, 159
　prioritizing sourcing options for, 159–160
　product incubation managers, 153–154
　scarcity of, 129
　solution finders, 156
　talent gap, 148
　3D, 153
　upgrading, 205–207
Talent management system, 167
TalentSky, 158
Target, 111
TD Ameritrade, 54, 212
Teams:
　digital dexterity of, 168–171
　high-performing, 159, 169
　internal make-it and sell-it, 115, 116
　IT, 184
Technology. *See also* specific technologies
　in changing basis of competition, 182
　flexible infrastructure for, 184
　integrated into Vitality, 194
　new skills required for, 12
　translated into real business results, 147–148
　valuing talent over (*See also* Value talent over technology [Rule 5])
TelePresence, 91
Templates for rules, 252–257
"10X" customer outcomes, 9, 65, 66, 68
Tencent, 120
Tension phase (AI), 165–167
TensorFlow, 120, 137, 166
Terms and conditions, 59–60
Tesco, 29, 52

Tesla:
　autopilot feature from, 114
　BHAG of, 64
　car sales of, 36
　customer expectation ratcheting by, 46–47
　as digital David, 4
　as digital disruptor, 2, 9
　and GM EV1, 4
Thinking customer-in, 63–68, 76
　3D (design, development, and data science) digital roles, 153
　going beyond, 153–157
　shortages in, 168
Three-dimensional life, 234–235
Tiffany, 139
Time:
　to focus on innovation, 100
　required for Goliath's Revenge, 13–14, 211, 223
Topcoder, 159, 232
Top-down innovation, 10. *See also* Big I innovation
Top-down support and alignment, 187–191
Touchdown Ventures, 137
Toys 'R' Us, 42
Training. *See also* Value talent over technology (Rule 5)
　and AI-human balance, 168
　just-in-time, 158
Transparency, 100
TransUnion, 56
Tribe of intrapreneurs, 183
Triple bottom line, 234–241
　balancing, in personal life, 234–241
　commitment to, 190
　expressing reframed purpose in terms of, 186–187
　focusing professional life around, 230
　intersections in, 240
　of leaders, 192
　lifetime earnings, 236–237
　lifetime fulfillment, 237–239
　shaping life to progress against goals of, 242
　social impact, 239–241
　tracking, 240–241
Twain, Mark, 4
TWC, *see* The Weather Channel

Two-in-a-box leadership, 162
Two-sided business model, 178
Two-speed organizational model, 152, 182
　access to crown jewels, 184–185
　culture of innovation, 182–183
　executive air cover, 185
　minimal administrative friction, 183–174
　tribe of intrapreneurs, 183

Uber:
　Big I innovation by, 203
　as digital disruptor, 2
　patent infringement by, 34
　raising of sights by, 65–66
　whole offers of, 74–76, 225–226
uberX, 74
Under Armour, 111, 113, 127, 140
Unilever, 187
UnitedHealthcare, 127, 138
University of Oxford, 168
Use cases:
　in equilibrium phase of AI adoption, 167–168
　in exploration phase of AI adoption, 166
Use your data as currency (Rule 3), 10–11, 105–126
　action plan template, 254
　data balance sheet, 108–113
　in entry-level employees' careers, 233
　historical context for, 106–108
　to identify how to achieve goals, 210
　maximize return on data, 114–121
　in midlevel managers' careers, 231
　readiness for, 123–125
　in senior executives' careers, 230
　value data optionality, 113–114
　The Weather Channel example of, 121–123
US Food and Drug Administration, 36
US Office of Science and Technology, 142

Validation:
　in Big I innovation, 96–97
　from customers, 68, 77
Value:
　customer value metrics, 65–67
　of data optionality, 113–114
　digital value stack, 115
　stairway to, 68–74

339

Values, living your, 240–241
Value talent over technology (Rule 5), 12, 147–174
　action plan template, 256
　in entry-level employees' careers, 234
　go beyond 3D digital roles, 153–157
　honor institutional knowledge, 152
　to identify how to achieve goals, 211
　improve your digital dexterity, 168–171
　invest in preemptive skill development, 157–160
　in midlevel managers' careers, 232
　optimize AI-human balance, 164–168
　Penn Medicine example of, 148–152
　readiness for, 171–174
　in senior executives' careers, 230
　value venture general managers, 161–164
Vanguard, 54, 55, 212
Venture capital, corporate, 136–138
Venture-funded startups, 24
Venture general managers, 96, 161–164
Venture investment board (VIB), 84, 92–95
　decision making by, 93
　evaluating success of, 94–95
　leadership of, 94
　need for, 92
　resource commitments by, 98
Verizon, 139, 188
VIB, see Venture investment board
Virgin Atlantic, 29
Virgin Galactic, 142
Vision, 176–179
Visionary customers, 29, 51–52
　data-center-as-a-service, 72, 73
　on stairway to value, 69–70
　whole offers for, 77
Vision statements, 176, 177
Vitality, 193–195
Vitamin World, 42
Volpe, Mike, 163

Walmart, 52
　Asda acquisition by, 98
　behavior science group of, 154
　brand value at, 27
　data as currency for, 117
　Data Café, 123
　RFID tags used by, 69, 72
Warby Parker, 186
Watson, 114, 123, 137
Way to Health, 150
Waze, 110, 181
Wealthfront, 26, 54, 55
Wealth management, 52–55
The Weather Channel (TWC), 87, 121–123, 190
Weather Underground, 121–122
"We know everything" (WKE), 128–130, 230
WhatsApp, 59
White, Chris, 94
Whole offers, 74–77, 225–226
Wind, Jerry, 128
Winner-takes-most outcome, 39–60
　Big I innovation for, 202
　customer expectation ratchet, 43, 45–50
　digital divide, 40–41
　early mover advantage, 50–60
　in retailing, 42–43
　underlying dynamics of, 203
Wisdom:
　of crowds, 10, 204
　pattern recognition leading to, 247
WKE ("we know everything"), 128–130, 230

XPRIZE Foundation, 142

Yahoo!, 58
Y Combinator, 94
yet2, 141

Zipcar, 4
Zuckerberg, Mark, 247